BELLA TOSCANA
A doce vida na Itália

Frances Mayes

BELLA TOSCANA
A doce vida na Itália

Tradução de Waldéa Barcellos

Coleção **L&PM** POCKET, vol. 878

Texto de acordo com a nova ortografia.

Título original: *Bella Tuscany – The Sweet Life in Italy*
Publicado pela Editora Rocco em formato 14x21cm em 2002
Este livro foi publicado mediante acordo de parceria entre a Editora Rocco e a L&PM
 Editores exclusivo para a Coleção L&PM POCKET
Primeira edição na Coleção **L&PM** POCKET: julho de 2010
Esta reimpressão: junho de 2013

Tradução: Waldéa Barcellos
Capa: Marco Cena
Revisão: Fernanda Lisbôa e Andréa Vigna

CIP-Brasil. Catalogação-na-Fonte
Sindicato Nacional dos Editores de Livros, RJ

M421b

Mayes, Frances, 1941-
 Bella Toscana: a doce vida na Itália / Frances Mayes ; tradução de Waldéa Barcellos.
– Porto Alegre, RS: L&PM ; Rio de Janeiro : Rocco, 2013.
 304p. – (Coleção L&PM POCKET; v.878)

 Tradução de: *Bella Tuscany – The Sweet Life in Italy*
 ISBN 978-85-254-2024-4

 1. Mayes, Frances, 1941-. 2. Toscana (Itália) - Descrições e viagens. 3. Toscana
(Itália) - Usos e costumes. 4. Culinária italiana. I. Título. II. Série.

10-2144.   CDD: 914.55
                                                                   CDU: 914.55

© 1999 by Frances Mayes. Todos os direitos reservados
Direitos de edição da obra em língua portuguesa no Brasil adquiridos pela Editora
Rocco Ltda. Todos os direitos reservados.

Editora Rocco Ltda
Av. Pres. Wilson, 231 / 8º andar – 20030-021
Rio de Janeiro – RJ – Brasil / Fone: 21.3525.2000 – Fax: 21.3525.2001
email: rocco@rocco.com.br
www.rocco.com.br

L&PM Editores
Rua Comendador Coruja, 314, loja 9 – Floresta – 90220-180
Porto Alegre – RS – Brasil / Fone: 51.3225.5777 – Fax: 51.3221.5380
Pedidos & Depto. comercial: vendas@lpm.com.br
Fale conosco: info@lpm.com.br
www.lpm.com.br

Impresso no Brasil
Inverno de 2013

Agradecimentos

Meus maiores agradecimentos a Peter Ginsberg, meu agente, e Charles Conrad, meu editor na Broadway Books. Agradecimentos especiais a Dave Barbor, meu agente para direitos autorais no estrangeiro, e Douglas Stewart, ambos da Curtis Brown Ltd. Trabalhar com William Shinker, Trigg Robinson, Cathy Spinelli, Roberto de Vicq de Cumptich, Pei Loi Koay e toda a equipe da Broadway Books foi um prazer. A Ann Hauk e Jon Chick, muito obrigada.

Enquanto escrevia este livro, muitos amigos foram importantes: Josephine Carson, Susan MacDonald e Cole Dalton, Ann e Walter Dellinger, Robin e John Heyeck, Kate Abbe, Rena Williams e Steve Harrison, Todd Alden, Toni Mirosevich e Shotsy Faust – sintam-se à vontade para se sentar à nossa mesa quando quiserem. Toda a minha gratidão à minha família e à de Ed – o *portone* de Bramasole sempre estará aberto para acolhê-los.

As pessoas que moram em Cortona me presentearam com este livro. Tudo o que tive de fazer foi escrevê-lo. Um agradecimento especial a Donatella di Palme e Rupert Palmer, Giuseppina Paolelli, Serena Caressi, Giorgio Zappini, Giuseppe Agnolucci, Ricardo e Amy Bertocci, Nella Gawronska, à família Molesini, Riccardo e Sylvia Baracchi, Giulio Nocentini, Antonio Giornelli, Lucio Ricci, Edo Perugini e aos nossos excelentes vizinhos, a família Cardinali: Plácido, Fiorella e Chiara. Tivemos a felicidade de pousar bem no meio deles. Com enorme gratidão, agradeço a *il Sindaco*, Ilio Pasqui e a *il Consiglio Comunale di Cortona*, por me concederem *la cittadinanza onoraria*.

Meus agradecimentos aos editores de *National Geographic Traveler*, *Attaché*, *San Francisco Magazine*, do *San Francisco Examiner*, do catálogo *Land's End* e de *Within Borders* pela publicação de trechos deste livro em suas páginas.

Para Edward

Sumário

Prefácio 11
Primavera 15
Verduras amargas da primavera toscana 27
Sfuso: vinho a granel 38
Em busca da primavera: as palmeiras da Sicília 46
Um cardápio siciliano 73
Ressurreição 78
Em busca da primavera: o aquoso Vêneto 91
Ainda mais embrenhados na Toscana 110
As raízes do paraíso 131
Culinária de primavera 154
Círculos no meu mapa 165
   Monte Oliveto Maggiore 165
   Bagno Vignoni e Pienza 172
   Uma volta pelo lago Trasimeno 178
De um caderno amarelo: reflexões sobre viagens 191
AP 197
Os que respiram a arte 210
Um louco mês de julho: a urna que zumbe 221
Perdas na tradução 242
A ideia que Anselmo faz dos tomates 257
O frio 268
O ritmo 276

Prefácio

Ao entrar no *forno*, de repente me sinto cercada pelos aromas acolhedores de pão recém-assado.

– Que bom vê-la de volta – diz uma mulher de Cortona, à guisa de cumprimento. Talvez eu esteja dando a impressão de estar atordoada, após a chegada da Califórnia na noite anterior, uma tortura de vinte horas, porque ela me pergunta: – O que você faz para se ajustar ao fuso horário?

– Costumo esperar que a sensação passe. Fico tão feliz de estar aqui que nem percebo muito. É só me erguer às quatro da manhã alguns dias. E o que você faz?

– Fico olhando para o pôr do sol. Assim o corpo sabe.

Dou apenas um sorriso, mas mentalmente tiro o chapéu para ela. Talvez o mundo seja pequeno, talvez estejamos numa economia global e talvez estejamos lentamente nos fundindo numa civilização única, mas a rotina do dia a dia ainda é radicalmente específica no meio rural na Itália. Qualquer que seja o ângulo pelo qual se examine, ela mantém-se estritamente italiana.

Quando Beppe, que nos presta ajuda no jardim, me diz que *La luna è dura* e que precisamos colher as cebolas hoje, ele me lembra que a lua tem poder.

– Mas precisamos esperar – prossegue ele – para plantar as alfaces quando *la luna è tenera* – quando a lua estiver suave.

Ao descer até a cidade para tomar um café, vejo um garçom trazer uma tigela de água para o cachorro de um freguês. Lá no alto ouço um *"Buon giorno, una bella giornatta"*, bom-dia, uma bela manhã. Um ancião, já imerso numa demência feliz, debruçado da sua janela do segundo andar, acena e grita. Todos o cumprimentam com igual entusiasmo. Os comerciantes estão aspergindo água em volta das suas portas de entrada com regadores, dando escapulidas até o bar para um rápido cafezinho, deixando suas lojas abandonadas, com as portas abertas. Depois de uma meia hora com um *cappuccino* e um romance, faço menção de pagar e me dizem que Simonetta já pagou. Simonetta? A mulher muito calada que tem uma perfumaria onde às vezes compro sabonetes e loções. Essa cortesia delicada ocorre com frequência.

Na *frutta e verdura* de Matteo e Gabriella, vejo a primeira cesta de avelãs ainda com suas golas pontudas. É hora de mudança da estação, e logo todos os suculentos pêssegos e pimentões do verão cederão a vez às frutas cítricas e à couve-flor, uma oferta totalmente diferente.

– Veja – diz Matteo – uma noz verde. – Ele a quebra, tira a casca com cuidado e me entrega um pedaço liso, da cor de marfim. – É preciso comê-las em três ou quatro dias. Depois, ficam secas demais. – O sabor de nozes verdes não me é desconhecido. Quando era criança, nossa cozinheira, Willie Bell, costumava espremer o suco e esfregá-lo nas minhas mãos se eu estivesse com tinha ou com reação alérgica ao sumagre venenoso. As nozes novas são bolas douradas, ligeiramente úmidas. – Muito boas para a pressão baixa – continua Matteo – mas não coma em excesso ou sua temperatura subirá.

E assim começa mais um dia nesta cidadezinha nas montanhas da Toscana. Vim para a Itália na expectativa de viver aventuras. O que nunca previ foi o deleite absoluto da vida do cotidiano – *la dolce vita*.

Sob o sol da Toscana, meu primeiro livro de memórias, registrou a descoberta de Bramasole, uma casa abandonada, localizada abaixo de uma muralha etrusca do século VIII a. C. Travei conhecimento com a soberba cidade de Cortona, a empolgação de cozinhar num país estrangeiro, o trabalho pesado de resgatar uma casa das ruínas e o terreno das sarças, bem como os primeiros contatos com a gente do lugar – esses prazeres acompanharam o prazer mais profundo de aprender a viver uma nova vida. Mesmo o nome da casa me atraiu: *Bramasole*, algo que anseia pelo sol; e, é verdade, eu ansiava.

Eu ando de uma janela para outra, absorvendo a paisagem. Quando escrevi a última linha de *Sob o sol da Toscana*, escrevi a primeira de *Bella Toscana*. Sabia que estava no início da minha experiência com a Itália, tanto interior quanto exterior. As vistas são tão variadas... Da minha janela do andar superior, vejo um belo trecho dos Apeninos. À medida que as encostas cobertas de bosques vão se aproximando do vale, começam os olivais, e casas de pedra sazonada, com telhas de barro, ancoram cada fazenda à terra. Não há nenhum dado cronológico nessa paisagem, a não ser um selo de correio de cor turquesa, lá embaixo muito ao longe: a piscina de uns amigos. Olhar pela janela – olhar para a Itália! Ao norte, sul, leste e oeste está a atração de um país inteiro. Agora tenho maior conhecimento, depois de alguns anos de viagens. Estive no calcanhar, na Sicília, estive nos ermos inundados do Vêneto, esses extremos reveladores do país. Apaixonei-me por Verona, pelas regiões de Basilicata e Marche, por Bellagio, Asolo, Bolonha e cada vez mais pelas cidades encasteladas em torno do Lago Trasimeno, que posso ver da minha terra.

Viajar em círculos concêntricos a partir de Bramasole aumenta minha percepção da interminável complexidade e riqueza deste país. Ao mesmo tempo, minhas viagens me trazem de volta para esta casa em tons de rosa e laranja, debruçada sobre o vale. Como a casa parece um paraíso, eu trabalho para que ela permaneça assim. A jardinagem é algo que sempre me agradou, é um capricho. Eu não me interessava tanto pela jardinagem quanto pelos efeitos obtidos – os canteiros que floriam na hora certa e o projeto do jardim – onde colocar vasos grandes e como ter a visão de uma bela paleta de cores a partir das janelas. Eu comprava bandejas de plantas a ponto de dar flor, e simplesmente as largava no chão. Agora me converti. Habituei-me ao ritmo regular do jardim. Faço compostagem do pó de café e das cascas de batatas. Aprendi a subsolar.

Com dois homens que conhecem tudo a respeito da terra, Ed e eu formamos extensos canteiros de ervas e legumes. Reconhecemos o futuro remoto com o plantio de castanheiros, ciprestes e coníferas – árvores a longo prazo – bem como as mais simpáticas e imediatas romãs, cerejeiras e pereiras. Não há um passeio a um viveiro que não termine com a compra de mais outra rosa perfumada. A chuva reativa outro odor, o cheiro acre e fumegante do estéreo de ovelha, depositado por um esperto pastor da Sardenha no segundo terraço exatamente acima da sala de estar. Não conseguimos tirar dali os sacos repletos. Portanto, quando chove, somos *nós* que mudamos para o outro lado da casa.

Comprar uma casa a mais de onze mil quilômetros da nossa pareceu-nos, no passado, um risco enorme. Agora, nós simplesmente moramos aqui. De que modo se pode quantificar a felicidade? Qualquer casa amada, na qual a pessoa tenha trabalhado com afinco, dá a impressão de ser uma extensão do proprietário. Muitas pessoas me revelaram que, quando chegaram à Itália, ficaram surpresos ao pensar: *Estou em casa.* Eu também tive essa sensação quando cheguei aqui pela primeira vez. Agora, a sensação se ampliou. E, como acontece com relação a um ser amado, tenho aquele sentimento mais assustador: *Não posso viver sem você.* Enquanto isso, a casa simplesmente está ali, indiferente, encarando as mudanças da luz e do tempo.

Cortona
1º de setembro de 1998

Primavera

Que sorte que as sombras dos ciprestes caem em faixas largas enviesadas sobre o caminho ensolarado; que bom que no primeiro dia de volta a Cortona eu vejo um carpinteiro carregando tábuas, com o gato equilibrado nos ombros, o rabo muito ereto, surfando. O carpinteiro joga a madeira em cavaletes e começa a assobiar. O gato se curva e se inclina com os movimentos do dono – um gato que trabalha. Fico olhando por alguns instantes e depois vou para a cidade em busca de um *cappuccino. Obrigada*, penso sozinha. Que bom que chamas amarelas de forsítia iluminam os montes. Depois de sete verões nesta região terraceada, Ed e eu sentimos um jorro de felicidade quando viramos a chave na porta da frente. Encantam-me os Apeninos arredondados, esta casa singular que absorve o sol e os ritmos diários numa pequena cidade toscana. Ed, por sua vez, está apaixonado pela terra. A esta altura, conhece os hábitos de cada oliveira.

É bom mesmo. Se não, estaríamos a ponto de colar um cartaz de "À venda" no portão dez minutos depois da chegada porque nenhuma das bombas dos dois poços está funcionando: um forte rangido no interruptor do poço velho, um zumbido no poço novo. Damos uma espiada na cisterna – pelo menos temos água suficiente para alguns dias.

Quando baixamos a bomba para dentro do poço novo há seis anos, nunca esperei voltar a vê-la. Agora, na nossa primeira manhã, três bombeiros estão puxando cordas, com a cabeça enfiada no poço. A bomba é um monstro. Depois Giacomo fica em pé na mureta do poço, os outros ao seu lado. Estão contando, *uno, due, tre*, e *já*. Logo estão sem camisa, rindo e xingando. Lá vem ela, e Giacomo quase cai para trás. Eles a levam para o caminhão.

A bomba do poço velho – substituída no ano passado – é arrancada com facilidade. Vem trazendo raízes de figueira e é imediatamente declarada morta. Por quê? Eles começam a cavar à procura dos fios. Antes do meio-dia, o caminho está revirado, o gramado está cheio de sulcos, e o mistério está resolvido. Camundongos comeram o isolamento em volta dos fios. Por que iam querer comer plástico quando podem comer avelãs e amêndoas? As bombas entraram em curto-circuito.

Descobrimos que a bomba do poço novo também se foi. Torrou. Está liquidada. No terceiro dia, já temos bombas novas, novos fios isolados com silicone, o que o eletricista original deixou de fazer, água aos montes, um caminho remendado e uma conta bancária mais esquálida. Se os camundongos comem plástico, o que irá impedi-los de comer silicone?

Que bom que nos servem faisão com batatas assadas no jantar na *trattoria* mais acima na montanha; e que a escuridão que cai cedo em março derrama um milhão de estrelas rodopiantes porque, se não fosse por isso, a lista garatujada por Ed poderia parecer intimidante: grama nova, podar árvores, construir um barracão para ferramentas, reformar dois banheiros velhos, instalar fossa nova, pintar venezianas, comprar escrivaninha e algum armário com espaço para pendurar roupas, plantar árvores, ampliar o jardim.

Primo Bianchi, um pedreiro que já trabalhou muito aqui durante a reforma, vem examinar os projetos. Ele pode começar em julho.

– Estive no seu telhado em janeiro – diz ele. – Sua amiga Donatella ligou e disse que havia uma goteira.

Nós vimos a mancha escorrida na parede amarela do meu escritório.

– Foi o vento. Vocês perderam algumas telhas. Quando eu estava trabalhando de tarde, o vento voltou e derrubou minha escada.

– Ah, não!

Ele ri, apontando os dois indicadores para o chão, gesto que significa *Que isso não aconteça aqui*. No inverno, a noite cai cedo. Eu o imagino, encostado na chaminé, sentado nas telhas frias, forçando os olhos azuis-claros a ver algo na estrada lá embaixo, o vento a lhe eriçar o cabelo.

– Esperei. Não passou ninguém. Depois veio um carro, mas eles não me ouviram. Depois de talvez umas duas horas, uma mulher veio passando e eu gritei pedindo socorro. Esta casa ficou tanto tempo vazia que ela achou que eu era um espírito e deu um berro quando me viu acenando do telhado. Vocês precisam pensar em renovar o telhado logo, logo.

Ele abre uma planta com medidas das tubulações necessárias para o novo sistema de esgoto. Parece um plano para guerra de trincheiras.

– É melhor correr e encomendar os acessórios para os banheiros se quiserem que tudo já esteja aqui em julho.

Que bom que a casa está reformada – com aquecimento central, portas novas, cozinha pronta, um banheiro lindo, vigas com novo acabamento, galões de tinta nova, muralhas de pedra reconstruídas, com a *cantina* para o azeite e o vinho restaurada. Se não fosse assim, esses novos projetos poderiam dar a impressão de uma reforma em si.

– Com casas velhas, até se pode achar que o trabalho momentaneamente acabou – diz-nos Primo –, mas elas nunca param de dar trabalho.

O ar suave da primavera, inspirá-lo e expirá-lo é em si um elixir de alegria. Córregos rápidos estão surgindo nos terraços. Tiro meus sapatos e deixo que a água geladíssima banhe meus pés. Nas encostas rochosas brotam fetos, de um verde lustroso. Um lagarto jovem passa pelos meus dedos do pé, e eu sinto o toque das suas patinhas minúsculas.

Primavera, os primeiros verdes, e reluz o capim molhado. Uma primavera europeia, minha primeira. Li sobre os castanheiros em flor de Proust, as alamedas de tílias de Nabokov, as violetas vermelhas de Colette. Mas ninguém nunca me falou do marmelo, dos seus súbitos clarões cor-de-rosa em contraste com os muros de pedra. Ninguém me disse que os ventos da primavera podem ser assassinos. Ninguém mencionou os lilases; e de algum modo, durante meus verões na Itália, nunca percebi as folhas em formato de coração. Agora vejo os montes da Toscana salpicados com enormes arbustos brancos ou de um lilás esfumado. Perto da nossa casa, uma cerca viva de lilases leva a uma fazenda abandonada; e na chuva corto braçadas molhadas para encher todos os meus vasos e jarros. Mais do que o de qualquer outra flor, seu perfume hipnotizante parece ser a própria fragrância da memória, a me levar de volta à faculdade na Virgínia e à primeira vez que senti o cheiro de lilás, planta inexistente na latitude quente da minha casa de infância na Geórgia. Lembro-me de ter pensado, *Como pude viver 18 anos sem conhecer isso?* Eu era loucamente apaixonada pelo meu professor de filosofia, casado e com três filhos, e tocava sem parar Harry Bellafonte, *Green grow the lilacs all sparkling with dew* [Verdes crescem os lilases, cintilantes de orvalho]. Minha janela no dormitório dava para o rio James depois de um matagal. *A primavera chegou e chegou sem você.* Por meu professor usar camisas de tecido sintético, eu, insensível, culpava sua mulher. O fato de que penteava uma fina mecha de cabelo por cima da careca era algo que eu procurava ignorar.

Violetas, as de perfume docemente sufocante, vicejam ao longo das nascentes espontâneas. Narcisos dobrados agora naturalizados, os *tromboni* italianos, acotovelam-se nas beiras dos terraços. As leves nuvens de pilriteiros (*biancospino*, o espinheiro-alvar, ou, na região, *topospino*, espeto de camundongo) parecem flutuar ao longo dos terraços superiores e, abaixo, as fruteiras continuam a se superar. Não vamos roçar – o capim abundante está tomado pela camomila branca e por margaridas.

O que é essa felicidade que não para de chegar em ondas? O tempo, a dádiva do tempo, o livre passar do tempo – e a Itália a esbanja. Por ser do sul dos Estados Unidos, estou acostumada a ouvir as pessoas falarem da guerra entre os estados como se tivesse ocorrido dez anos atrás. No sul, também se fala dos que há muito estão mortos e enterrados. Às vezes, eu achava que Vovó Mayes ia entrar novamente pela porta, trazendo de volta seu perfume de talco de alfazema, o corpo esponjoso que eu sentia por baixo do vestido estampado de *voile*. Aqui é Aníbal. Aníbal, que passou por aqui e combateu o romano Flamínio em 217 a.C. Todas as cidades empoleiradas no alto de morros celebram justas, casamentos ou batalhas que ocorreram há séculos. Talvez o fato de eles terem tanto tempo atrás de si contribua para a sensação diferente que absorvo na Itália. Aos poucos, eu me permito entrar no seu ritmo. Em casa na Califórnia, funciono *contra* o tempo. Minha agenda, abarrotada de anotações e cartões de visita, está sempre comigo, cada dia preenchido com compromissos. Às vezes, quando dou uma olhada na semana que está por vir, sei que simplesmente vou ter de passar por ela. Estar com todos os horários reservados, bloqueados, dá uma sensação de esgotamento. Quando preparo a relação semanal do que precisa ser feito, sei que vou precisar trabalhar em dobro para dar conta de tudo. Não tenho tempo para ver meus amigos e, quando tenho, descubro que mal posso esperar para interromper a conversa e voltar ao trabalho. Li a respeito de uma médica americana que tira o leite com uma bombinha enquanto está no trânsito das autoestradas, para poder continuar a amamentar seu filhinho e ainda manter sua clínica médica. Um anúncio em *The Wall Street Journal* oferecia anéis de noivado por telefone a casais que não têm tempo para fazer compras. Será que meu caso é tão grave assim?

Licença-prêmio, que ideia civilizada! Todas as ocupações deveriam tê-las. Neste ano, tanto Ed quanto eu vamos ter esse abençoado período de folga, que, acrescentado às férias de verão, nos dá a oportunidade de passar seis meses na Itália. Como esta é minha primeira licença em vinte anos de magistério, quero aproveitar cada dia. Acordar – sem ter de ir a parte alguma – e caminhar pelos terraços para ver o que está começando a florir parece o *paradiso*. Em breve, os íris silvestres vão abrir. Suas cabeças pontudas, de um azul-arroxeado, parecem estar crescendo enquanto eu olho. Os narcisos, a apenas um passo da glória, estão por toda parte. Já emana de seus botões uma luz amarela.

Todos os dias, fico espantada com algo novo; e me surpreende que esta casa e esta terra, que imaginava conhecer dos meus verões e dezembros, continuem a me deixar pasma. Descemos do avião em Florença no dia 15 de março, a uma temperatura de 21°, e ela se manteve, a não ser por eventuais rajadas de vento. Agora, as pereiras estão soltando as flores e se enfolhando de novo. À medida que as pétalas caem ou esvoaçam – lembro-me de ouvir falar de "sopro do pessegueiro" quando criança – as folhas novas brotam com força. Essa energia inchou os galhos de todas as velhas figueiras e os ramos esguios da romãzeira que acabamos de plantar.

A felicidade? Sua cor deve ser o verde da primavera, impossível de descrever até que se veja um lagarto recémsaído do ovo aquecendo-se numa pedra ao sol. Essa cor, a da pele reluzente do lagarto verde, repete-se em cada folha nova. "A força que, através do rastilho verde, impele a flor...", escreveu Dylan Thomas. "Rastilho" e "força" são uma excelente escolha de palavras – a força regeneradora da natureza explode em cada erva, caule, em cada ramo. Trabalhando ao sol ameno, também sinto o rastilho verde do meu corpo. Ondas de energia, um caleidoscópio com a luz do sol através das folhas, a brisa leve que me dá vontade de dizer a palavra "zéfiro" – essa simplicidade irracional pode se chamar de felicidade.

Uma mudança significativa ocorreu em Bramasole. No final do último verão, perguntei ao *signor* Martini se poderia procurar para mim alguém que tomasse conta do lugar. Estávamos indo embora e não tínhamos ninguém que mantivesse sob controle as forças exuberantes da natureza no nosso jardim. Francesco e Beppe, que trabalham nesta terra há alguns anos, só querem cuidar das fruteiras, parreiras e oliveiras. Uma vez pedimos a Beppe que cortasse a grama. Ele brandia sua roçadeira como se estivesse limpando um matagal fechado, o que deixou o pátio com a aparência de devastação total. Quando ele e Francesco viram o cortador de grama que Ed comprou, os dois recuaram alguns passos e disseram, *"No, no, professore, grazie"*. Eles, homens dos campos, não se viam empurrando o pequeno cortador a zumbir pelo gramado afora.

O *signor* Martini, que nos vendeu a casa, conhece todo mundo. Talvez algum amigo seu gostasse de um trabalho de meio expediente. Ele se afastou da mesa de trabalho e apontou para o próprio peito.

– *Io* – declarou ele. – Eu faço o jardim. – Tirou da parede acima da mesa alguma coisa emoldurada, espanou a poeira e exibiu seu diploma de agronomia. Uma pequena foto enfiada no canto da moldura mostrava sua figura aos vinte anos de idade com a mão no lombo de uma vaca. Foi criado numa fazenda e sempre sentiu falta da vida rural que havia conhecido quando menino. Depois da Segunda Guerra Mundial, vendeu porcos antes de se mudar para a cidade e passar para a atividade imobiliária. Como tinha direito à aposentadoria, explicou, estava planejando fechar seu escritório no final do ano e se mudar para uma grande propriedade como encarregado. Como começam a trabalhar na adolescência, muitos italianos se tornam *pensionatti*, aposentados, enquanto ainda estão relativamente jovens. Ele queria alterar sua rota.

Geralmente, chegamos no fim de maio, quando já é tarde demais para plantar legumes. No momento em que terminamos de limpar uma área, revolver o solo e comprar as sementes, a época do plantio já nos deixou para trás. Lançamos olhares compridos para os *fagiolini*, as vagens, que sobem por estacas de bambu na horta dos vizinhos. Se alguns tomateiros por acaso sobrevivem à nossa inépcia e atraso, ficamos sentados com os olhos fixos nas bagas verdes e nanicas na manhã da nossa viagem de volta para San Francisco, abanando a cabeça pela frustração do nosso sonho de arrancar tomates suculentos, frutos do nosso próprio trabalho.

Agora, o *signor* Martini se metamorfoseou em jardineiro. Umas duas vezes por semana, ele vem aqui trabalhar e costuma trazer também sua cunhada.

Todos os dias envolvem uma ida a um horto – já visitamos todos dentro de um raio de mais de trinta quilômetros – ou um passeio pelos terraços e pelo pátio para esboçar possíveis jardins. As chuvas de inverno amoleceram o solo, de modo que eu afundo ligeiramente à medida que caminho. Já que chegamos a tempo, pretendo ter aqui o jardim mais florido, resplandecente e desenfreado deste lado dos Boboli em Florença. Quero que cada pássaro, borboleta e abelha da Toscana se sintam atraídos pelos meus lírios, petúnias da variedade "surfínia", jasmins, rosas, madressilvas, alfazemas, anêmonas; e pelos cem perfumes que dessas flores estiverem emanando. Apesar de o risco de congelamento ainda ser algo a ser levado em consideração, eu mal consigo me refrear de plantar. Nas estufas dos hortos, o ar úmido aliado ao efeito narcótico e ao colorido dos gerânios, hortênsias, petúnias, beijos-de-frade, begônias e dezenas de outras flores rosadas e em tons de coral, me induzem a encher o carro imediatamente.

– Ô! Devagar com isso! – diz Ed. – Devíamos comprar apenas o que podemos plantar agora, a alfazema, o alecrim e a sálvia. – Essas substituem as plantas que foram danificadas pela paralisante tempestade de inverno, quando nevou, a neve derreteu e depois congelou, tudo no mesmo dia. – E mais árvores podem ser plantadas em seguida. Temos tempo de sobra.

Tempo de sobra. A frase é música para meus ouvidos.

Cinco ciprestes, duas pereiras, uma cerejeira, um pessegueiro e dois damasqueiros entregues pelo horto estão enfileirados ao longo da entrada de carros, à espera de Francesco e Beppe, que já se desentenderam quanto ao lugar em que cada árvore receberá a quantidade certa de sol. Eles já podaram as oliveiras, que também sofreram com o forte congelamento. Os dois, apressados, percorreram os terraços com uma escada, decepando impiedosos os ramos queimados pelo frio. Levaram-nos então em visita de inspeção, para examinar os danos causados a cada árvore. Estamos parados no primeiro terraço diante de uma oliveira descarnada. Eles abanam a cabeça, entristecidos, como diante do corpo de um amigo falecido. Ed também está de luto, já que as vítimas foram plantadas por ele há três anos. Nas plantas jovens sobreviventes, as folhas geralmente lustrosas estão secas. O pior indício é a casca rachada; quanto mais baixo na árvore ocorrer a rachadura, maior o estrago. As que racharam junto à base fazem com que os homens abanem a cabeça e digam, "*Buttare via*". Joguem fora. Vamos ter de desenterrar pelo menos dez árvores. Eles ainda não têm certeza quanto a algumas outras – vamos esperar para ver. Algumas folhas esfarrapadas numa delas, brotos junto ao pé de outra representam esperança suficiente para poupá-los. Nas encostas mais baixas da cidade e no vale, muitos olivais parecem mortos, e homens de ar soturno estão serrando galhos grossos. Por difícil que seja aceitá-la, a lição aprendida na ocasião da temperatura mais baixa de todos os tempos, em 1985, foi a de podar sem dó, pois as árvores se regeneram com o tempo.

Nada é mais sagrado do que a oliveira. Francesco olha para dois carvalhos nos terraços das oliveiras e abana a cabeça.

– Árvores boas para a lareira. Fazem sombra demais para as oliveiras.

Ed tem o cuidado de não discordar, mas também salienta com grande ênfase que as árvores têm de ficar por minha causa. A sombra de um dos carvalhos há um banco de toras onde gosto de ler. Se não fosse por isso, um dia poderíamos voltar para casa e encontrar os carvalhos derrubados, por Francesco ter suposto que estávamos de acordo. Sou eu quem leva a culpa por todos os desvios da roçadeira a fim de poupar flores e por qualquer decisão que interfira nos direitos das oliveiras e parreiras. Ed sem dúvida teria sua imagem abalada se eles suspeitassem de que ele se disporia a transplantar uma flor do campo que estivesse no caminho do trator. Os homens podam e adubam todos os dias de manhã. Beppe e Francesco amarram cada cipreste novo a uma estaca gigantesca. Entre a estaca e a árvore, acomodam um punhado de capim para impedir a estaca de ferir o tronco delicado.

Embora o frio excessivo de dezembro tenha exterminado minha sebe de ervas e minha desengonçada bela-emília junto à cisterna, o início perfumado e delicioso da primavera compensa. A cerca de louros que Ed detesta mas não tem coragem de erradicar está vicejando, é claro. Trabalhamos a manhã inteira, cortando, arrancando e fazendo a limpeza das plantas secas. Sinto que meu pescoço e meus braços estão começando a ficar vermelhos. Será que a brisa é revigorante? Ou estarei sentindo a qualidade cortante das suas origens nos Alpes Suíços?

De longe a pior perda é a de uma das duas palmeiras de cada lado da porta da frente. Uma parece estar melhor do que nunca. A outra é agora um tronco alto com um leque marrom, caído em estado lastimável. Da minha janela do escritório no terceiro andar, consigo ver uma folha verde que surge. Pouco mais larga que minha mão, não parece muito promissora.

O *signor* Martini agora virou Anselmo para nós. Ele chega nos seus trajes de corretor de imóveis, dirigindo seu Alfa grandão e gritando ao *telefonino*, mas logo sai da *limonaia* transformado num lavrador – botas de cano alto de borracha, camisa de flanela e uma boina. O que eu não esperava era que ele assumisse o comando de modo tão absoluto.

– Não toquem! – adverte ele. – Se vocês tocam enquanto as folhas ainda estão úmidas com o orvalho, as plantas morrem. – Fico surpresa com tanta veemência.

– Por quê?

Ele se repete. Nenhum motivo. Geralmente, esses pronunciamentos têm alguma base. Talvez certos fungos sejam transmitidos com maior facilidade – ou alguma outra razão lógica.

– O que são essas plantas? – pergunto, indicando com um gesto as plantas vigorosas, que já chegam à altura dos nossos joelhos, plantadas por ele no terceiro terraço. – São tantas. – Passo os olhos pelas fileiras; oito fileiras de dez, oitenta pés. Ele se esqueceu de me consultar quanto à ampliação exponencial da horta. Anteriormente, tínhamos batatas, alfaces, manjericão.

– *Baccelli* – responde ele. – Para comer com *pecorino* fresco.

– E o que são *baccelli*?

Ele se mantém atipicamente calado.

– *Baccelli sono baccelli*. – São o que são. E ele não para de capinar, dando de ombros.

Procuro a palavra no dicionário mas só encontro "vagens". Ligo então para minha amiga Donatella.

– Ah, *sì, i baccelli*, como nós os chamamos, são as *fave* que ele plantou, mas no dialeto local "fava" significa pênis, e eu tenho certeza de que ele não lhe diria essa palavra.

As flores dos *baccelli* são delicadas asas brancas com um segundo par de pétalas por dentro, cada uma marcada com um pingo preto-arroxeado. Examino as folhas em busca dos veios escuros que formam a letra θ, que faziam os gregos considerar a fava perigosa e portadora de má sorte, já que *thanatos* (morte) também começa com a letra teta. Até agora, as plantas parecem apenas verdes e viçosas.

Durante nossa ausência, Anselmo plantou legumes suficientes para algumas famílias. Converteu dois terraços numa enorme horta. Um pastor sardo vendeu-lhe quinze enormes sacos de estéreo de ovelha, que ele incorpora ao solo. Até o momento contei oitenta pés de fava, quarenta de batatas, vinte de alcachofras, quatro fileiras de acelga, um canteiro de cenouras, um grande canteiro de cebolas, alho em quantidade suficiente para todo o *ragù* que se preparar em Cortona e um lindo triângulo de alfaces. Também plantou aspargos, mas avisou para não colhermos as hastes desgrenhadas que surgirem. O aspargo só fica pronto em dois anos. Abobrinhas, melões e berinjelas estão germinando na *limonaia*, e estacas afiadas de bambu para os tomates – uma boa quantidade de estacas – ele empilhou nos fundos da horta até que o tempo fique estável. Posso precisar abrir uma banca para vender flores de abobrinha na feira de sábado. Como ele recebe por hora, temos pavor de descobrir quantas horas já trabalhou.

Ele também podou as rosas, derrubou três pés das minhas ameixeiras silvestres preferidas que estavam atrapalhando a ampliação do jardim e começou a formar uma espaldeira de ameixas ao longo da borda do terraço. Elas parecem que estão sendo torturadas. Quando me vê olhando para elas, ele balança o dedo para mim como se estivesse falando com uma criança que pretende escapulir para o meio da rua.

– Árvores do mato – diz com desdém. E eu de repente me pergunto de quem é esta terra. Como Beppe e Francesco, ele considera um inconveniente qualquer coisa que atrapalhe seus domínios. E como os outros dois, ele conhece tudo, e nós seguimos suas recomendações.

– Mas são as melhores ameixas-amarelas... – Vou ter de ficar de olho nessas árvores. Um dia de manhã posso acordar para descobri-las em pedaços na pilha de lenha para a lareira, fazendo companhia aos carvalhos que Francesco gostaria de atacar.

Até mesmo a noite da primavera é espantosa. O silêncio do campo parece estridente. Ainda não estou acostumada aos gritos das corujas que rasgam a tranquilidade. Estamos chegando de noites de *burritos* e cinema, noites de pedir comida chinesa em domicílio, noites de 17 mensagens na secretária eletrônica. Acordo às três ou às quatro da manhã e vagueio de um quarto a outro, olhando pelas janelas. O que é essa quietude, a grande noite enluarada com uma cabeça de cometa borrando a janela do meu escritório e o vale escuro lá embaixo? Por que não consigo apagar a imagem que meu aluno criou: *o cometa, como um enorme cotonete a limpar o céu?* Um rouxinol ensaia alguma versão rouxinólica da escala musical, demorando-se em cada nota. Parece ser um pássaro solitário. Não surge resposta ao seu canto queixoso.

No final de cada tarde, Ed carrega lenha de oliveira para dentro de casa. Fazemos um lanche em bandejas diante da lareira.

– Agora estamos de volta – diz ele, erguendo o copo em brinde às chamas, talvez em brinde ao humilde deus do lar. A felicidade, palavra divina e banal, uma proposição complexa que muda constantemente seus limites e às vezes dá a sensação de ser tão fácil. Enrolo-me num cobertor e cochilo pensando em expressões idiomáticas em italiano. Sopra um vento. Qual? A *tramontana*, com um toque do ar gélido dos Alpes? O *ponente*, que traz chuva? Ou o *levante*, que sopra firme e forte do leste? Os ciprestes delineados ao luar parecem girar suas pontas agudas em todas as direções. Sem dúvida, não se trata do *libeccio*, o vento seco e morno que vem do sul, nem de algum vento de verão, o *grecale* ou *maestrale*. Esses ventos na chaminé são sérios e me lembram que em março a primavera é apenas uma ideia.

Verduras amargas
da primavera toscana

Acordo cedo de pura empolgação. Este é o primeiro dia de feira desde que cheguei. Enquanto me visto, vejo de relance pela janela dos fundos algum movimento num dos terraços mais altos. Uma raposa? Não, alguém que se abaixa, para colher alguma coisa. Uma mulher, creio eu, adivinhando através da névoa esbranquiçada uma forma arredondada e um cachecol escuro. E em seguida, ela some, escondida pelas *ginestre e* pelos arbustos de rosas silvestres.

– Talvez alguém à procura de cogumelos – sugere Ed. Quando saio com o carro, creio discernir um movimento no pilriteiro acima da estrada.

Três caminhões fechados vindos de longe, do sul, de Puglia e Basilicata, chegaram à feira das quintas em Camúcia. Estão abertos na traseira e nas laterais para revelar seu tesouro – alcachofras, ainda presas a seus talos. Os motoristas tiram dos veículos montes enormes e os empilham debaixo de cartazes que dizem 25 por 8 mil *lire*, cerca de 18 centavos de dólar cada uma. As mulheres se acotovelam ao redor, comprando em grandes quantidades. As preferidas são as menores, rajadas de roxo. Essas alcachofras, até mesmo em seus talos descascados, são extraordinariamente tenras. Embora sejam pequenas demais, o seu todo é comestível, a não ser por algumas folhas exteriores. São vendidas em talos de trinta centímetros, amarradas num buquê incômodo, tão pesado que minha viagem à feira encerra-se ali mesmo. Luto para voltar para casa, tentando resolver como vou usar as 25 alcachofras que não sei bem como consegui carregar debaixo do braço. Quando estou entrando na cozinha com esse peso, vejo mais outro feixe enorme de minúsculas alcachofras roxas no balcão.

– Ai, não! Onde você arrumou isso? Ed apanha algumas das minhas sacolas.

– Estive em Torreone, e uma picape carregada de alcachofras parou junto ao bar. Todo mundo saiu correndo para comprar com o tal cara, e eu comprei também. – Cinquenta alcachofras. Duas pessoas.

Todos os restaurantes e *trattorie* têm alcachofras fritas no cardápio. Em casa, elas costumam ser consumidas cruas, com azeite de oliva temperado, ou cortadas em quatro e cozidas com batatas, escalônias, suco de limão e salsa. As texturas e sabores se complementam. Quando cozidas rapidamente no vapor e servidas com um fio de azeite de oliva, seu gosto adstringente parece perfeito para qualquer dia de primavera.

A *rape* de inverno está em final de mandato mas um lavrador ainda gritava "*Polezze*" o termo usado no dialeto. Já a vi, florida em hortas domésticas, e de início a confundi com a mostarda, que está balançando suas flores amarelas na região vinícola da Califórnia neste momento. Na hora em que a *rape* floresce, entretanto, já é tarde para sentir seu sabor singular. Colhida cedo, retirados os caules, cozida no vapor e depois refogada com alho, suas folhas e brotos dão a impressão de algum primo selvagem dos brócolis, um pouco amargo e diferente. *Rape* (as duas sílabas são pronunciadas) tem gosto de algo que faz bem. Deve estar repleta de ferro e nitrogênio. Quando como essa verdura, sinto que me levanto da mesa mais forte.

O amargo é um sabor popular na Itália. Está em todas aquelas bebidas para depois da refeição e os *aperitivi*, conhecidos coletivamente como *amari, bitters*, que os italianos entornam, são decididamente um gosto adquirido.

– Parece que os italianos *adquiriram* mais gostos do que muitos de nós – comenta Ed. A primeira vez que tomei Cynar, que tem como base um sabor de alcachofra, lembrei-me da minha mãe me perseguindo por toda a casa para tentar me fazer tomar um xarope. Até mesmo um refrigerante de laranja traz no rótulo "*amara*". Na loja de *pasta fresca*, estão fazendo raviólis com ricota e *borragine*, borragem. O raviólis recheado com qualquer coisa e ricota costuma ser suave. Com borragem, os pequenos travesseiros picam nossas papilas gustativas. As folhas de dente-de-leão, de nabo e de beterraba – todas são saboreadas nesta estação. Até mesmo as detestadas urtigas, que combatemos numa encosta de morro o verão inteiro, apresentam um gosto picante quando colhidas assim que as folhas se desenrolam, escaldadas e acrescentadas a algum risoto ou massa, recebendo por cima pinhões tostados.

A verdura que me parece estranha e diferente é *agretti*. Ela deve existir em algum lugar nos Estados Unidos, mas nunca a vi. Amarrada com uma erva qualquer, um molho dá a impressão de algum capim do mato, algo que se poderia usar para alimentar um cavalo no cocho. Jogada durante alguns momentos numa fervura forte, ela depois passa por uma frigideira para refogar com óleo, sal e pimenta. Quando vi *agretti* pela primeira vez, pensei, ai, ai, mais um daqueles gostos adquiridos. Enquanto cozinhava, a verdura tinha cheiro de terra – aquele cheiro de terra que se reconhece nas beterrabas quando estão cozinhando, mas associado a ela havia também um frescor de verdura. Uma amiga italiana recomenda suco de limão; mas, assim que senti o cheiro da verdura, quis experimentá-la sem outros temperos. Como o "capim" é quase da mesma grossura de *vermicelli*, mais tarde a misturei com macarrão e fatias finas de *parmigiano*. O sabor do espinafre é o que mais se aproxima; mas, embora os *agretti* tenham a pungência mineral do espinafre, seu sabor é mais interessante, cheio da energia da primavera.

Fico surpresa ao descobrir que o lendário aspargo silvestre também é extremamente amargo. Chiara, uma vizinha, está ali na sua terra com um punhado desses caniços mirrados. Ela afasta tiras espinhosas de modo a revelar a planta, que parece ser um aspargo-de-jardim mais rústico e mais agressivo. Ela é veemente quanto à *frittata* com aspargos silvestres picados. Quer dizer, veemente em gestos. Seu rápido movimento, como o de puxar um zíper diante da boca, significa que algo é realmente delicioso. Se tivesse colado a ponta do polegar na bochecha e girado o punho para a frente e para trás, teríamos visto como as palavras não conseguem descrever até que ponto algum alimento pode ser delicioso.

A madrugadora que vi lá em cima nos terraços devia estar à procura de aspargos. Agora alguém investiu contra os narcisos também. Depois de passar a manhã inteira olhando vasos sanitários e pisos para o projeto de reforma deste verão, chegamos em casa e descobrimos que cerca de duzentos *tromboni* se foram da encosta. Restam-nos apenas alguns, murchos, já passados.

Em toda a extensão da estrada no final da tarde, mulheres caminham com suas bengalas e sacolas de plástico, colhendo tanto aspargos quanto *mescolanza*, verduras nativas, a maior parte das quais é amarga, para suas saladas do jantar. Estou começando a aprender sobre essa *insalata mista* de graça. Elas procuram *tarassaco*, que é parecido com dente-de-leão, diversos tipos de *radicchio*, chicória, borragem, *barbe dei frati* – barbas-de-frade – e muitas outras verduras.

O que mais está engordando aquelas sacolas? Por que elas param de repente para examinar um pedaço de chão por alguns minutos, cutucando-o com uma varinha? Abaixam-se, cavam com um canivete – umas raízes, algumas folhas, cogumelos – e seguem em frente. Já vimos gente bem-vestida parar o carro, sair correndo morro acima para descer acenando com dois ou três maços de hortelã, funcho para assar carne ou alguma erva medicinal, ainda com a terra caindo das raízes.

Também saio à caça de aspargos. Ed corta o que acreditamos ser a vara perfeita para mim, uma varinha de condão, como se eu fosse adivinhar onde há água. Estranho como algo pode ser invisível aos nossos olhos e depois, quando nos chamam a atenção para ele, passamos a encontrá-lo por toda parte. Os terraços de cima estão cheios de bastões espinhosos. Parece que gostam de crescer à sombra de uma árvore ou junto a uma encosta. De cara, aprendo a procurar em locais escondidos, embora às vezes surja um frágil traidor da espécie crescendo a céu aberto. Geralmente há um emaranhado de mato entre minha mão e as hastes escuras que saem do chão. Uma haste aqui, outra ali. Os aspargos devem ter aparecido cedo na cadeia alimentar. Os cultivados, apesar de comparecer em inúmeros pratos elegantes, parecem primitivos. A forma selvagem é ainda mais primitiva. Alguns talos são finos como cordão, e sua cor vai do verde de cromo até o roxo. Aqueles espinhos entre os quais nossas mãos precisam abrir caminho são pontudos como agulhas. O trabalho é lento, mas é bom.

Cozinho meus trinta talos para acompanhar frango assado, e nenhum de nós dois aprecia o gosto desagradável, quase de remédio. Depois, na feira, uma mulher estranha, que mal chegava a ter 1,20m *de* altura, oferece um cone de jornal cheio de aspargos silvestres. Ela dá a impressão de ter acabado de se materializar, saindo de um conto de fadas, e de que poderia dizer: "Venham para o bosque, crianças." Mas só repete *"Genuíno, genuíno"*. Autêntico. "Quinze mil *lire*" (cerca de nove dólares). Como tenho a sensação de que não vou ver pessoas semelhantes a ela na feira muitas outras vezes, entrego o dinheiro. Só para ficar um pouco mais na sua presença, pergunto como preparar o aspargo. Como minha vizinha, ela prefere cortado fininho numa *frittata*.

Ed experimenta fazer a *frittata*, dando-lhe um toque com o alho da primavera, mas o sabor do aspargo quase desaparece, restando apenas o crocante do talo rígido para nos lembrar da sua presença.

Na rua em Arezzo, vejo outra dessas mulheres dos bosques. A palavra *strega*, bruxa, vem à mente; ou aquela velha fonte de sabedoria do sul dos Estados Unidos, uma reza. Quem poderia resistir? Compro alguns da sua cesta, também. No fundo, uma faca com o formato de meia-lua, a lâmina muito desgastada. Ela quase não tem dentes e está toda enrolada em pulôveres com pedacinhos de palha saindo da lã.

— Onde foi que a senhora encontrou tantos? — pergunto. Mas ela só leva o dedo aos lábios. No que diz respeito a esse assunto, sua boca não vai se abrir. Ela se afasta, mancando, e percebo que está usando tênis de corrida perfeitamente brancos. Ela consegue se içar até o nível das galerias no Corso, onde empresários sofisticados sentados a uma mesa de *caffè* compram seus aspargos como loucos.

Geralmente tosto os aspargos no forno — arrumo os talos num tabuleiro, rego com um fio de azeite, salpico sal e pimenta e os levo rapidamente ao forno. Os aspargos saem mais gostosos desse modo. Sem contato com a água, nem mesmo com o vapor, os aspargos retêm toda a sua suculência e textura sem absorver gosto aguado, ou pior, amolecer. No entanto, os aspargos silvestres ficam resistentes como barbante no forno. Por isso, aprendi a passá-los muito levemente no vapor e depois refogá-los em azeite de oliva. A qualidade do azeite é crucial. Se não for do melhor, use manteiga. A cada garfada, imagino a mulher vasculhando os campos, suas encostas secretas acima dos vinhedos, todos os anos em que cumpriu esse ritual, a certeza do polegar na lâmina curva.

Quando mostro a Beppe, o especialista em poda da parreira, as áreas com aspargos no terreno, ele fica satisfeito. Decepa os ramos secos, arqueados.

– Assim. Se cortar logo abaixo da terra, no ano que vem vamos ter mais – explica ele. Quando se abaixa para fazer a demonstração, descobre que alguém já iniciou o processo de poda. Hastes velhas foram cortadas na diagonal; não foram arrancadas. A predadora misteriosa. Ou algum espírito que viveu aqui um século atrás e que vem fazer uma visita na primavera? Ou alguma criatura esperta que vende tanto flores quanto aspargos na feira? Uma mulher com uma faca curva? Beppe começa a comer um aspargo cru e me passa outro: um sabor para afiar os dentes. Estou começando a gostar dessa iguaria da primavera.

Durante visitas no inverno, já me surpreendi ao descobrir que a comida é diferente daquela à qual estamos habituados no verão, a estação em que costumo estar aqui. Agora, à medida que a primavera avança, quase todos os dias me proporcionam um novo sabor. Na *frutta e verdura* de Matteo e Gabriella, noto uma cesta com algo que nunca vi antes. Kiwis nodosos e raquíticos? Nozes emboloradas? Não, *mandorline*, diz Matteo, uma delícia especial no Val di Chiana, o amplo vale abaixo de Cortona. Matteo morde uma e estende a cesta para mim. Ah, amarga e azeda, diferente de qualquer coisa que já provei. De imediato sei que vou gostar dessa amêndoa com seu invólucro. Ele come tudo devagar, a casca felpuda e tudo o mais, saboreando a textura. Por baixo da camada exterior verde-acinzentada, vem uma camada verde-vivo, depois uma amarela e, por último, a noz tenra, em embrião, ainda macia e com um toque delicado do sabor de amêndoa.

Em casa, caminho pela minha própria terra, onde há amendoeiras não cultivadas, mas nenhuma me parece ser a variedade correta da *mandorline*. As cascas estão endurecendo. Quebro uma com uma pedra e provo a amêndoa: um toque de rosa, um toque de pêssego e o ressaibo que me traz à mente que o ácido prússico também vem das amêndoas. Quando maduras, essas amêndoas retêm seu perfume intenso mas a acidez é amenizada por uma tendência ao amargo.

A terra é um mistério para mim. Depois de sete anos, acho que a conheço e então, de repente, percebo que não. Observo as benesses da estação. Rios de íris silvestres estão a ponto de desabrochar ao longo dos terraços. Compartilhamos com a predadora, também, e com os porcos-espinhos, que se banqueteiam com seus rizomas. Símbolo de Florença, o íris costumava ser amplamente cultivado na Toscana para o uso da sua raiz seca na obtenção da fragrância forte e sensual, mescla de violeta com uva, em perfumaria. Uma flor silvestre tão improvável. Em San Francisco, compro ramos apertados de cinco no mercadinho, com as flores atenuadas mal conseguindo abrir. Agora, fico quase alarmada de ver tantos florindo espontaneamente em total abandono.

Quando voltamos para a casa depois da expedição em busca de aspargos, Beppe arranca uma planta lisa, de folhas grossas.

– Essa é para ferver. É boa para o fígado.

– Como se chama?

– Agora não me lembro. Olhe! – Beppe aponta para uma planta que se alastra, semelhante a uma samambaia com folhas minúsculas no formato de leque. – *Morroncello*. – Não faço ideia do que seja. O dicionário não me diz. Vou experimentar. Mais uma verde verdura da primavera.

Muito cedo, ouço vozes na estrada abaixo da casa e olho lá fora para ver três mulheres, extrativistas, gesticulando na direção do nosso terreno. Imagino que devam ter visto alguma planta nova. Ficam um bom tempo por lá, e eu não vejo nenhum movimento na direção da nossa encosta. Finalmente, seguem seu caminho.

Enquanto estou me vestindo, ouço um derrapar de pneus e duas buzinadas curtas mas, quando olho para fora, um Fiat azul já está seguindo veloz pela estrada. Hoje vamos a Petroio, a terra dos vasos de barro feitos à mão. Quando começamos a descer pela estrada de carros, pressinto algo. Chegando mais perto, vemos a estrada coberta com grandes pedras. Olhamos para cima. A alta muralha de pedra que sustenta a parte sombreada do nosso jardim desmoronou durante a noite, deixando um buraco de mais de quatro por quatro metros, mais feio do que um sorriso banguela. Afastamos as pedras da estrada e subimos para olhar. As adoráveis fontes cristalinas que brotavam dos montes saturaram o solo, solapando a muralha. Pecados que voltam para nos atormentar. O construtor irresponsável que contratamos para refazer as muralhas do terraço principal há seis anos não deixou uma quantidade suficiente de furos de escoamento. Nossa longa mesa amarela de piquenique está em equilíbrio precário no lugar em que a muralha tombou.

Ligamos para Primo, homem da nossa confiança, e ele vem imediatamente.

– *Mah* – diz ele, dando de ombros. – As muralhas um dia caem. – Ele entra na casa e chama sua equipe.

Como não sabemos o que mais fazer, partimos para Petroio, que fica na província de Siena. Queremos comprar grandes vasos de barro para flores para as muralhas – para aquelas que ainda estão em pé. Entramos primeiro na cidadezinha medieval, empoleirada no morro, para beber alguma coisa, mas tudo está fechado, e o carro mal consegue passar pela rua mais estreita que jamais encontramos. Logo na periferia da cidade, há diversos *fabbricanti*, com centenas de vasos de todos os tamanhos. Um tem o tamanho de uma banheira californiana. O lugar que escolhemos só trabalha à mão. Já compramos antes vasos de produção industrial, e eles são bonitos também. Um homem corado, na realidade da mesma cor da terracota, vem de lá de dentro com ar intrigado. Perguntamos se podemos dar uma olhada, e ele explica que só vende por atacado. Felizmente, gosta de falar a respeito de vasos. Somos levados a um depósito acima dos fornos, quente como uma sauna. Os potes para azeite de oliva, esmaltados por dentro, vêm em muitos tamanhos. Eles também fazem vasos para ervas, colunas para jardim, relógios de sol, ânforas e urnas clássicas. Vasos para flores de todos os formatos conhecidos e outros desconhecidos estão empilhados em fileiras. Esses vasos feitos à mão têm as bordas arredondadas, um toque de cor de mel que dá uma impressão de calor e vida, e uma ou outra impressão digital. Ele nos mostra as iniciais ou marcas do trabalhador no fundo.

Quando se abaixa para tirar um vaso do lugar, seus óculos escorregam do bolso e caem no chão. Uma lente solta da armação, mas não quebra. Os três nos ajoelhamos na fina poeira de barro para procurar pelo parafusinho. Depois que o dono e eu desistimos, Ed continua a procurar até descobri-lo na sombra. Girando o parafuso com a unha do dedo mínimo, ele conserta os óculos. Agradecemos ao proprietário pelo tempo que nos dispensou e fizemos menção de ir embora.

– Esperem, quantos vasos vocês queriam?
– Ah, alguns, só para flores na nossa casa.
– Nada para revenda?
– Não. Três ou quatro.
– Bem, sabem de uma coisa, não posso fazer isso, mas três ou quatro, que diferença faz? – Ele nos passa uma lista de preços e diz para deduzirmos 40%. Escolhemos uma urna para combinar com três ao longo da muralha e três vasos grandes, todos com guirlandas e cachos. Quando vamos pagar, vemos que não temos dinheiro suficiente. Ele diz que na cidade há um caixa eletrônico, e nós voltamos para as ruas tortuosas. Dessa vez, estacionamos fora da cidade e entramos a pé. Petroio significa "grande vila" e a cidadezinha não é muito maior do que um enorme castelo. Não se vê ninguém. Andamos por toda a cidadezinha minúscula sem ver nenhum banco. A igreja mais antiga, San Giorgio, está totalmente fechada. Avistamos um homem levando o cachorro a passear, e ele nos leva a um portal que nunca

teríamos encontrado. Nenhuma placa, e o caixa eletrônico está escondido numa pequena abertura embutida.

Voltamos para a loja, onde o proprietário nos ajuda a pôr os vasos no carro. Saímos e eu apanho um mapa debaixo do assento.

– Estamos perto da Abbadia a Sicille, supostamente um refúgio e estalagem para peregrinos a caminho da Terra Santa. Há uma cruz-de-malta engastada na parede e um emblema dos Templários...

– Estamos fugindo da muralha? – pergunta Ed, me interrompendo. Não há necessidade de responder.

Os homens de Primo estão carregando o Ape (pronuncia-se Á-pê, o que significa "abelha"; um pequeno veículo bastante útil, algo semelhante a uma lambreta coberta, com uma caçamba de picape atrás). Eles empilharam com esmero as pedras caídas junto com sacos de cimento. Uma nova fileira já está assentada na base, grandes pedras com aberturas em forma de cunha para a água escapar. Lá no alto, descobrimos que cavaram trincheiras e instalaram canos da encosta até a beira do terraço. Aponto meus dois indicadores para o chão.

– Que não aconteça aqui. Outra vez. – Gesto tão útil.

Os córregos agora estão canalizados e geram diversas cascatas sobre a borda do terraço. Afundamos até os tornozelos.

– *Tutto bagnato* – diz Primo, tudo molhado. Todos os que passam param para observar a catástrofe. Uma mulher nos conta que há muitos anos uma criança pequena caiu num poço aqui e morreu afogada; que se ouvem seus gritos à noite na casa. Notícia perturbadora.

– É por isso que a casa ficou abandonada por trinta anos. Quando eu era menina, tinha medo de andar por aqui à noite.

– Nós nunca ouvimos gritos – comenta Ed. Preferia que ela não tivesse nos contado. Agora quando eu estiver sozinha, tenho certeza de que vou tentar escutar.

– Todas as casas velhas são mal-assombradas – comenta Primo, quando ela segue seu caminho. Ele dá de ombros e vira as duas mãos para fora. – Os fantasmas não fazem nada. É com a água que devemos nos preocupar.

Acordo no meio da noite mas tudo está em silêncio, a não ser pelas pequenas Niágaras que caem na vala.

Sfuso: vinho a granel

GITA. UMA DAS MINHAS PALAVRAS PREFERIDAS, UMA PEQUENA viagem. Hoje de manhã, esperava que Ed se encaminhasse para os terraços de oliveiras com sua enxada; mas, em vez disso, ele ergueu os olhos de *The Wine Atlas of Italy* [O atlas vinícola da Itália], que costuma ler no café da manhã, e disse:

– Vamos a Montepulciano. Nosso estoque de vinho está ficando muito baixo.

– Ótimo. Quero ir ao mercado de plantas de lá comprar belas-emílias para plantar aos pés da aveleira. E podemos trazer ricota fresca de alguma fazenda.

Não foi para isso que viemos à Itália? Às vezes, durante a longa reforma, tive a impressão de que vim à Itália só para arrancar hera de muros e dar acabamento em pisos. Mas agora que os projetos principais estão encerrados, a casa está – bem, não está terminada, mas pelo menos está mais com cara de nossa casa.

Vamos reabastecer nosso *sfuso*, vinho a granel. Muitos vinhedos produzem um vinho da casa para consumo próprio, seus amigos e fregueses do local. A maioria dos toscanos não bebe diariamente vinho engarrafado. Ou fazem seu próprio vinho, conhecem alguém que faz ou compram *sfuso*. Como preparativo, Ed dá uma boa lavada no nosso enorme garrafão de vidro verde e em nosso novo recipiente de aço inoxidável, reluzente com uma torneira vermelha, uma inovação que ameaça substituir os garrafões tradicionais.

Como proteção contra o ar no vinho depois que se enche o garrafão, aprendemos a derramar um pouco de azeite de oliva por cima, para criar vedação, e depois empurramos com força uma rolha do tamanho de um punho. O novo vasilhame tem uma tampa achatada que flutua na superfície do vinho. Deita-se um fio de óleo neutro em volta do espaço ínfimo entre a tampa e a parede do recipiente. Uma segunda tampa estanque vem por cima. À medida que se abre a torneira no fundo e se transfere o vinho para uma jarra, a tampa e o óleo isolante também baixam, mantendo intacta a vedação.

Quando as famílias têm sete ou oito garrafões, costumam armazená-los num aposento fresco especial, uma *cantina*, e abrem os garrafões à medida que precisam do vinho. Foi o que fizemos, levantando o garrafão para pô-lo numa mesa, inclinando-o, e enchendo velhas garrafas de vinho através de um funil. Depois vedamos nossas cerca de vinte garrafas com azeite de oliva. Aprendemos a descartar o óleo com um movimento brusco quando abrimos cada garrafa. Mas sempre ficavam algumas gotas boiando na superfície. Já destinei dois garrafões para funções decorativas em cantos de salas. Descobrimos nossos três abandonados junto ao lixo para reciclagem. Alguém havia desistido deles. Mas como puderam jogá-los fora? Adoro seu formato cheio de curvas, globoso, prenhe, e o vidro verde com bolhas presas. Nós os esfregamos com escovas especiais para a limpeza de garrafas e compramos rolhas novas.

– Será que queremos mesmo usar o garrafão? – pergunto.

– Você tem razão. Mas não diga nada aos homens. – Ele está naturalmente se referindo a Anselmo, Beppe e Francesco, que desdenham qualquer mudança relacionada a azeitonas ou a vinho. Pomos na mala do carro duas bombonas de vinte litros – fáceis de transportar, mas vai ser preciso transferir o vinho para o recipiente inoxidável assim que chegarmos em casa. Um certo gosto de plástico pode impregnar rapidamente o vinho.

É ótimo ser turista. Guia e máquina fotográfica na bolsa, uma garrafa d'água no carro, o mapa aberto no meu colo – o que poderia ser melhor do que isso?

A estrada de Cortona a Montepulciano, uma das minhas preferidas, varia de olivais plantados em curva de nível para suntuosas colinas ondulantes, com o brilho das rodas douradas de trigo no verão; e agora, na primavera, para um verde forte com lavouras de cobertura e capim alto. Quase posso ver os campos de julho em flor com *girasoli*, girassóis gigantes, o coro de aleluia das lavouras. Hoje, os cordeiros estão passeando. Os novinhos parecem farejar, indecisos, nas pernas pouco firmes, os pouco mais velhos cabriolam em torno dos úberes das mães. Esta é a zona rural mais encantadora que conheço. Eventuais brisas trazem odores de chiqueiros e me fazem lembrar que aqui não é o paraíso. Em grotões sombreados, rebanhos lanudos dormem em grandes aglomerados brancos. Trigais, pomares de frutas e olivais, cuidados com esmero, a cada centímetro, cedem a vez aos vinhedos do Vino Nobile de Montepulciano.

Chianti, Brunello e Vino Nobile, os três maiores vinhos da Toscana, possuem um sabor de uva essencial, característico, encorpado. Além disso, os toscanos podem discutir até tarde da noite infindáveis gradações de diferenças. Como a produção do Vino Nobile começou no século XIV, eles tiveram bastante tempo para acertar a mão. O nome da uva toscana, Sangiovese, sugere uma produção de vinho muito mais antiga. A etimologia vem de *sanguis*, "sangue" em latim, e de Jove – o sangue de Júpiter. A variedade local da Sangiovese é chamada de "Prugnolo Gentile", ameixinhas gostosas.

Entramos por uma longa alameda de ciprestes altíssimos que margeiam uma *strada bianca*, uma estrada branca que abre um túnel sob as árvores. Atravessamos faixas de luz verde-clara que passa enviesada pelas lacunas entre as árvores. Ed acena quando recordo um verso de Octavio Paz, "A luz é o tempo pensando em si mesmo". Parece-me ser verdade num nível, mas não em outro. Os vinhedos da Avignonesi cercam uma daquelas propriedades sublimes que me puseram a sonhar com uma vida passada em época anterior. A grande casa de campo, a capela da família, os elegantes puxados – estou num pesado vestido de linho em 1780, passando pelo pátio, uma jarra d'água e um chaveiro com chaves de ferro nas mãos. Se sou a *contessa* dessa *fattoria* ou uma aia, não sei; mas tenho um vislumbre dos meus passos anos atrás, capto o contorno da minha sombra nas pedras.

O enólogo da Avignonesi, Paolo Trappolini, homem extraordinariamente bonito que parece um autorretrato de Rafael, fala conosco sobre experiências no vinhedo.

– Venho procurando cepas quase extintas por toda a Toscana e resgatando antigas variedades. – Saímos andando pelo vinhedo, e ele nos mostra novas parreiras cerradas, plantadas na disposição *"settonce"*, uma forma latina de situar uma parreira no centro de um hexágono formado por outras. Ele aponta mais ao alto no morro para um desenho de plantas em espiral, *la vigna tonda*, a vinha redonda. – É também um experimento com o uso de densidades diferentes para ver o efeito sobre a quantidade e a qualidade do vinho. – Ele nos mostra as salas de envelhecimento, algumas das quais estão cobertas de um espesso mofo cinzento; e a sala do *vin santo*, delirantemente perfumada com fragrâncias de fumaça, de madeira.

A Avignonesi produz muitos vinhos de qualidade, que podem ser provados aqui ou no Palazzo Avignonesi no centro de Montepulciano. Ed tem um interesse especial pelo *vin santo*, o vinho agradável, que lembra o sabor de nozes, e que pode ser bebericado com *biscotti* depois do jantar. Nas residências, a qualquer hora, sempre nos oferecem, quase nos forçam a tomar, o *vin santo*. Está ali em todos os armários de cozinha; e é preciso prová-lo porque ele é feito em casa. O da Avignonesi é especial, um dos melhores da Itália. Conseguimos comprar apenas uma garrafa; a quantidade limitada já foi vendida. Alguém nos deu duas veneráveis garrafas de *vin santo*, um Ricasoli de 1953 e um de 1962, compradas em Nova York e agora trazidas de volta ao seu lugar de origem. Anselmo também nos ofereceu uma garrafa do seu. De posse do precioso Avignonesi, vamos convidar amigos para uma degustação depois de um grande banquete numa noite de verão.

Em seguida, vem Tenuta Trerose. A maioria dos vinhedos está plantada da forma habitual, em fileiras com tutores, mas uma grande área está plantada em caramanchões, no estilo etrusco. Os escritórios ficam num prédio moderno, atrás de uma casa de campo num bosque de ciprestes. Um rapaz, surpreso com as visitas, nos entrega uma lista de preços e nos mostra seus vinhos numa sala de conferências. Ed, tendo consultado a edição mais recente de *Vini d'Italia*, seu guia anual de confiança, decide comprar um engradado de Salterio Chardonnay e um engradado com uma variedade de tintos. Acompanhamos o funcionário que sai por uma passarela elevada num galpão com tanques de aço inoxidável, alguns barris de carvalho e engradados e mais engradados de vinho. Ele grita, e uma mulher aparece por trás de umas caixas. Ela começa a arrumar nosso pedido, saltando, graciosa como um lince, por cima de pilhas de caixas.

Discretas placas amarelas indicam o caminho para vinhedos – Fassato, Massimo Romeo, Villa S. Anna (produzido por mulheres), Fattoria del Cerro, Terre di Bindella, Podere Il Macchione, Valdipiatta. Conhecemos os nomes por termos aberto muitas rolhas dos seus vinhos célebres. Nosso destino é Poliziano, onde vamos comprar nosso *sfuso*. Ed acena para alguém num campo, que vem nos receber no depósito.

– O melhor *sfuso em* dez anos – diz ele enquanto nos serve dois copos em cima de uma pilha de caixas de vinho. Mesmo às onze da manhã, agradam-nos a cor vigorosa, a leve sugestão de morangos no sabor e algo quase como uma fragrância de mimosa. Encontramos nosso vinho da casa. Ele enche nossas bombonas com uma mangueira presa a um tonel imenso. De acordo com a lei, deve vedar as bombonas e registrar devidamente nossos nomes no computador. Quando registra o nome de Ed, percebe que já estivemos ali antes.

– Os americanos gostam do nosso vinho, não é? – pergunta ele, e nós respondemos que sim, em nome de todos os americanos. Ed acomoda as bombonas atrás, no banco do carro, torcendo para que elas não vazem no trajeto difícil pelas estradinhas sem pavimentação.

A serpeante cidade de Montepulciano estende-se e faz curvas como se estivesse acompanhando um rio, mas na realidade segue a longa crista de um morro. A impressão de Henry James, uma vista captada a partir de uma arcada era de "algum navio enorme, bombardeado, danificado, sobrecarregado, com um excesso de mastros, singrando um mar violeta". As cidadezinhas dos montes da Toscana costumam transmitir essa sensação de um navio imenso, flutuando acima de uma planície.

No telhado em frente a Sant'Agostino, um *pulcinella* de ferro golpeia o relógio com seu martelo para marcar as horas desde o século XVII. Paro para comprar velas numa pequena loja. Ali, em meio aos *cache-pots*, chaveiros, capachos e saca-rolhas, descubro uma abertura mal-iluminada que dá para um túmulo etrusco!

– É mesmo – diz o dono da loja, acendendo refletores –, muitos lojistas encontram surpresas desse tipo quando fazem reformas. – Ele nos leva até uma abertura coberta com vidro na frente da loja e aponta para ela. Olhamos e vemos uma cisterna funda, cavada na rocha. Ele dá de ombros. – O telhado escoava para aí, e eles sempre tinham água.

– Quando? – pergunta Ed. O comerciante acende um cigarro e sopra a fumaça no vidro da janela.

– Na Idade Média, talvez antes. – Sempre ficamos surpresos com a indiferença com que os italianos aceitam a coexistência com esse tipo de relíquias do passado.

A rua que sobe até o *centro storico* sai da principal rua comercial, de modo que a *piazza* fica um pouco afastada do movimento de compras do dia a dia. A fachada inacabada da igreja enorme aumenta a impressão de abandono. Um cão pastor na escada da igreja é o ser mais alerta na *piazza*. Não entramos dessa vez; mas, ao passar, imagino ali dentro o políptico do retábulo, obra de Taddeo di Bartolo, na qual Maria está morrendo num dos painéis e depois é cercada por lindos anjos enquanto é alçada aos céus, com os apóstolos em pranto na terra. Cadeiras de plástico branco do *caffè* estão inclinadas sobre suas mesas num canto da *piazza*. Temos a praça inteira, imponente e majestosa, só para nós. Espiamos no poço sem fundo, sob a vigilância de dois leões de pedra e dois grifos. Devia ser um prazer ir ao poço da cidade, com a jarra no ombro, para encontrar os amigos e içar a água pura.

Nos belos *palazzi*, diversas vinícolas têm salas de degustação. Na da Poliziano, há um retrato do poeta da Renascença cujo nome é homenageado por esse notável vinícola. A mulher que serve doses generosas recomenda expressamente dois dos seus vinhos *reserve*, e ela tem razão. Três dos seus vinhos receberam nomes de poemas de Poliziano: Le Stanze, Ambrae e Elegia. Estrofes e elegia, nós compreendemos; mas o que significa o nome do vinho branco *"ambrae"*? Ela faz uma pausa e depois abana a cabeça. Finalmente, agita a mão, sorri, *"Solo ambrae, ambrae"*. Gesticula em todas as direções. O ambiente é meu melhor palpite. Compramos alguns *reserve* e os vinhos do poeta.

Como poeta, Poliziano fez sucesso em Montepulciano. Um bar na rua principal tem seu nome, também, apesar de a decoração ser do século XIX em vez de ser da época do poeta. Além do bar de mármore em curva, há duas salas de madeira escura com papel de parede no estilo de William Morris, com assentos estofados em tecido da mesma estampa e mesinhas redondas características: uma sala de chá vitoriana, à moda italiana. As duas salas dão para uma vista, emoldurada por sacadas de ferro cheias de flores. Tomamos um café com sanduíche e voltamos correndo para o carro. O dia está indo embora. Paro para uma rápida olhada no interior de uma igreja de que me lembro, a Chiesa dei Gesù, com seu pequeno domo *trompe l'oeil*, pintado de modo a dar a impressão de um corrimão de escada em torno de outro domo. A perspectiva só faz sentido se observada do meio da entrada principal. De qualquer outro ponto, não tem efeito.

O viveiro de plantas adotou o nome da igreja enorme, San Biagio, da qual nos desviamos rapidamente na pressa de comprar a bela-emília antes que o viveiro feche. San Biagio é um dos meus prédios preferidos no mundo inteiro, por sua localização ao fim de um caminho margeado por ciprestes e por suas pedras douradas, que resplandecem ao sol da tarde, lançando um suave rubor nos que olham, rosto voltado para cima, os planos austeros do prédio. Se sento num dos ressaltos em torno da base, a luz se derrama sobre mim, ao mesmo tempo em que parece se infiltrar nas minhas costas a partir das paredes. Uma caminhada em torno do prédio, envolta do halo morno que o cerca, me dá sensação de bem-estar.

Enquanto vamos circundando San Biagio, pela estrada que desce, podemos observar a igreja de ângulos diferentes.

Encontramos uma buganvília cor de laranja para substituir a que morreu congelada, duas belas-emílias que prometem delicados buquês azuis à sombra das árvores e uma rosa nova, Pierre de Ronsard, uma trepadeira para um muro de pedra. Um poeta francês a fazer companhia a Poliziano no carro.

– Ah, não! – Ed bate com o punho no volante.

– O que foi?

– Esquecemos de parar para comprar ricota. – As fazendas de ricota ficam perto de Pienza, a quilômetros dali.

Os perfumes misturados das plantas e do vinho que balança nas bombonas permeia o carro, associa-se ao cheiro forte de mato da chuva de primavera que começa a cair à medida que nos dirigimos para Cortona.

Para o jantar de hoje, paramos na *rosticceria* e compramos uns *gnocchi* divinos feitos de farinha de semolina. Preparei uma salada. Ed tira da caixa o Ambrae de Montepulciano e ergue a garrafa contra a luz. *Ambrae* não está no meu dicionário. Deve ser latim, possivelmente âmbar em latim. Tomo um gole – talvez *seja* o ambiente, o sabor que poderia ter o orvalho nos lilases e nas folhas de carvalho. *O vinho é a luz, concentrada pela água.* Gostaria de ter dito isso, mas quem disse foi Galileu.

Em busca da primavera:
as palmeiras da Sicília

Não se passaram cinco minutos do meu desembarque em Palermo e já estou com um *arancino* na mão, pronta para experimentar o prato típico da Sicília. Ed foi procurar a locadora de automóveis, e eu vou direto para o bar no centro do aeroporto. Ali estão eles, uma fileira de bolinhos de *risotto* com o tamanho e o formato de laranjas.

– Qual é o recheio? – pergunto a um homem com aqueles espantosos olhos negros dos sicilianos, fundos como poços.

– *Ragú, sígnora* – diz ele, apontando para os redondos. – E os ovais, *besciamella e prosciutto*.

Seus olhos me fascinam tanto quanto os *arancini*. Por todo o aeroporto, vi os mesmos olhos históricos, secretos, bizantinos. No bar, enquanto saboreio a textura crocante e cremosa do arroz, assisto a um desfile desses italianos de aparência profundamente italiana. Mulheres com cabeleiras de cachos escuros ondulantes e cascateantes, homens esguios que parecem deslizar em vez de caminhar. Menininhas com cabeleiras em miniatura dos mesmos cachos escuros; e velhos encurvados pelo trabalho, levando o chapéu nas mãos. Formam-se multidões para receber aviões provenientes de Roma, que fica a uma hora de distância. Todos acenam e dão gritos de boas-vindas aos sicilianos que desembarcam, tendo passado talvez alguns dias fora, a julgar pela bagagem de mão. Ed volta trazendo as chaves. Ele também avança num *arancino* e pede um *espresso*. Aparenta espanto quando vê como é pequeno, mal chegando a uma colherada, mas abundante em *crema*. Um golinho, e ele está em êxtase.

O garçom percebe sua surpresa. Deve ter menos de 1,60m de altura. Ergue os olhos para Ed, que é quase 30cm mais alto do que ele.

– Quanto mais se viaja para o sul, *signore*, menores eles ficam e mais fortes.

– *È fantástico* – diz Ed, com uma risada. Ele puxa nossa mala até o Fiat verde e sai da garagem como um raio.

Ao longo da estrada litorânea até Palermo, avistamos o mar e casas cúbicas no estilo da África do Norte tendo como fundo a paisagem rochosa. No instante em que entramos em Palermo, estamos no meio de um trânsito selvagem, vertiginoso, veloz demais para que se consiga saber aonde estamos indo. As faixas desaparecem, os nomes das avenidas não param de mudar, viramos esquinas e mais esquinas em labirintos de ruas de mão única.

– Aquele *barista* deveria ter dito "menores, mais fortes e *mais rápidos*" – grita Ed. Num sinal de trânsito, ele abaixa a janela e grita em desespero para um homem que está acelerando a motocicleta enquanto aguarda o verde. – *Per favore*, qual é o caminho para o Hotel Villa Igiea?

– Me acompanhe – grita o homem para trás e parte, costurando entre os carros, lançando de vez em quando um olhar para trás para ver se o estamos seguindo. De algum modo, estamos. Ed parece andar na esteira do homem, mecanicamente. A velocidade de autoestrada em ruas urbanas, os carros andam emparelhados. De todos os quatro lados, apenas cinco centímetros nos separam de outros carros de tamanho de bolso. Se alguém freasse, estaríamos num engavetamento de cem carros. Mas ninguém freia. Num cruzamento, o motociclista aponta para a esquerda e acena. Desvia então para a direita a tal velocidade que sua orelha quase toca o chão. Somos lançados numa rotatória, girados e de repente despejados numa rua tranquila. E ali é o hotel. Entramos lentamente no estacionamento e paramos.

– Vamos ficar sem usar esse carro até a hora de ir embora. Pior do que isso não existe.

– Por mim, tudo bem – concorda Ed. Ele ainda está agarrado ao volante. – Vamos tomar táxis. Para qualquer lugar. Isso não é dirigir; é muito mais uma corrida de touros.

– Apanhamos nossa bolsa, trancamos o Fiat e só olhamos de novo para o carro depois que encerramos nossa conta.

Como acabamos ganhando "o quarto mais bonito de Palermo", nas palavras do gerente, estou pronta para encher a banheira de espuma, abrir o frigobar para pegar água gelada e me recuperar. Quando o tempo se voltou contra nós na Toscana, resolvemos ir para o sul, em busca da primavera. Os dias encantadores do início de março deram vez a tempestades, e a chuva enregelante golpeava as janelas. Primo conseguiu estabilizar nossa muralha deslizante, e agora transferira seu pessoal para um trabalho de interior na cidade aguardando que a terra secasse. Estávamos nos aquecendo diante da lareira, quando Ed fez a sugestão.

– Aposto que já está quente na Sicília. Não seria gostoso simplesmente ir embora... digamos, amanhã?

– Amanhã? – repeti, erguendo os olhos do livro.

– É perto, pertinho. De carro até Florença, um voo rápido. Estaremos lá em menos de três horas, de uma porta a outra. Não é mais longe do que ir de San Francisco a Seattle.

– Nunca fui a Seattle.

– Isso não faz diferença. Um dia vamos a Seattle. Mas a previsão para cá indica chuva a semana inteira. Olhe só o sol em cima de toda a Sicília. – Ed me mostrou a previsão do tempo no jornal, com faixas cinzentas cobrindo o centro da Itália e sorridentes carinhas amarelas salpicadas sobre a Sicília.

– Mas eu sofro de Fobia de Palermo. E se formos apanhados num tiroteio num enterro e acabarmos no noticiário da noite?

– Não vamos comparecer a nenhum enterro. Nem conhecemos ninguém na Sicília. A máfia não está interessada em nós.

– Bem – fiz uma pausa de uns quinze segundos –, vamos fazer as malas.

Um dia depois, este quarto de canto tem quatro imensas portas duplas que se abrem para uma sacada. Ar agradável, palmeiras, a água azul, azul. O pé-direito de seis metros combina com a escala imponente da mobília napoleônica. Pisos de cerâmica, uma grande cama pesadona – um quarto fabuloso, totalmente diferente do primeiro que nos mostraram em outra ala do prédio. Aquele era escuro e deprimente, com um carpete que eu não queria que meus pés tocassem. O mensageiro abriu as venezianas para a vista de uma parede.

– Nenhuma palmeira – comentei.

– Daqui não se vê nenhuma palmeira – concordou ele. Odeio me queixar e Ed detesta ainda mais do que eu, mas depois de uma hora descemos e eu fui falar com o gerente.

– O quarto que nos deram não é bonito. Num hotel tão agradável, eu esperava algo mais... O senhor teria outro disponível? Gostaríamos de ver as palmeiras.

Ele verificou o número do nosso quarto e fez uma careta.

– Venham comigo – disse. E nos levou por quilômetros de corredores de mármore até chegar a este quarto. Puxou as cortinas, abriu as portas e a luz refletida na água iluminou o quarto. – *Ecco, signori, Palermo!* – Ele nos mostrou uma sala de estar octogonal com cadeiras douradas, como se fôssemos ter um quarteto tocando música de câmara enquanto dormíamos.

– Agora estou satisfeita.

O táxi chega rapidamente e nos lançamos no trânsito terrivelmente congestionado. É, é sempre assim, informa o motorista. Não, não ocorrem muitos acidentes. Por quê? Ele dá de ombros. Todos estão acostumados. Nós relaxamos, e ele tem razão. Começamos a sentir o ritmo acelerado do trânsito aqui. Os motoristas parecem alerta, como se estivessem praticando algum tipo de esporte. Ele nos deixa no centro perto de uma esplanada fechada ao tráfego. Fora do caos da rua, somos acolhidos pelo perfume de flores. Floristas estão vendendo frésias em todas as cores da Páscoa, roxo, amarelo e branco. Em vez dos buquês mirrados que compro em casa, esses são vendidos em braçadas, envoltos numa embalagem de laminado rosa estridente, com fitinhas penduradas.

Sem querer perder tempo almoçando, experimentamos *sfincione*, uma pizza com grandes migalhas de pão por cima, e continuamos a andar. Palmeiras, mesas ao ar livre lotadas, lojinhas com sapatos e bolsas de luxo, garçons carregando bandejas no alto levando docinhos de confeitaria e café expresso.

A confeitaria! Toda *pasticceria* exibe uma variedade espantosa. Estamos acostumados aos doces mais secos da Toscana. Esses aqui recebem montes de creme. Uma mulher decora sua vitrine com esculturinhas realistas de marzipã: abacaxis, bananas, opúncias, limões, cerejas e, para a Páscoa, cordeiros completos com cachinhos. Lá dentro, os balcões exibem tortas de amêndoas, tortas de morangos silvestres, *biscotti* e, naturalmente, *cannoli*, mas de todos os tamanhos, do tamanho de um dedo polegar até um gigantesco como pernil de cordeiro. Dois confeiteiros param no portal da cozinha, e todos os fregueses recuam à medida que eles avançam em equilíbrio precário. Estão trazendo uma árvore de quase um metro de altura feita com pequenos *cannoli*, uma pirâmide rígida como uma *croquembouche* francesa no Natal. *Sfince*, bolinhos de arroz recheados com ricota, canela, morangos ou laranjas cristalizadas, homenageiam San Giuseppe, cujo *onomastico*, o dia do nome, é 19 de março, data em que os italianos celebram o Dia dos Pais.

As vitrinas dos congeladores refulgem com *sorbetti* – pistache, limão, melancia, canela, jasmim, amêndoas, bem como as frutas costumeiras. A maioria das crianças prefere *gelato*, não numa taça ou numa casquinha, mas como recheio de brioche. Só olhar a torta de amêndoas já é prazer suficiente, mas, em vez disso, resolvemos repartir um dos *cannoli* crocantes recheados com chocolate e uma ricota cremosa, divina. Nenhum problema; planejamos andar o resto da tarde.

No primeiro dia num lugar diferente, é bom perambular, absorver cores, texturas e cheiros, ver quem vive ali e descobrir o ritmo do dia. Mais tarde, engataremos a marcha do turista, certificando-nos de não deixar de ver o que for importante. Meio atordoados com a vinda a Palermo, com o voo, o café expresso e o dia, apenas seguimos cada rua que nos atrai e voltamos se ela começa a parecer meio arriscada. As palmeiras estão por toda parte. Gostaria de poder levar uma de volta para Bramasole para substituir a que o frio de dezembro provavelmente matou. Não adoro as palmeiras só porque representam o clima tropical; adoro a imagem criada por Wallace Stevens, "a palmeira no fim da mente". Imaginar o fim da mente e não ver uma parede em branco, uma estrada impedida ou um abismo, mas uma palmeira alta, a oscilar com o vento, me parece um achado feliz.

Topamos com um jardim botânico, empoeirado e deserto, à exceção dos cactos, alfarrobas, amoras, piteiras e arbustos com folhas largas, primitivas. A palmeira parece uma planta nativa mas foi trazida pelos árabes no século IX, em companhia das fontes, especiarias, arabescos, sorvetes, mosaicos e domos. As palmeiras e os domos – dourados, cor de romã, azul-piscina, cor de azinhavre – caracterizam Palermo. Que audácia colorir os cinco domos de San Giovanni degli Eremiti de um vermelho queimado. Ali dentro, aromáticas flores de citros e jasmins se espalham pelo jardim de um claustro, um abrigo secreto para evitar os tormentos da estrada lá fora.

No mapa, vemos que o Palazzo dei Normanni fica ali perto e resolvemos visitar sua famosa Cappella Palatina hoje. Os temas dos mosaicos, segundo o guia, parecem ter sido escolhidos tendo como referência o Espírito Santo e a teologia da luz. Fico intrigada, já que esses dois conceitos a meu ver são idênticos.

Construído de início por aqueles árabes diligentes no século IX, o palácio foi ampliado pelos normandos no século XII e mantido como residência para seus reis. Residentes e monarcas posteriores foram acrescentando suas bugigangas; e hoje os estilos estão tão imbricados e há tanto tempo que a arquitetura simplesmente não se parece com nada. Os gregos bizantinos começaram a decoração com mosaicos no século XII. Tessela por tessela, eles devem ter levado uma eternidade. Cada história da Bíblia que ouvi um dia cintila nas paredes do recinto. Também os pisos são de mosaico ou de mármore marchetado em desenhos semelhantes aos dos tapetes persas.

O Espírito Santo e a teologia da luz são apenas uma camada. Há muita coisa mais acontecendo por ali. É como Palermo – cada centímetro quadrado está repleto de vida. Adoro a palavra "tessela". Ela sozinha já parece derramar prata e ouro. Temos toda a saga de Adão e Eva, o dilúvio; temos Jacó lutando com o anjo; na abóbada e no abside, Cristo. Na abóbada, ele está cercado por anjos vistos em perspectiva, cada um em trajes cheios de detalhes. No abside, Cristo dá sua bênção. Nos dois mosaicos, ele tem dedos longuíssimos. Com meus binóculos de teatro, focalizo o olhar por muito tempo na sua mão direita, exatamente neste pequeno elemento na capela inteira – a mão erguida, o polegar segurando o dedo anular voltado para baixo, os outros três retos, tudo representado com delicadeza e coloração sutil. O sol do final da tarde bate fraco nas paredes, mas ainda assim o ouro em volta do Cristo refulge com um brilho ambarino.

O resto do Palazzo está fechado. Voltando na direção do centro de Palermo, passamos por terrenos cheios de entulho ainda não restaurados desde os bombardeios da Segunda Guerra Mundial. Olhamos vitrines, onde se vendem artigos horríveis de péssima qualidade, e descemos de calçadas lotadas com bancas de frituras que vendem bolinhos de grão-de-bico. As pessoas estão na rua comprando comida de última hora para o jantar. Ensimesmadas, elas parecem contidas, caladas, muitas vezes exaustas; mas, quando encontram um conhecido, seu rosto se abre em expressões vibrantes. No táxi de volta ao hotel, mal percebemos as possibilidades de colisões fatais.

Os dois primeiros restaurantes que Ed escolhe para o jantar são cortados pelo recepcionista do hotel. Áreas perigosas, informa ele, fazendo o gesto de alguém cortando um pescoço. Ele apanha uma caneta esferográfica e anula áreas inteiras no nosso mapa.

– E este aqui? – pergunta Ed, indicando no nosso guia de restaurantes italianos o altamente renomado e impronunciável *N'grasciata*. – E o que o nome significa?

– No dialeto local significa "sujo"; mas não se assuste, é só um modo de dizer.

De dizer o quê? Fico pensando. Sujo significa sujo.

– É sua melhor recomendação?

– *Sì*. Autêntico. Eles têm seu próprio barco pesqueiro. Lá vocês não vão ver turistas. Vou ligar, e eles estarão à sua espera.

Somos levados a um lugar sem graça, cujo interior é ainda mais sem graça. Nada de toalha de mesa, uma televisão em algum canto, nenhuma decoração, nem cardápio, a iluminação forte e desagradável e o zumbido de insetos que esbarram no eliminador de insetos. O garçom começa a trazer a refeição. Fico apaixonada pelos *panelli*, bolinhos fritos de grão-de-bico, e pela travessa de alcachofras fritas. Depois vem uma massa com *pomarola*, aquele forte molho de tomate apurado, e filhote de polvo. Não sei se gosto desse prato. Fico mastigando muito tempo. A travessa volta, e Ed repete. Oferecem-nos outra massa, dessa vez *bucatini* com sardinhas, passas sultanas e funcho. O próximo prato é uma *orata* grelhada, que meu dicionário traduz como "dourado", acompanhada de *frutti di mare* fritos – apenas vários tipos de peixe. Já estou reduzindo a marcha. Gosto de um pouco de peixe, não de muito. Ed adora tudo o que sai do mar e é tão óbvio que ele está se deliciando com a comida que o garçom começa a ficar ali por perto, tecendo comentários a cada garfada. Ele enche os copos de vinho até a borda. Seus olhos dolorosos lembram os de Jesus na cúpula de mosaico. Suas mãos longas têm tufos de pelos negros e crespos em cada dedo, e um emaranhado de pelos escapa pelo colarinho da camisa. Ele tem o rosto longo, cerca de dez centímetros de largura, que eu associo a fotos de sequestradores de avião publicadas em jornais.

Eu me reanimo por um breve momento por causa da picante *melanzane* – aqui, um toque árabe, berinjela com canela e pinhões – mas recuo diante da aparência da lula recheada (todas aquelas ventosas nos braços) e da linguiça de pargo. Será que ele está nos servindo tudo o que há na cozinha? Em seguida, vem uma travessa de batatas fritas.

– *Signora, signora* – o garçom não consegue acreditar que parei de comer. Ele puxa uma cadeira e senta. – A senhora precisa comer.

Sorrio e abano a cabeça. Impossível. Ele gira aqueles olhos dolorosos para os céus.

– *Ho paura* – estou com medo, tento fazer piada, apontando para a lula. Ele me leva ao pé da letra e come um pouquinho para provar que não há nenhum motivo para alarme. Mesmo assim, eu balanço a cabeça e digo não. Ele apanha meu garfo, segura com delicadeza um punhado do meu cabelo e começa a me dar a comida na boca. Fico tão estarrecida que abro a boca e como. Realmente detesto a textura, como borracha amaciada.

Como se só agora tivesse se lembrado, ele traz *involtini*, vitela enrolada com uma camada de ervas e queijo, mas até mesmo Ed já parou a esta altura. Ele agradece ao garçom.

– O melhor peixe de Palermo.

– Como é que você sabe? – pergunto-lhe ao sair. O garçom exibe os dentes num largo sorriso. Não, ele é mais parecido com um lobo do que com Jesus.

– Tinha de ser o melhor. Era um lugar de raízes.

Saímos cedo. No bairro de Vucciria, a feira é estupenda. Já estive em feiras na França, na Espanha, no Peru, em San Francisco, em toda a Itália. *Esta aqui* é uma feira de verdade. Para os sentidos, o arrebatamento e a agressividade. Como este é o fim de semana do Domingo de Ramos, talvez ela esteja mais agressiva do que de costume. Fileiras de cordeiros pendurados pelas patas, esfolados, gotejantes, com os globos oculares salientes. Os pequenos cascos e rabinhos parecem tão tristes. As pequenas entranhas, horrorizantes. Arco-íris de peixes brilhantes no gelo, montanhas de camarões ainda mexendo com suas antenas, carrocinhas pintadas com limões, frutas cristalizadas com cores de pedras preciosas, latões de azeitonas, nozes, sementes – tudo sob o comando de feirantes que gritam, cantam, enganam, brincam, xingam, barganham, insistem. São estridentes e espalhafatosos. Seria possível, como já li, que a máfia tenha aqui sua base de controle do tráfico de heroína? Um feirante exibe uma cesta de enguias que parecem prata esterlina viva. Ele rebola para salientar o movimento dos peixes. Isso é mais parecido com um carnaval do que com as discretas feiras toscanas às quais estamos acostumados. Como eu queria ter uma cozinha para poder comprar algumas berinjelas lustrosas e molhos de verduras. Meu estômago ronca tão alto que parece um cavalinho relinchando. Este é o paraíso dos cozinheiros. Eu nunca mais vou comer cordeiro.

Ed se recusa a ir às Catacombe dei Cappuccini, onde estão em exibição oito mil cadáveres dessecados. Já comprei um cartão postal de uma menina ruiva, mantida há décadas sob uma tampa de vidro, as narinas delicadas ainda fechadas com algodão, uma fita no cabelo. Visitamos o mesmo tipo de lugar em Guanajuato, no México. Fiquei fascinada; Ed sentiu repugnância. Resolvemos ir ao Museo Archeologico, e só saímos de lá quando fechou. Considero esse um dos melhores museus que já visitei – tal é a quantidade do que me interessa e está reunido nesse antigo convento. Ânforas e âncoras fenícias içadas do mar estão espalhadas pelo pátio. Misteriosas estelas pintadas com retratos foram encontradas em antigos cemitérios em Marsala. Tesouros etruscos, alguns com resquícios de tinta, dos túmulos em Chiusi, perto de nós na Toscana, de algum modo acabaram aqui na Sicília. Há métopas (painéis do friso do templo) dos séculos VI e V a.C, removidos do sítio arqueológico grego em Selinunte, uma das ruínas mais importantes da ilha. Encontramos Demeter e o Minotauro. Perseu, Hércules e Atena figuram em vários feitos triunfais. Hera casa com Zeus, e Actéon é transformado em veado. A visão das conhecidas figuras míticas, como realmente eram nos templos, aproxima as lendas da minha imaginação. São imagens da época em que elas eram verdadeiras para as pessoas, não apenas personagens das páginas de alguma história de mito – uma espantosa redução da distância. A escala ampliada também nos prepara para as dimensões das ruínas que iremos ver.

É impossível ver todas as 12 mil figuras votivas desenterradas em Selinunte, mas olhamos até não poder mais. Sobram salas e mais salas de escultura romana, vasos gregos e muito mais. Perambulamos aleatoriamente e somos forçados a parar diante de fragmentos pintados de Pompeia, um fantástico carneiro de bronze do século III a.C. e uma confusão de pisos em mosaico. Depois, saímos. Direto para a calçada sem graça, totalmente deslumbrados com o que vimos.

Palermo inteira é uma festa majestosa. Não é uma cidade fácil, mas desafiadora. É preciso manter-se alerta. Não é uma cidade que acalente o turista ou que lhe permita a passividade. É um lugar de descoberta, o que o torna memorável. Passamos três dias entre os *palermitani*, imersos na vida das suas ruas, impregnados pelo seu barroco siciliano, que consegue ser ainda mais barroco do que o barroco, com dor no pescoço de tanto olhar para abóbadas. Será que o feto no útero experimenta a luz, tal como eu a vejo através da minha mão estendida diante de uma luz forte? Se for assim, para o bebê que nasce, talvez o canal do nascimento se assemelhe ao interior da cúpula mourisca de tijolos de San Cataldo, uma expansão concêntrica de luz fraca.

A surpresa de Palermo foi seu breve namoro com o Art Nouveau, chamado na Itália de "Liberty". Os quiosques de metal em volta dos Quattro Canti, o cruzamento principal no centro da cidade, têm todo o charme das famosas placas do metrô de Paris. Nosso hotel era decorado com grandes pinturas de Ernesto Basile, que também terminou a decoração do Teatro Massimo, projetado pelo seu pai, e recentemente reinaugurado depois de mais de vinte anos em restauração. Que dupla de pai e filho! Detectar as fontes de sua inspiração nos motivos gregos, mouriscos e bizantinos por toda a cidade foi um prazer a mais. Frustração foi a quantidade de locais fechados. Assim, sem explicação, simplesmente fechados.

Como as frésias em nosso quarto começam a murchar, decidimos começar nossa volta à ilha amanhã de manhã. Tomamos um copo de suco de laranja sanguínea na sacada. Tudo o que se ouve é o farfalhar das palmeiras abaixo de nós com a brisa e o retinir dos apetrechos dos veleiros na baía.

– Vai querer voltar? – pergunto.

– Vou. Não vimos áreas inteiras da cidade.
– É difícil ter uma noção do lugar. Tão cheio de camadas, tão tosco, tão complexo. Uma cidade intimidante.
– Minha impressão principal é a de um caos com o qual todos aqui aprenderam a conviver.
– Não sei se poderia morar aqui. Além do pavor da máfia, nunca conseguiria dirigir para lugar algum. – Já nem gosto de passar pelas autoestradas de East Bay.
– Ia, sim. Ia comprar um minicarro de segunda mão e, se ganhasse alguns amassados por dia, nem se importaria.
– E o que dizer dos danos à minha cabeça? – O caos, penso. Ele está aqui, sim. Mas de repente me lembro de uma história que me foi contada por uma mulher que conheci em Milwaukee sobre alguém que ela conhecia. – Um soldado do Meio-Oeste estava na Segunda Guerra Mundial num navio que foi bombardeado pelos alemães em retirada no porto de Palermo – conto a Ed. – Ele sobreviveu, muito embora quase todos os outros tivessem morrido. Nadou até a praia e ficou ali sem ter para onde ir. Acho que os alemães estavam se retirando àquela altura. Uma noite, foi à ópera, pela primeira vez na vida. No final, ficou tão comovido com a música que começou a chorar. Todos os horrores voltaram. Ele ficou apenas ali parado durante os aplausos e depois, chorando abertamente. O público começou a sair em fila. Um homem olhou para ele, parou e tocou sua cabeça como se lhe estivesse dando uma bênção. À medida que todas as pessoas foram passando por ele, cada uma parava e lhe tocava a cabeça.
– Essa é uma das melhores histórias que já ouvi. E isso é Palermo.

Cada sucessivo conquistador da Sicília – os gregos, os cartagineses, os romanos, os árabes, os normandos e todo o resto – deve ter vindo com os bolsos cheios de sementes de flores silvestres. O campo na primavera é coberto de flores, enxurradas de amarelo, o roxo caindo em cascata em volta de pedras, margens de estradas forradas com pequenas flores de olhinhos azuis, e pomares de amêndoas nos quais o capim alto está abafado por margaridas brancas.

Apesar de tudo, conseguimos sair da cidade com facilidade. Só ficamos perdidos meia hora. Muito embora Ed tivesse se sentido intimidado pelo trânsito em Palermo, assim que alcançamos a estrada, percebo a nova técnica, adquirida no banco traseiro dos táxis. Ele está se acostumando ao conceito de que as faixas de trânsito não são tão importantes assim. A estrada é um campo aberto para se chegar onde se quer ir. A linha branca ininterrupta é o centro de uma faixa imaginária a ser usada ao bel-prazer.

Passeando ao longo da costa e entrando para o interior, com os sete matizes de azul do mar Tirreno por um lado e montes exuberantemente floridos do outro, é fácil entender por que todas aquelas hordas de conquistadores queriam esta ilha. A paisagem é por toda parte variada ou impressionante. Cada vez que o perfume de laranjais ou limoais entra pela janela, o corpo humano tem de se sentir impregnado de um lânguido bem-estar.

Logo chegamos à saída para Segesta, o primeiro dos muitos templos gregos que esperamos ver na Sicília – a quantidade se equipara à da própria Grécia. O templo dórico surge, bem próximo da rodovia, onde se agiganta na colina desde o século V a.C, o que equivale praticamente à eternidade. Ao longo da trilha que sobe, vemos funcho gigante, de três metros e até mais. Sempre quis saber como Prometeu levou o fogo aos gregos num talo de funcho. Nesses talos, daria para amontoar uma boa quantidade de tições. Durante o processo, talvez ele tenha inventado o funcho grelhado.

Diz o guia a respeito de Segesta: "É um perípteron com hexastilo, com 36 colunas sem caneluras (9m de altura, 2m de largura na base) sobre um estilóbata de 58m por 23m. O alto entablamento e o frontão estão intactos. As bossagens usadas para manobrar os blocos do estilóbata até sua posição permanecem. Entre os refinamentos estão a curvatura do entablamento e os ábacos." Bem, é mesmo, mas é lindo.

Lindo é também o teatro tão antigo quanto o templo, a uma certa caminhada dali. A Grécia foi o primeiro país que tive vontade de conhecer. Meu anseio resultou de uma total imersão em Lord Byron, quando estava no último ano do ensino médio. Na faculdade, minha amiga Rena e eu fizemos um curso sobre o teatro grego. Escrevemos pedindo folhetos informativos sobre cargueiros gregos e resolvemos largar tudo para ver o mundo. Pretendíamos reservar passagens no Hellenic Destiny, até que nossos pais deram um não categórico. Ainda não fui à Grécia. Há alguns anos vi os templos magníficos em Paestum, no sul da Itália, e o desejo voltou a despertar. "As montanhas dão para Maratona/e Maratona dá para o mar/e ali um dia, só, a meditar/sonhei que a Grécia talvez ainda fosse livre." Algo semelhante a isso – parece que escandido seria um tetrâmetro iâmbico.

Como Paestum, Segesta é despojada até o puro silêncio, com sua limpidez esquelética recortada em contraste com o céu. Não há ninguém aqui. Estamos sozinhos com a história, e com andorinhas que saem voando dos seus ninhos.

Alugamos um quarto numa estalagem rural com uma cama úmida, na qual nos aconchegamos durante a sesta. O sol novo da primavera ainda não penetrou nessas paredes. Um pátio encantador com sálvia e alecrim exuberantes e o quarto, com tapetes coloridos feitos a mão, além da cama de ferro não chegam a compensar. Nem a vista do mar. Está um frio de gelar. O sol fraco ilumina um quadrado só até a metade do piso. As lâmpadas de cabeceira com a intensidade de enfeites de árvore de Natal descartam a possibilidade de leitura. Às quatro, estamos de volta no carro, seguindo para Erice, uma cidadezinha medieval escarpada, cujo nome antigo era Eryx. Onde está todo mundo? Estamos sozinhos, como em Segesta. Até mesmo a conhecida confeitaria está vazia, a não ser por um balconista lânguido que parece estar prestando enorme atenção ao seu cigarro. A torta de amêndoas e a espessa torta de limão coberta com amêndoas tostadas corroboram a reputação siciliana de sobremesas sublimes. Gostaria de poder levar comigo o que sobrou da torta de limão. Com as amêndoas nativas por cima, ela é melhor do que a receita da minha avó, típica do interior do sul dos Estados Unidos. Embora Erice seja pequena, ela é meio desnorteante. Damos uma olhada nas poucas lojas e uma volta pelo perímetro da cidade. Todas as igrejas estão fechadas. Sabemos que não se deve julgar a vida de uma cidadezinha italiana por uma visita. Numa época diferente, num dia diferente, Erice pode ser animada. Os lugares têm seus feriados estranhos, seu ritmo particular.

Finalmente, os restaurantes abrem. Como é muito cedo, estamos sozinhos. Ah, bolinhos de grão-de-bico novamente. Pedimos *cuscus alla Trapanese*, cuscuz feito com caldo de peixe no estilo influenciado pela vizinha norte-africana Trapani. O garçom recomenda *spigola al sale*, perca numa crosta de sal, um prato que às vezes faço em casa. Debaixo do braço, traz uma garrafa de Còthon, um vinho tinto de Marsala, e nos apresenta a travessa com o peixe coberto, sobre um berço de folhas de funcho.

Depois do jantar, saímos para descobrir que não fazemos ideia de onde deixamos o carro. Cruzamos a cidade de um lado para o outro, entramos num parque escuro, descemos e subimos morros. As ruas brilham como estanho polido ao luar. Não há ninguém. Onde é que fica o restaurante? Lúgubre Erice.

Voltamos ao nosso quarto. Os lençóis gelados de novo. Abro meu caderno e escrevo: Erice – torres de rádio, estranhas ruas de pedra. Depois adormeço.

Saímos daquela *tomba* úmida. Este será um dia totalmente grego. Selinunte, mais em ruínas do que Segesta, espalha-se a partir de um largo topo de morro, na direção do mar. Ed lê que o nome Selinunte vem da palavra grega para aipo silvestre. Centenas de colunas colossais quebradas enchem uma área. Caídas, jogadas aos pedaços, elas parecem ainda mais volumosas. Damos um passeio descendo a colina na direção das ruínas à beira-mar. Essa perspectiva nos mostra o contorno das colunas douradas do século VI a.C. em contraste com a água azul. Na brisa suave, sentamos numa pedra e fixamos o olhar numa das grandes paisagens clássicas do universo. Os nomes "Templos C, G, E" parecem ridículos. Mais uma vez, estamos sós no local. Tendo visto a métopas em Palermo, é fácil imaginá-las posicionadas no alto das colunas, mas não é fácil imaginar como os gregos conseguiram fazê-las chegar lá em cima.

Ideias fantasiosas de uma primavera paradisíaca não duram muito. Logo a paisagem que se vê pela janela do carro muda para campos totalmente envoltos em plástico horrendo. Cultivar legumes debaixo de arcos cobertos com plástico sem dúvida estende a estação de cultivo e melhora a economia rural, mas destrói a paisagem. Os lavradores vêm sendo rigorosos – até onde os olhos alcançam, faísca o brilho do plástico. Nenhuma planta é tão torturada e manejada quanto o tomate. Os cultivados sob o plástico têm melhor aparência do que sabor. Só o sol direto confere gosto aos tomates, ativa seu pleno sabor. Os bons cozinheiros sicilianos precisam esperar o verão para fazer seu molho de tomate.

Muitas das cidadezinhas pelas quais passamos rapidamente são horrorosas. Deveria ser imposta uma restrição de cinquenta anos ao uso do cimento. Centros históricos estão muitas vezes abafados pelo concreto do pós-guerra, principalmente na forma de prédios de apartamentos que se transformaram imediatamente em cortiços. As refinarias de petróleo e as fábricas de produtos químicos também não contribuem para a *bellezza*. Grande parte do litoral por onde passamos está em ruínas. Por todos os lados, o fenômeno de prédios iniciados e depois abandonados pela metade. Muito dinheiro precisa ser adiantado para o início da obra, e de algum modo o projeto não se concretiza. Corrupção em excesso?

O medo no ar provavelmente impede que a maioria das pessoas tenha uma iniciativa normal. Melhor não chamar a atenção. Tendo estado aqui alguns dias, sinto ondas de raiva da máfia. Não consigo imaginar como deva ser *viver* de fato à sombra dessa grave ameaça. Nunca ouço a palavra "máfia" pronunciada. Como turista, não ouviria mesmo. Até mesmo perguntas tendenciosas são respondidas com rodeios para que as respostas não tenham de envolver especulações. Pequenas rochas em Marte podem ser examinadas. Bebês podem ser feitos em placas de vidro. Não entendo por que a máfia não pode ser detida.

Imagine a Sicília sem a máfia, imagine o ânimo das pessoas se recuperando...

Fico feliz por não ter de prestar exame a respeito de Agrigento. Para um americano acostumado a uma história bastante objetiva, todo o passado italiano parece irremediavelmente complicado. A saga das ruínas gregas multiplica essa complexidade. Agrigento, desde sua fundação pelos gregos no século VI a.C, foi joguete de cartagineses, romanos, suábios, árabes, dos Bourbon e dos espanhóis. Submetida a uma troca de nomes durante o fervor de Mussolini por italianizar tudo, Akragas passou a ser Agrigento. Detectei o mesmo fervor na placa do lado de fora do lugar em que John Keats morou em Roma, isolado do seu amor e morrendo de tuberculose. Ele é chamado de Giovanni Keats, o que de algum modo faz com que pareça mais vulnerável do que nunca.

Akragas/Agrigento foi o lugar de nascimento de Luigi Pirandello. Viajar pela Sicília lança sobre suas peças e contos, com seu peculiar sentido da realidade, uma luz perfeitamente natural. A coexistência das ruínas gregas, das ruínas contemporâneas, os tentáculos da máfia e a rotina do dia a dia também desequilibrariam meu sentido de caráter e de lugar. O sol, escreveu Pirandello, pode quebrar pedras. Mesmo em março, sentimos a força propulsora nas nossas cabeças quando caminhamos no Vale dos Templos.

Por toda parte num vale de amendoeiras e flores do campo vê-se um irresistível conjunto de restos de cidades antigas, desde os templos até os canos para o esgoto. Poderíamos ficar dias ali e ainda assim não ver tudo. Ao contrário de outros sítios arqueológicos, este está bastante movimentado com visitantes. O Templo de Concórdia é o templo mais bem preservado que já vi. Conserte-se o teto e a população poderia comungar com Cástor e Pólux, a quem ele provavelmente foi dedicado.

Há cinco dias, eu não sabia quase nada acerca dessas ruínas. Agora a poeira da antiguidade cobre meus pés através das sandálias. Testemunhei a improvável sobrevivência dessas construções depois da passagem de séculos e mais séculos. Os templos, homens vendendo folhas tecidas de palmeira para o Domingo de Ramos, crianças se escondendo atrás das colunas, turistas embasbacados, como nós, deixando o *gelato* derreter – tudo sob o profundo céu da Sicília. Estou emocionada. Exatamente quando penso isso, Ed fala.

– Essa é a maior emoção da vida.

Ao jantar, descobrimos que estamos começando a confundir um templo com o outro. Talvez tenhamos visto o suficiente de Agrigento desta vez.

Quando voltamos ao hotel, sinto que comecei a mergulhar naquilo que chamo de melancolia do viajante, uma profunda sensação de deslocamento que de vez em quando se abate sobre mim durante algumas horas quando estou num país estrangeiro. O prazer de ser a observadora de repente revela sua outra face, a de uma ansiedade incorpórea. Enquanto estou nas suas garras, fico calada. Fico pensando no fato de que a maioria daqueles que amo não faz a menor ideia de onde eu estou e de que minha ausência entre eles não é notada. Eles continuam seus dias, indiferentes à falta da minha presença. Em seguida, um enorme anseio pela minha casa me domina. Imagino minha cama com uma pilha de livros – provavelmente livros de viagens – na mesinha, as faixas do sol da tarde entrando pelas janelas curvas, minha gata Sister saltando com as unhas prontas para agarrar o cobertor amarelo. Por que estou aqui, neste lugar que não é o meu? O que é esse lugar estranho? Tenho a impressão de estar numa estranha sobrevida, de ser um espectro soprado pelo vento. Desconfio que, subjacente a essa sensação de deslocamento, esteja o medo da morte. Quem somos e onde estamos quando não somos ninguém?

Lá embaixo, no pátio do hotel, está se realizando um jantar de casamento. Os gritos, os brindes brincalhões e a noiva ligeiramente despenteada aprofundam meu estado. Eu normalmente apreciaria a posição de observador quase invisível à janela, mas hoje não sou nada para eles. Eles estão no seu chão. Sou um radical livre. Quando o conjunto volta a tocar depois de um intervalo, duas menininhas em vestidos bobos, cheios de babados, começam a dançar juntas. Eu poderia estar em qualquer parte do planeta, ou mesmo fora do planeta, e elas continuariam a dançar sem parar. *Independentemente da minha presença.* O noivo derrubaria sua cadeira. Os avós nos seus rígidos trajes rurais teriam a mesma expressão de espanto. *Independentemente da minha presença.* A lua verteria sua luz antiga sobre as colunas singulares espalhadas pelo vale, como fez no passado e fará no futuro.

Ed já está dormindo. Desço e fico vendo a festa acabar. Beijos e abraços. Entro no bar e peço um copo de *limoncello*, esforço-me para me concentrar no revigorante sabor cítrico, invoco à minha mente o rosto lindo da minha filha a mais de dez mil quilômetros daqui.

Continuamos a viagem pela manhã, passando por uma feiura medonha no caminho. Petroquímica – que palavra horrenda. Coitadinha de Gela – vejo que ela tem ruínas interessantes em algum lugar nesse labirinto, mas sua feiura é tão densa que passamos velozes. Ed recorda que Esquilo morreu aqui quando uma águia em voo deixou cair uma tartaruga na sua cabeça. O destino, como numa profecia. Um jeito mítico de se ir. Tenho certeza de que Pirandello quando criança foi influenciado por essa história.

Ragusa – vamos passar a noite aqui. Essa cidadezinha no alto de um morro parece a Sicília que eu imaginei – provinciana e reservadamente singular. Como algumas outras cidadezinhas da vizinhança, Ragusa foi reconstruída no estilo barroco depois do terrível terremoto de 1693. Há uma cidade velha e uma cidade ainda mais velha, Ragusa Ibla. A esta altura, simplesmente prevemos que vamos nos perder, e nos perdemos. Chegamos a Ibla num momento de festa. É hilariante como uma semelhante quantidade de carros pode se espremer em ruas de largura pouco maior do que o comprimento de um braço. Vamos nos arrastando, viramos umas dez esquinas, na tentativa de sair dali. Vemos de relance a igreja de San Giorgio, mais enfeitada do que um bolo de casamento, que parece ser o centro de não importa o que esteja acontecendo. Será que a véspera do Domingo de Ramos é uma data especial? Finalmente, conseguimos escapar de Ibla e descobrimos como chegar a um hotel agradável na cidade alta, que é mais nova, mas nos parece antiga. Está chuviscando. Sentamos no bar diante de um *espresso*, examinando livros e mapas. *Americani* aqui são novidade. Dois homens de terno se aproximam e falam conosco, obviamente curiosos quando dizemos que somos de San Francisco. Querem saber se gostamos da Sicília, se gostamos de Ragusa. "*Sì*", respondemos. Eles insistem em pagar o café.

Caminhando na chuva, admiramos sacadas de ferro e vemos os moradores entrarem apressados na catedral para a missa de sábado. Em volta da enorme porta entalhada, estão em exibição folhas de palmeira trançadas com esmero, vendidas por rapazes. Todo mundo compra uma, e nós também. Ed enfia a nossa atrás do espelho no quarto do hotel. Como hoje é meu aniversário, vamos para um restaurante a uns 15 quilômetros de distância. Logo estamos perdidos em estradas sem identificação. O restaurante parece ser uma ilusão. Damos meia-volta e vamos jantar numa pizzaria com luz fluorescente e cadeiras de plástico laranja.

Passeando a esmo, paramos num cemitério sob a guarda de ciprestes perto de Módica. Os túmulos extravagantes são casas em miniatura elaboradamente esculpidas, dispostas em ruas em miniatura. Aqui está a exuberância da arte do barroco de Módica num microcosmo. Através das grades ou dos portões, pequenas capelas abrem-se para altares com toalhas de linho, retratos emoldurados dos mortos e plantas em vasos ou jarros de flores. Nos portais, alguns gatos tomam sol no mármore aquecido. Uma mulher o está esfregando, como esfregaria seu próprio alpendre. Com um canto do avental, ela lustra a foto redonda de um soldado da Primeira Guerra Mundial. Uma menina tira as ervas daninhas de uma cova recente na velha terra nua. Os mortos vão esfriando lentamente. Alguém ainda cuida das flores em sepulturas cujos ocupantes jazem ali há cinquenta anos.

Também o cemitério de Cortona reflete a cidade, mas não com tanta imponência. Cidade murada dos mortos situada pouco abaixo da cidade dos vivos, ele se ilumina à noite com as luzes votivas em cada tumba. Olhando para baixo a partir da Piazza del Duomo, é difícil não imaginar os mortos em plena atividade, visitando-se mutuamente como seus parentes ainda fazem, logo acima no morro. Os mortos aqui provavelmente iriam querer distrações teatrais mais sofisticadas.

Avola é a escolha seguinte em nosso trajeto e retém um certo encanto. Casas barrocas com a largura de apenas um aposento margeiam as ruas. Será que poderíamos levar para casa pelo menos uma dúzia dessas crianças maravilhosas nas suas batas brancas? Nas esquinas, homens com balanças portáteis pesam amêijoas tiradas com uma concha de um monte na calçada. Caminhões abertos com legumes à venda atraem multidões de mulheres com cestas. Não paramos de descer por minúsculas ruas que vão dar no mar. Não conseguimos encontrar as praias que esperávamos – o imaculado sonho litorâneo das águas límpidas da ilha – somente balneários desertos, fechados e deprimentes, fora da estação.

É em Siracusa que finalmente me apaixono. Na minha fase grega na faculdade, estudei história grega e romana, teatro grego e romano, etimologia grega. Foi aí que meu avô, que estava pagando meus estudos, fixou o limite.

– Não estou pagando para você ficar sonhando com a cabeça nas nuvens. Deveria tentar um diploma de professora para ter algo com que possa contar. – O recado implícito: caso seu marido, que você foi para a faculdade para arrumar (e, por favor, nada de ianques), morra ou a abandone. Enquanto isso, eu estava adorando Ésquilo, as graves consequências da paixão, as esculturas de mármore puras como o leite, o espírito investigador dos gregos. Visitar Siracusa é, portanto, uma enorme emoção. A poderosa Siracusa, antiga entre os antigos. No mundo clássico, somente inferior a Atenas. Resolvemos ficar num hotel superluxuoso na ilha de Ortigia, ligada à Sicília, com um quarto cercado de vistas para o mar. De repente, não estamos exatamente cansados, mas saturados. Passamos a tarde na cama enorme, pedimos que nos trouxessem café, abrimos as cortinas e ficamos olhando os pesqueiros avançando para o porto – e não será esse um azul da Grécia?

Depois da sesta, encontramos Ortigia acelerada para a Páscoa. Bares exibem ovos de chocolate com mais de meio metro de altura, envoltos em celofane roxo e fitas. Alguns estão abertos de um dos lados para revelar um Cristo na cruz, de marzipã. Outros trazem dentro uma surpresa. Adoraria comprar pombas de marzipã, cordeirinhos em cestas, galinhas de chocolate. Os cordeirinhos parecem bichinhos de pelúcia, grandes, decorados do focinho até o rabo com caprichosos cachinhos de marzipã. Na Antica Dolceria, eles entraram num frenesi de marzipã: a arca de Noé completa com os animais, os templos gregos, azeitonas, lápis. Percebemos que o marzipã – chamado de *pasta reale* – é uma séria expressão de arte popular. Para mim, três pedacinhos já chegam. Talvez seja preciso nascer na Sicília para conseguir comer mais.

Ortigia é fantástica. Aquela sensação difusa e intuitiva de opressão que tive na Sicília desaparece totalmente. Será que a máfia não controla as coisas por aqui? As pessoas parecem mais leves, brincalhonas, insolentes. Elas nos encaram nos olhos, como em todo o resto da Itália. No final da tarde, andamos por toda a pequena ilha. Ela tem suas próprias ruínas gregas, ali num gramado, acolá num cruzamento. Uma inscrição entalhada nos degraus identifica o local como um templo em honra a Apolo. Densos fícus ao longo de uma aleia à beira-mar abrigam milhares de aves a entoar sua doxologia vespertina. Vistas do outro lado da água: sacadas barrocas de ferro, janelas no estilo gótico veneziano, *palazzi* fechados com tapume e um emaranhado de ruelas medievais – camadas e mais camadas de arquitetura e de tempo. De repente, as ruas se cruzam e se alargam na Piazza del Duomo. A fachada e a entrada barrocas da igreja não me preparam de modo algum para a formidável surpresa no interior. Ao longo de uma parede, o prédio incorpora uma fileira de 12 colunas majestosas do século V a.C. Tempio di Atene, Templo de Atena. Ao entardecer, fachos de sol caem oblíquos na *piazza*, iluminando o rosto daqueles que tomam um *aperitivo* nas mesas ao ar livre. Gente comum, com o sol, como num fulgor de mosaicos dourados, a lhes transformar o rosto.

Ao contrário dos *Lotophagi* – comedores de lótus – sobre os quais Homero escreveu, ainda não provei nada que me fizesse perder o desejo de voltar à minha terra natal, nem mesmo o molho de tomates, que é o melhor do mundo. A comida, em todos os lugares onde comemos, é ótima, excelente. O café simplesmente é algo do outro mundo. Quem gosta de frutos do mar nunca se esquecerá da culinária siciliana. Sem querer desperdiçar uma única noite, Ed pesquisa meticulosamente os restaurantes antes de sairmos. Hoje, porém, somos atraídos por uma *trattoria* simplesmente porque ela tem a aparência de ser como a sala de jantar antiquada da tia siciliana de alguém, com armários pintados, paninhos com renda velha, fotos da família. Somos levados à última mesa vaga. Não nos entregam nenhum cardápio. Um jarro de vinho é posto na mesa sem cerimônia. Uma mulher e sua filha estão em conversa animada numa cozinha estreita. O marido cuida do salão. Ele ergue um copo de vinho à medida que segue ágil de mesa em mesa, tomando alguns golinhos enquanto os fregueses fazem seus pedidos. Logo aparece um prato de *antipasti* – lulas pequenas, uma torta de legumes, azeitonas. Comemos tudo e esperamos. E esperamos. Ed ergue o pequeno jarro. Mais vinho? O marido fica ansioso. Não entregaram o vinho. Ele corre a outras mesas e tira um pouquinho de jarros pela metade. Os fregueses parecem um pouco surpresos. Ele nos garante que o vinho logo vai chegar. De repente, entram três homens em ternos escuros; e o marido quase lhes faz uma reverência. Eles vão para a cozinha. As mulheres estão em posição de sentido. Da nossa mesa, podemos vê-las, secando as mãos no avental, revirando os olhos para o céu. Será que é uma visita da máfia? Uma exigência de pagamento? Mas os homens abrem armários, abaixam-se no chão, debruçam-se sobre o fogão. Um apanha um caderno e conversa com os outros. Por um instante, parece que vão se desentender. Um parece mal-humorado. A mulher põe alguma coisa em pratos e oferece aos homens. Todos se calam enquanto eles comem. Depois, apertam a mão do marido, dão-lhe uma folhinha de papel, cumprimentam as mulheres com um gesto de cabeça e vão embora. O salão do restaurante está mudo. O marido fica olhando até que eles desapareçam na esquina e dá um grito de alegria. Entra um corcunda de cerca de l,20m de altura, carregando um garrafão de vinho. O marido dá outro grito de alegria, desarrolha o garrafão e enche os jarros de todas as mesas. Ergue seu próprio copo, e as mulheres saem da cozinha, risonhas. A vigilância sanitária fez uma visita surpresa, e tudo estava correto. Todos fazemos brindes, e mais vinho é servido. Daí em diante o serviço é caótico. Os legumes chegam dez minutos antes do prato principal. O peixe grelhado de outra mesa vem parar na nossa, mas a essa altura não nos importamos. Seja como for, tudo está bom.

Na manhã do dia seguinte, quando estou andando sozinha bem cedo, um carro passa zunindo por mim e para. A *chef* do restaurante salta do carro, segura minha mão e me diz como é bom me ver novamente, que eu preciso voltar lá. Está usando longas echarpes e montes de joias nos pulsos. Eu decididamente voltaria.

Estamos prontos para um dia inteiro a pé. No museu em Ortigia, o quadro de Caravaggio do enterro de Santa Luzia, uma virgem do lugar, mártir, do ano 304, que arrancou os próprios olhos quando um admirador os elogiou, deu ocasião a uma palestra do guarda, digna de um catedrático. E de onde nós somos? Ah, ele tem um primo que mora na Califórnia. Deveríamos procurá-lo quando voltarmos. Ed adora quadros da anunciação, e esse que está descascando, de autoria de da Messina, o deixa fascinado. Os pequenos museus regionais são os meus preferidos. Geralmente, eles se mantêm próximos às fontes e aprofundam uma ligação possível de um turista com o lugar.

Passamos pela ponte, atravessamos um parque e depois uma colmeia de ruas. O Museo Archeologico em Siracusa é de nível internacional. Organizadas e dispostas com inteligência, estão em exibição as artes e os ofícios de ondas sucessivas da vida nesta região. Começando pela pré-história, vamos repassando as eras ao percorrer uma sala surpreendente após a outra. Artefatos, estátuas, caras de leões do templo em ruínas em Ortigia, ex-votos gregos e um espantoso cavalo de bronze – ai, tanta coisa.

O anfiteatro em Siracusa – que localização fabulosa. A concavidade de pedra do morro foi esculpida de modo a proporcionar assentos naturais, num arranjo de 300 graus, com o foco no palco. Foram cavados corredores para a entrada e a saída dos gladiadores. No verão, peças gregas ainda são representadas aqui. Como seria divertido atuar numa delas.

As ruínas que vimos são as principais. A ilha é coberta de centenas de outros templos, alicerces, banhos e pedras desconhecidas. Esta deve ser a época ideal para vê-las porque praticamente não há ninguém por aqui. A solidão desses locais acentua a experiência de deparar com eles, a sensação de descoberta que para mim está no cerne do desejo de viajar.

Ouvimos ao longe uma tempestade durante a noite, mas estamos tão exaustos do nosso dia que nada chega realmente a nos acordar até por volta das três horas da madrugada. O invólucro de vidro do nosso quarto lança rangidos ameaçadores nos caixilhos; e a cama dá a impressão de que alguém está sacudindo a cabeceira. Terremoto. Levantamos de um salto e olhamos para o porto lá fora, onde barcos silenciosos parecem apenas balançar com a água. Ficamos esperando, como já esperamos em noites em San Francisco, para ver o que vem em seguida. Já passamos por tantos que a essa altura podemos avaliar a intensidade na escala Richter; embora o terremoto de 7.5 de outubro de 1989 fosse tão mais forte do que os outros a ponto de nos deixar perdidos. Imagino o que deveria existir na Sicília antes que o terremoto de 1693 demolisse áreas inteiras. Nessa noite, porém, é só um solavanco forte, talvez uns 3.4, um lembrete de que a Terra possui seus próprios ritmos que não têm absolutamente nada a ver conosco.

Na cidadezinha barroca de interior chamada Noto, deparamos com minha fantasia de pavor do enterro com mafiosos. Talvez seja apenas um patriarca do local sendo levado ao local de repouso, mas viramos uma esquina e estamos em meio a um cortejo fúnebre com joias pesadas e dois sedãs Mercedes-Benz. Um caixão é levado para dentro da igreja nos ombros de homens que poderiam atuar numa refilmagem de *O poderoso chefão*. Três mulheres choram por trás de véus. Agarro o braço de Ed, e damos meia-volta rapidamente.

Fizemos um desvio para visitar Noto, não só para mais uma experiência com o interior da ilha, mas pelo sabor do sorvete. Um guia de gastronomia da Itália promete que o melhor sorvete da Sicília está aqui numa rua secundária. Provo os *sorbets* de tangerina, melão e jasmim; Ed prefere *gelato* de amêndoas, café e pistache. Na Itália, sempre se pedem diversos sabores na mesma taça. Ed prova todos os meus; e eu, os dele. Estamos convencidos. Começa uma chuva fria, trazida pelo vento. Apanhamos as capas e os guarda-chuvas no carro e continuamos andando assim mesmo. Tanto faz se ficarmos ensopados – quem sabe quando viremos novamente em Noto?

Perdidos por um curto período em Catania, encontramos o aeroporto e levantamos voo. Lá embaixo, o litoral aos poucos se alarga de modo que podemos ver uma faixa da extremidade oriental da ilha.

– O que você está escrevendo aí? – Vejo que Ed está fazendo uma das suas listas.

– Motivos para voltar: não vimos os mosaicos da Piazza Armerina, os banhos árabes em Cefalù. Não posso acreditar que não conseguimos chegar a Taormina. Uma semana foi pouco. Vamos às ilhas Eólias, nem que seja só pelo nome, e a Pantelleria pelos vinhos *moscato* de sobremesa. O que mais?

Um leve aroma de limão escapa da bolsa debaixo da minha poltrona; cheia de sabonete de limão, uma travessa de cerâmica decorada com limões e folhas e um saquinho com limões de verdade.

– Mais pomares ao longo da costa. – Lembro-me dos montes na periferia das cidadezinhas barrocas, riscados por um axadrezado de muros de pedra. – Mais interior. Nem chegamos a olhar ladrilhos para o banheiro. E temos de voltar a Siracusa. O mapa relacionava 48 pontos de interesse. Não vimos a metade. – Vislumbro as encostas do monte Etna e depois entramos nas nuvens, perdendo totalmente a Sicília de vista.

Um cardápio siciliano

Depois da viagem à Sicília, ficamos inspirados a adaptar alguns dos sabores daquela ilha à nossa própria cozinha. Preparamos um jantar para três amigos de Cortona. Estranho, nenhum deles foi à Sicília. Temos um vislumbre de como encaram a região com Massimo, um dos convidados. Nós recorremos ao mesmo bombeiro que ele, e Ed lhe faz uma pergunta.

– Sabe aquele cara que trabalha para o Carlo, o magrinho que fala depressa? Será que ele é da Sicília?

– Ah, não – responde Massimo. – Ele é italiano.

Ed trouxe uma verdadeira carga de Moscato e Passito na sua bagagem de mão, além de alcaparras, amêndoas e as frutas de marzipã às quais não pudemos resistir. Com a sobremesa, oferecemos um prato delas. Todos admiram a verossimilhança, mas no final da noite os adoráveis pêssegos, peras e ameixas ainda estão intactos.

Para receitas sicilianas autênticas, sempre gostei de *La Cucina Siciliana di Gangivecchio*, de autoria de Wanda e Giovanna Tornabene.

CARDÁPIO
Caponata

Faço *caponata* há anos. A versão siciliana é mais saborosa do que a minha. Por quê? O *estratto* concentrado de tomate (pasta de tomate preparada com tomates secos ao sol) que se encontra na Sicília, a mão um pouco mais generosa com os temperos, o salgado das enchovas. Passe essa pasta no pão ou em bolachas. É um daqueles *hors d'oeuvres* perfeitos para ter à mão. No almoço, duas colheradas transformam um sanduíche simples de presunto ou um sanduíche de tomate em algo especial. E é um molho maravilhoso para massas – basta misturá-lo a *penne*.

Asse duas berinjelas de tamanho médio numa folha de alumínio no forno a 180°, durante meia hora. Corte em pedaços não muito pequenos ½ xícara de azeitonas verdes e pretas sem caroço. Refogue uma cebola grande picada e três ou quatro dentes de alho bem picados. Corte as berinjelas em cubinhos, acrescente às cebolas e cozinhe para incorporar. Não dispondo do forte molho de tomates da Sicília, misture 4 ou 5 tomates secos bem picados a ½ xícara de extrato de tomate e 1 xícara de polpa de tomate. Acrescente à panela da berinjela. Pique 3 ou 4 filés de enchovas. Acrescente esses filés, 2 colheres de sopa de alcaparras, um punhado de salsa picada e as azeitonas picadas à berinjela. Tempere com orégano, sal e pimenta. Como muitas receitas que têm como base o tomate, a *caponata* fica melhor se for feita com um dia de antecedência. Dura uma semana na geladeira. Rendimento: cerca de cinco xícaras, dependendo do tamanho das berinjelas.

Piccanti de azeitonas

Pique bem 2 pimentas pequenas – uma vermelha, uma verde – e refogue com uma cebola pequena picada. Incorpore 2 xícaras de azeitonas verdes grandes e regue com um pouco de azeite de oliva e suco de limão. Deixe descansar uma noite na geladeira.

Pasta *al limone*

Se tivesse de escolher um único ingrediente imprescindível na cozinha, seria o limão, porque seu sabor, além de ser característico, também realça os outros sabores. É como sol líquido entrando nos alimentos. Anselmo me trouxe dois limoeiros em vasos. Como parte essencial do jardim italiano, os limões são tão valorizados que a maioria das casas antigas tem uma *limonaia*, um aposento envidraçado para abrigar os vasos durante o inverno. Nossa *limonaia* funciona normalmente como depósito para cortadores de grama e ferramentas, mas neste inverno ela resgatou sua função, com os dois vasos ocupando um canto ensolarado. Na primavera, arrastamos os vasos para a frente da casa novamente, para um lugar perto da porta da cozinha – muito cômodo para colher limões para essa massa extremamente fácil e saborosa. Quando preparo esse prato na Califórnia, costumo acrescentar 250g de carne de siri; mas é uma massa maravilhosa por si mesma. Com uma salada verde, é o jantar mais leve que se possa imaginar, perfeito para o dia seguinte a um banquete de arrasar.

Cozinhe massa – espaguete ou *tagliatelle* – para seis. Esprema limões suficientes para ½ xícara de suco. Escorra a massa, tempere e envolva em ½ xícara de salsa italiana bem picada, no suco de limão e *parmigiano* ralado a gosto. Se quiser, refogue meio quilo de carne de siri em 2 colheres de sopa de manteiga ou azeite de oliva. Acrescente uma boa dose de vinho branco. Deixe ferver um instante, junte o suco de limão ao siri e misture à pasta.

Perca-do-mar em crosta de sal

Não espere um peixe salgado – a crosta impede a saída dos sucos mas só penetra levemente. Em San Francisco vou a uma peixaria em Clement Street quando quero perca-do-mar. Com uma rede, eles pescam o peixe num tanque e lhe dão uma marretada na cabeça. Não é meu momento preferido nas compras. Aqui, estamos a duas horas tanto do Mediterrâneo quanto do Adriático. Os peixeiros vêm à feira de quinta em Camúcia, onde os peixes já estão mortos e acondicionados em gelo.

Peça ao peixeiro que limpe e prepare para o cozimento uma perca de bom tamanho, entre 1,7 e 2 quilos. Seque bem o peixe e recheie com rodelas de limão, talos de alecrim e alguns galhinhos de tomilho. Misture o suco de 2 limões com 6 colheres de sopa de azeite de oliva e pincele o peixe por inteiro. Tempere com pimenta e tomilho. À sobra do azeite e limão, junte um pouco de tomilho e salsa picados, e reserve para servir mais tarde. Para a crosta, você vai precisar de cerca de 2,5kg de sal grosso, dependendo do tamanho do peixe. Forre o fundo de um tabuleiro (que possa também ir à mesa) com uns 2cm de sal. Ponha o peixe em cima do sal e cubra-o completamente com o resto do sal. Acerte bem em volta do peixe. Dissolva ¾ de xícara de farinha de trigo em água suficiente para ralear a farinha. Aplique essa mistura com um pincel sobre o sal. Asse em forno quente, 200°, por 40 minutos ou até que o sal pareça tostado. Leve o peixe à mesa quebrando ou serrando a crosta dura. Volte com ele para a cozinha e retire do tabuleiro para uma travessa. Aqueça o limão e azeite reservado e derrame por todo o peixe. Seis porções generosas.

Abobrinha com hortelã

Corte em rodelas finas ou rale oito abobrinhas novas. Se ralar, esprema para que elas soltem o líquido. Refogue rapidamente em azeite de oliva quente com um pouco de alho picadinho. Acrescente salsa e hortelã picadas, tempere com sal e pimenta. Sirva morno ou à temperatura ambiente.

Torta de limão com amêndoas torradas

Nunca vou me esquecer da torta de limão de Erice. A textura crocante das amêndoas foi um complemento maravilhoso às conhecidas texturas deliciosas da torta de limão com merengue – a massa delicada, o merengue levíssimo e o cremoso recheio de limão. As amêndoas da Sicília têm um aroma e um sabor penetrante que perdura. Como amêndoas frescas são de importância vital, nos Estados Unidos encomendo pecãs do sul todos os outonos e as armazeno em saquinhos no *freezer*. Dá para sentir uma mudança na textura depois de uns meses, mas, mesmo assim, guardadas no *free-*

zer, elas ainda são muito melhores. Em San Francisco, tenho acesso a nozes e amêndoas frescas dos pomares da Califórnia através da feira dos produtores aos sábados. Esta é a receita de torta de limão da minha avó, aprimorada pelo toque siciliano das amêndoas – e ainda mais aprimorada quando servida com o perfumado Moscato das ilhas próximas à Sicília. Na realidade, a receita era de Besta, irmã da minha avó. Besta era também conhecida por suas fumegantes infusões de amora-preta, que meu pai se recusava a beber com medo de ficar cego.

Bata o suco e a casca de quatro limões com 1 xícara e meia de açúcar. Misture 2 colheres de sopa de manteiga derretida com 4 colheres de sopa de farinha de trigo e ¼ de colher de chá de sal. Bata 4 gemas. Misture as gemas à manteiga e farinha e incorpore o suco com o açúcar. Acrescente lentamente 2 xícaras de água quente, batendo o tempo todo, e leve ao fogo brando. Deixe o creme cozinhar até ficar bem espesso, mexendo constantemente. Ajuste o fogo para que a mistura cozinhe sem ferver. Quando estiver grosso, acrescente duas colheres de sopa de creme de leite. Deixe esfriar um pouco. Em separado, bata 4 claras em neve, acrescentando 2 colheres de sopa de açúcar no final. Torre 1 xícara de amêndoas partidas ao meio em forno a 180° de 5 a 7 minutos, sacudindo-as uma vez ou duas. Nada é tão fácil de queimar quanto nozes e amêndoas! Salpique-as com um pouco de açúcar. Despeje o recheio de limão na sua massa de torta preferida, já assada, arrume as amêndoas por cima e depois espalhe as claras em neve com um movimento espiralado. Asse a 180° até que o merengue esteja dourado.

Ressurreição

B EPPE PARA DE CAVAR E INCLINA A CABEÇA.
— *Senta* – ouça – *il cuculo*. – Ele tira o gorro de lã e passa a mão pelo cabelo grisalho muito crespo. – Eles chegam para a Páscoa. – Repete-se o canto leve, de duas notas, do cuco. – Na hora exata, este ano.

Com paciência, Beppe está plantando alfazema ao longo do caminho até a vista do lago, onde ele e Francesco instalaram antes cinco ciprestes novos. Plantar ciprestes é trabalho importante, mas reles arbustos floridos não o interessam. Em casa, ele e a mulher respeitam a separação entre *campo* e *cortile*, roça e jardim. Flores – trabalho para mulher. Ele é rápido. Será que é o conhecimento do ângulo exato da enxada de tal modo que são necessários apenas três ou quatro movimentos? Solto a planta do vaso plástico e a ponho no buraco. Com presteza, ele empurra a enxada de um lado para o outro. Pronto. Embora eu pareça ter de usar todo o meu corpo para cavar, vejo que ele trabalha com os ombros, não com a parte inferior do corpo. Mais ou menos o oposto do que fazem os dançarinos de música latina, que ficam parados da cintura para cima e são puro movimento da cintura para baixo. Ele ergue a enxada e dá um golpe forte. Nada de saltos, nada de balanço de um lado para o outro, nada de erguer o solo pesado de um jeito que acaba com as costas. Ele ergue a enxada com facilidade, como eu levanto uma colher de pau da massa do bolo. Vapt! Corta direto a terra. Passemos à próxima.

Beppe nasceu nas montanhas isoladas a leste de Cortona. Ele nos levou ao lar da sua infância, que atualmente está abandonado, um ninho de águias num *borgo* minúsculo composto de um grupo de casas de pedra, quase sem janelas, para lenhadores. Ao longo de todos os seus sessenta e poucos anos, trabalhou na terra. Ao contrário de Francesco, que é vigoroso (aos oitenta anos de idade), magro porém rijo, e que trabalha com um ar de vingança concentrada, o estilo de trabalho de Beppe me fascina. Ele é esguio e tem boa postura. As calças de veludo cotelê e o pulôver ficam pendurados, frouxos, como se estivessem num cabide. Ele trabalha sem nenhum movimento desnecessário, a um passo regular. Gosto especialmente de vê-lo brandir o alfanje para cortar capim alto. Seu ritmo é semelhante ao do pêndulo. Ele poderia estar marcando a passagem do tempo num livro de horas, em vez de estar roçando terreno.

Às dez ele faz uma pausa e tira uma bolsa da traseira do seu novo Ape verde. Hora do *spuntino*, o lanchinho. Também apanha uma jarra recoberta de vime trançado, que enche com água do poço. Ele a vira de cabeça para baixo e toma um bom gole, declarando que é *"acqua buona"*, como sempre diz.

Durante esse intervalo, trago água para os 25 pés de alfazema.

– *Un bel secchio d'acqua, signora* – grita ele para mim. Em termos idiomáticos, é provável que queira dizer apenas uma boa quantidade, mas eu o entendo literalmente, um belo balde de água, o que facilita o esforço de carregá-lo. Bela água, digo eu em silêncio às plantas, soltem suas raízes retesadas, o trauma acabou, vocês estão em casa.

O carro está cheio de margaridas pesadas a serem plantadas no roseiral. Não vou pedir a ele que me ajude a plantar as bandejas de mudas para canteiros, nem os gerânios em todos os vasos. O amor-de-moça e a malva-rosa que semeei na *limonaia* não recebem sua atenção. Ele não se recusaria a me ajudar a plantar, mas ficaria mortificado. Descarrego duas margaridas.

– Você se importa de me ajudar com essas maiores? – Para minha surpresa, sorri.

– Ah, Santa Margherita. – É a querida padroeira de Cortona, e ainda jaz num caixão com tampa de vidro na igreja no alto deste morro. Vamos entremear suas flores brancas quase a ponto de abrir, com as alfazemas e roseiras já estabelecidas, suavizando a fileira das roseiras espinhudas que apenas começam a se enfolhar e escondendo suas pernas descarnadas.

Em desacordo com a prática costumeira, que consiste em cultivar as roseiras sozinhas, vou tentar encher os canteiros com profusão para ver o que acontece.

– *Venerdì sera* – na noite de sexta – às nove, uma procissão começa na igreja do Santo Spirito e sobe até chegar à Santa Margherita – informa Beppe. – Uma longa procissão.

Hoje é a Quinta-Feira Santa, *Maundy Thursday*. As lojas na cidade estão se enchendo com galinhas de chocolate em tamanho natural, ovos enormes envoltos em laminados coloridos com brindes dentro, uma pequena mostra em comparação com a Sicília.

– O que vocês comem na Páscoa? – É o que quero saber, mas estou pensando no que será que quer dizer *"maundy"*.

– *Tortellini*, um bom pernil de cordeiro, batatas, espinafre, *insalata*, um pouco de vinho. – Beppe vai se encaminhando para os terraços das oliveiras para ajudar Ed, sem dúvida, sentindo alívio ao largar as *fiori*. Eu trago mais "bela água" para as xarás de Santa Margherita. Abro a mala do carro e tiro lobélias, mentastros, bocas-de-leão, dálias e flores de um lilás acinzentado cujo nome ninguém sabe. Trouxe um saco de sementes de girassol e pacotes de tomilho rasteiro, capuchinha pendente e ipomeias. Essas, Ed vai plantar amanhã. Ao lado de uma rosa amarela trepadeira na muralha principal (chamada por nós de Muralha da Polônia por ter sido restaurada por operários poloneses), planto o arbusto com flores aveludadas, cor-de-rosa, com o formato de uma bolsinha. No horto ninguém sabia o nome dessas flores, tampouco.

A morte está chegando mais uma vez para o corpo pregado na cruz. Estranho, sempre achei que era importante se a pessoa acreditava ou não na verdade do "ressuscitou ao terceiro dia". Com a mão envolvendo o bolo de raízes pálidas, as unhas sujas de terra, contento-me em acreditar ou não, sentindo calor no sangue à medida que o sol vai atravessando o equador, trazendo de volta minha estação preferida, os longos dias de verão.

Talvez sejamos espertos o suficiente para criar deuses. Que melhor forma para explicar o momento mais escuro do ano e como ele se move na direção da luz, a não ser através da metáfora de um nascimento? Como encarar o incrível rejuvenescimento da primavera a não ser com a história de uma ressurreição milagrosa?

– Bem – faço uma citação de mim mesma em voz alta para as folhas entristecidas da anônima planta cor-de-rosa,

> ...se existe um Deus traçando linhas pontilhadas ao longo de esferas para o sol cruzar, tudo bem. E, se não existe, somos mais do que sabemos. Posso conceber na mente ao mesmo tempo o cravo do crucifixo e a anêmona. Eu queria a verdade e descubro que extraímos da carne as palavras de que precisamos.

Cavo um buraco para uma santolina verde-acinzentada, com a qual costumavam cobrir o piso das catedrais na Idade Média para amenizar os odores humanos.

Jogo água em volta das raízes.

– Crescei! – ordeno eu.

Granizo – atingindo minhas tenras plantinhas, ricocheteando na parede de pedra como pipoca. Esse tempo borrascoso para a Sexta-Feira da Paixão – onde está a primavera, agora? Para o granizo, e o vento joga a chuva de lado contra a casa, de modo que a água penetra pela janela do meu escritório e encharca minhas anotações sobre a história da Sicília, transformando-as em espirais de tinta azul mais parecidas com piscinas deixadas pela maré alta do que com fatos a respeito dos normandos. Algumas venezianas saem voando na direção do grupo de tílias e colidem com a muralha de pedra. Da janela do quarto, vejo as colunas de chuva "andando" pelo vale, vindo em nossa direção. Quando o sol aparece, saímos correndo pela porta, com colheres de jardinagem nas mãos, e plantamos flores até a chuva começar a cair de novo, nos forçando a voltar para a porta da frente, onde ficamos secando ao abrigo da sacada.

Antes do anoitecer, o tempo fica limpo. Estamos loucos por um pouco de agitação e vamos à cidade tomar um *prosecco*.

As estradas estão congestionadas – todo mundo num raio de quilômetros veio para a procissão da via-sacra. Tentamos quatro *trattorie* até encontrarmos uma mesa na aconchegante Osteria, onde árias de óperas enchem a pequena sala, e eu posso pedir *strozzapreti*, estrangulador de padre, massa com molho de creme e avelãs. A garçonete, Cinzia, parece estar sempre se divertindo. Ela não para de gesticular, acende a vela com um movimento ágil. O proprietário percorre a sala sereno. Uma vez eu perguntei a Cinzia se ela era de Cortona, e ela respondeu que não, que era de Castiglion Fiorentino, a oito quilômetros dali. Ed está a ponto de pedir uma garrafa de vinho, mas ela leva um dedo aos lábios, encolhe os ombros quase até as orelhas e aponta com a outra mão para um Chianti que custa a metade. Para o outro, um de 1994, ela abana a cabeça e faz que não com o dedo. Ed pede o caseiro bife de panela, feito no vinho tinto, um verdadeiro prato *casalinga*. Dividimos uma charlote de chocolate e ansiamos pela charlote de pêssegos que eles fazem no verão.

Descemos o morro até a igreja do Santo Spirito, que nunca vi aberta. O portal está delineado por lâmpadas e, quando chegamos, oito homens usando túnicas e capuzes estão levando aos ombros a figura de Cristo. Eles me parecem assustadores; volta-me num relance os trajes da Ku Klux Klan. Quando era menina, vi uma vez uma reunião da Klan em volta de uma fogueira. Perguntei à minha mãe o que era aquilo.

– Um bando de bobalhões – respondeu ela. – E o pior bobalhão é aquele que, pela idade, teria obrigação de não ser.

Lembro-me de ter visto em quadros italianos esses estranhos capuzes pontudos, usados por médicos na época da peste bubônica junto com máscaras semelhantes a bicos de pássaros.

Atrás dos homens, oito mulheres sustentam nos ombros uma imagem de Maria, em lágrimas, que parece pesar uma tonelada. Todos saem, acompanhados por pessoas que portam archotes, e nós nos juntamos à procissão que sobe a

Via Guelfa. A banda da cidade, com seu som metálico e agudo, está tocando um hino fúnebre. À medida que avançamos, mais gente se une a nós.

A cada igreja, paramos. Mais imagens sacras são trazidas para a rua e se misturam à procissão que atravessa a cidade às escuras. Algumas pessoas cantam acompanhando a música, e muitas carregam velas, abrigando a chama com uma das mãos. Em meio a nuvens em movimento, a lua cheia aparece e some. Tenho a estranha impressão de ter me esgueirado por trás de uma cortina do tempo para entrar num lugar e numa cerimônia que são a um tempo estranhos e meus conhecidos. A música parece atonal, estridente, algo que se poderia imaginar ouvir depois da morte. A expressão das pessoas mantém-se reservada, à exceção dos adolescentes, que se empurram e se cutucam mutuamente. Todos nós estamos enrolados em capas de chuva sem forma e cachecóis, o que ajuda a apagar os vínculos com o tempo atual. Sem os sinais de cortes de cabelo e óculos, quase poderíamos estar no século XV.

Para a maioria das pessoas da região, este serviço é um dos seus rituais anuais. São escassos os rituais na minha vida, especialmente os que envolvem archotes, capuzes e o Cristo agonizante sendo carregado pelas ruas. Percebo que a Sexta-Feira da Paixão é da máxima importância. No Sul da minha infância, toda a ênfase recaía sobre o Domingo de Páscoa, que tinha para mim como acontecimento principal o vestido e os sapatos escolhidos com esmero. Lembro-me da emoção de um de organdi azul, com margaridas bordadas à mão em volta da bainha da saia e nas pontas da faixa da cintura.

Quando eles começam a seguir pela parte alta de Cortona, acompanhando a íngreme via-sacra criada em mosaico por Gino Severini, para chegar à igreja de Santa Margherita, nós abandonamos o cortejo e vamos a um bar tomar um café. O vento implacável deixou minhas orelhas dormentes. Como conseguem carregar aquelas traves nos ombros? Aparentemente com grande rapidez, voltamos a ouvir o lamento da música e nos apressamos morro acima para encontrar a procissão na igreja de San Marco. Voltamos então por caminhos tortuosos até a *piazza*, onde o bispo profere um longo sermão. Já é quase meia-noite, e ainda temos uma caminhada de mais de um quilômetro no escuro para chegar a Bramasole. Por isso, deixamos a multidão de gente que tem mais energia do que nós.

Imbuídos do espírito das festividades da Páscoa, resolvemos ir no Sábado de Aleluia até Sansepolcro, a cidade natal de Piero della Francesca, para ver seu esplêndido quadro da ressurreição. Daqui até lá a paisagem desenrola-se tranquilamente – verdes vales e encostas arborizadas, uma estrada sinuosa com algumas aldeias a pontuá-la, a Toscana bucólica. As margens da estrada estão cobertas com dentes-de-leão e flores do campo roxas, as primeiras papoulas estão surgindo no meio do capim, as glicínias sobem pelas paredes de pedra clara das casas de fazenda. Nesta paisagem de bem-aventurança, ficamos de repente espantados ao ver uma africana alta, usando calças justas listradas e uma reveladora blusa vermelha, parada junto à estrada. Depois da curva seguinte, vemos mais uma, essa também escultural e curvilínea. Ela olha fixamente. Essas mulheres estão posicionadas na estrada mais ou menos de cem em cem metros. Estão em pé ou sentadas em caixotes de madeira. Uma está comendo batatas fritas de um saquinho. Depois vemos um carro estacionado, sem nenhuma mulher no caixote. É surrealista. Prostitutas aqui nos confins da Itália rural. Algumas das mulheres são majestosas, com o cabelo primorosamente trançado e os lábios cheios pintados de vermelho. Todas estão vestidas em vermelho e negro.

Quem iria parar? Sem dúvida não os homens da região, que poderiam ser vistos pelos vizinhos. E esta não é exatamente a autoestrada. Quantos caminhões de entrega poderiam passar por aqui? Devemos ter visto 15 mulheres, simplesmente paradas junto à estrada, mais mulheres do que carros. É absurdo e perturbador porque não faz nenhum sentido no vale arcádico do curso superior do Tibre, que aparece como paisagem de fundo em quadros, esse trajeto de sonho conhecido como o roteiro de Piero della Francesca.

Gosto de vir a Sansepolcro. No caminho, paramos em Anghiari, com suas íngremes ruas medievais, ou em Monterchi, cidadezinha minúscula e intacta empoleirada no alto de um morro, com uma *piazza* sombreada. A mãe de Piero della Francesca era de Monterchi; por isso, a presença ali do seu quadro *Madonna del Parto* tem um significado pessoal. Agora o quadro não fica mais na capela do cemitério, mas está abrigado num prédio só seu, pouco abaixo das muralhas da cidade. Ele perdeu um pouco do seu encanto anterior porque passou a ficar protegido atrás do vidro, e perdeu a tensão proveniente de ficar exposto num local dedicado à morte. No entanto, ela ainda conserva seus olhos baixos, não só remota e austera, como alguns a descreveram, mas tranquilamente voltada para dentro de si mesma. Não tenho conhecimento de nenhum outro quadro da Virgem Maria prestes a dar à luz. Sua mão está pousada com leveza sobre o ventre. Terá ela acabado de sentir a primeira e leve contração? É um quadro perturbador – do momento em que as mulheres reconhecem que nada nunca mais voltará a ser como antes.

Estamos acostumados a cidades montanhosas. A que recebeu o nome do Santo Sepulcro é plana. É fácil imaginar Piero della Francesca atravessando a *piazza*, na diagonal. Sua obra constituiu-se aqui, em Urbino e em Arezzo. Ele foi uma pessoa estritamente provinciana que criou arte no mais alto nível. Ao caminhar pelas ruas planas de Sansepolcro, ao perceber as perspectivas lineares da *piazza* e as sombras transversais aos prédios verticais, percebo como a disposição da cidade influenciou sua visão.

No Museo Civico, que costumamos encontrar quase vazio, alguns turistas italianos tiveram o mesmo impulso que nós de fazer uma visita hoje. A coleção é tipicamente regional, com a diferença de que o pintor da cidade era Piero della Francesca e três das suas obras principais estão numa sala separada, em meio a todas as salas de machados pré-históricos, coleções de caixinhas e umas duas dúzias de outros quadros, alguns dos quais seriam, bastante interessantes por si, mas que sofrem pela proximidade com a obra de Piero. Um garotinho gorducho não para de puxar a mãe pelo braço, implorando para comer alguma coisa. Ela está tentando apreciar a arte. Ele a puxa de novo, e ela lhe dá um forte cascudo na cabeça enquanto aponta para o demônio num dos quadros.

Ed e eu olhamos primeiro a *Madonna della Misericordia* – o mesmo rosto da Maria em Monterchi, porém mais exausto, mais tenso. Ela reuniu uma multidão sob a proteção do seu manto desdobrado. Imagem comum na pintura italiana, ela deve ter servido como consolação quando os guelfos e os gibelinos derramavam azeite quente uns em cima dos outros e guerreiros mercenários investiam pelo meio rural, incendiando e saqueando. Ainda há consolo na imagem.

O garotinho gorducho encosta na perna da mãe, enrolando-se na sua saia. A sala se esvazia, a não ser por um homem que olha atentamente para o San Giuliano de Piero, com sua expressão perplexa – ou seria desnorteada?

Ed e eu nos sentamos diante da famosa *Ressurreição*. Cristo, erguendo-se do sepulcro, está coberto por um sudário de um rosa esbranquiçado, enquanto, abaixo dele, quatro guardas estão dormindo. O segundo a partir da esquerda, diz-me a encarregada da segurança do museu, é um autorretrato de Piero. Ele é o que parece estar num sono mais profundo.

– E repare – diz ela, apontando para a garganta do guarda – *gozzo*. – Não faço a menor ideia do que seja essa palavra, mas vejo o significado de imediato: bócio. Sempre admirei o pescoço das mulheres de Piero. Estranho ver que o dele mesmo tinha uma protuberância anormal. Na época em que viveu, a água da região era carente de iodo. Ele deve ter sido um homem sem vaidade por não ter omitido o bócio deformante no próprio retrato. Atrás de Cristo, vemos uma paisagem árida à esquerda, e tingida de primavera à direita. A composição é simples; a energia, palpável.

– O pé dele parece do tamanho do seu – comento com Ed. O corpo está pintado com carinho. Um homem musculoso no seu apogeu físico. Imagino se T. S. Eliot tinha em mente essa imagem quando escreveu o verso "Na juventude do ano, veio Cristo, o tigre". Ele se ergueu do sepulcro com sua força. A palidez da morte não aparece no rosto corado e nos lábios sensuais.

A impressão que Kenneth Clark teve desse quadro, muitas vezes citada, alcança o cerne do seu estranho magnetismo emocional.

"Esse Deus do campo, que se ergue à luz cinzenta, enquanto os seres humanos ainda estão dormindo, foi adorado desde que o homem descobriu que a semente não está morta na terra do inverno, mas abrirá caminho para subir e rasgar uma crosta férrea. Mais tarde, ele se tornará um deus de júbilo, mas Sua primeira aparição é dolorosa e involuntária. Ele parece fazer parte do sonho que tanto pesa sobre os soldados adormecidos e tem Ele mesmo o olhar fadado e distante dos sonâmbulos."

– Dele emana o mesmo mistério que da *Madonna del Parto* – observa Ed. É verdade, ele esta olhando para o que não se pode ver.

Na volta para casa, as mulheres ao longo da estrada ainda estão ali, estudando os automóveis que passam. Não consigo ler nada nos seus olhos. A tragédia (sem dúvida há uma tragédia) não transparece. Saímos da estrada para seguir por um atalho e ficamos aliviados de não passar mais por essas mulheres. Há violetas, pilriteiros, ameixeiras e marmelos para ver; cascatas de primavera escorrendo pelas rochas e árvores caducas nuas, refulgindo com brotos vermelhos. Nada disso apaga o fato brutal de mulheres à venda à beira da estrada, nem apaga o outro lado da moeda, a associação com as estações da via-sacra.

Ed passa veloz pelas curvas; não cruzamos com um carro há quilômetros. Estamos voltando correndo para a *vernissage* dos quadros da nossa amiga Célia numa galeria em Cortona. A sala pequena está tão abarrotada de gente que é difícil ver os vibrantes quadros de flores em amarelo e azul. Bandejas e mais bandejas de salgadinhos; vinho aos borbotões; todos desejam sorte a Célia. Vittorio, o marido, vem até nós com uma travessa de *crostini* de trufas em lascas. Ed lhe pergunta sobre as mulheres na estrada.

— São nigerianas. Sei que vocês estão escandalizados. São trazidas para cá pela máfia russa. Eles prometem a elas empregos como modelos, e depois é isso o que acontece.

— A máfia russa no interior da Toscana? Você não pode estar falando sério – diz Ed. – Por que a polícia não recolhe as mulheres, não tenta devolvê-las para o país de origem?

— A prostituição não é ilegal – responde Vittorio, dando de ombros. – O lenocínio é, mas é difícil apanhá-los em flagrante. Eles sabem quando a polícia está chegando e desaparecem.

— Como?

— Ah, celulares. Algum cara provavelmente fica numa cidadezinha, de olho em quem vai seguir pela estrada.

— Como é que conseguem freguesia numa estrada daquelas?

— Não sei, mas as pessoas dizem que há bastante movimento.

Antonio se aproxima, e mudamos de assunto. Tenho algumas perguntas. Ao entrar na cidade, vi um cartaz escrito à mão na porta de San Filippo, anunciando que a bênção dos ovos será das quatro às cinco em San Domenico e das cinco às seis em San Filippo. Vittorio explica que o Café da Manhã de Páscoa é a única época do ano em que os italianos abandonam seu hábito de um rápido café expresso e preparam um enorme desjejum no estilo americano. Na véspera, os ovos, como símbolos do renascimento, são levados à igreja para serem abençoados.

— A semana da Páscoa é também quando o padre faz uma visita para abençoar a casa. Todos fazem uma gigantesca faxina para essa visita. Ele pode abençoar os ovos nessa hora, também.

— Nós fazíamos isso em Winona – recorda-se Ed. – Depois que minha mãe limpava a casa, ela respingava água benta nas camas para nos proteger, e depois o padre vinha abençoar a casa.

— Você mandou abençoar sua casa, Antonio? – Antonio mora sozinho, e a namorada se recusa a ficar lá por causa da *"confusione"*. Ele apenas sorri.

Nunca soube que Ed dormisse numa cama abençoada. Talvez essa seja uma explicação.

O dia de Páscoa é tranquilo. Na minha igreja preferida, a de San Cristoforo, uma cesta vermelha com pães redondos é distribuída entre os vinte e poucos fiéis. O pão da vida. O sacerdote os abençoa e asperge com algumas gotas de água benta. Uma mulher traz sua própria cesta de pães para o almoço de Páscoa e pede bênção também para eles.

Muitos dos que aguentaram nos ombros aquelas imagens no percurso pela cidade devem estar gemendo sob o efeito de almofadas elétricas. Levamos vasos de hortênsias cor-de-rosa para Donatella e Anselmo, e descobrimos, embaraçados, que eles já têm vários, além de montanhas de chocolate.

As famílias estão reunidas em volta de mesas compridas, e alguém – não eu – está trazendo a travessa de cordeiro enfeitado com alecrim. Estou feliz por não ter cozinhado o dia inteiro, feliz de não servir os pratos, feliz de não ter tanta louça suja que é preciso levá-la para fora para empilhá-la encostada na parede. Numa outra ocasião, *va bene*. Esta noite, passamos a sós. Aproveitando que estão tão frescas, comemos uma tigela de ervilhas com bastante pimenta e um naco de manteiga se derretendo entre elas. Uma deliciosa entrada. Uma garrafa de vinho branco, costeletas de vitela e uma salada de verduras silvestres, "casadas", como dizem os italianos, com nosso azeite e um pouquinho de vinagre balsâmico de cinquenta anos, tão precioso que pingamos o elixir sobre as alfaces com um conta-gotas.

Como Ed é católico, espero que ele saiba tudo sobre o ano litúrgico.

– O que significa o "Maundy" da Quinta-Feira Santa?

– Humm... acho que mandato vem da mesma raiz latina.

– E qual era o mandato na quinta-feira?

– Lavar os pés dos pobres? Parece que era isso. Tem como origem Maria Madalena ter lavado os pés de Jesus.

– Você se lembra daquele afresco pequeno e forte que Piero della Francesca fez dela com o cabelo ainda molhado, na catedral de Arezzo? O olhar que o pintor lança sobre ela é de tanta intimidade quanto o que lança sobre o Jesus que acaba de se erguer. Pena que não esteja perto da *Ressurreição*.

– Maria Madalena me vem à mente quando penso naquela música na procissão na noite de sexta-feira.

– Por quê? – Aguardo sua resposta. Tendo sido criado numa igreja católica muito polonesa, onde foi coroinha durante anos, Ed não fica tão mistificado com os rituais quanto eu.

– Bem, a palavra "maudlin" [excessivamente sentimental] me ocorre e essa palavra deriva de "Madalena".

– Aquele pessoal que carregou a cruz na noite de sexta-feira bem que apreciaria algum cuidado aplicado aos seus pés agora. – Penso nas mulheres deslocadas, na estrada até Sansepolcro. – O número de prostitutas era o mesmo que o das estações da via-sacra?

Ed abana a cabeça.

– Fico feliz com a Páscoa estar encerrada. Agora podemos viver simplesmente a primavera.

Em busca da primavera:
o aquoso Vêneto

Apaixonados pela primavera italiana, seguimos atrás dela até o Vêneto, mais ao norte, em abril. Estou voltando a Veneza, depois de uma ausência de 25 anos. Enquanto o carro avança pela paisagem plana a céu aberto, vou repassando minhas visitas anteriores. O tempo é tão escorregadio – o lapso desaparece. Veneza está bem perto na memória. Fico pasma com o longo intervalo, igualmente pasma com o fascínio de Veneza. Já li que as abelhas, com o estômago cheio de néctar, dispõem de forças magnéticas nos cérebros que as conduzem à colmeia. Sinto a mesma coisa com relação a Veneza. Exuberante e decadente, ela ainda é para mim uma cidade sagrada. Sou louca pela beleza; e sua situação no limite, voltada para o exótico oriente, de costas para o resto da Europa, aumenta sua atração. Eu não pretendia ficar tanto tempo sem vir aqui. Há algo mais nesse fascínio – algo que jamais consegui expressar para mim mesma, algo que nunca vi ou li, em todos os livros e imagens de Veneza. O que será?

Apenas algumas horas a nordeste de Cortona, e entramos numa primavera diferente. Quem tem alergia sazonal deve enlouquecer por aqui. Se deixamos o carro estacionado por uma hora, vamos encontrá-lo coberto com um pólen amarelo e grudento. Turbilhões de plumas brancas e etéreas passam voando pelo para-brisa, e tratores levantam ondas de pó nos campos. As aragens fazem voar nuvens de poeira dourada das pinhas e velas brancas dos pinheiros. O verde novo das folhas e das lavouras parece se refletir no ar, conferindo-lhe um matiz aquoso. Estamos viajando dentro de uma luz de aquário.

Perto do porto de Chioggia, ao sul de Veneza, o terreno passa a ser pantanoso. Os juncos das margens dançam e se desfazem em água. Sempre adorei o cheiro de charcos. Meus primeiros verões foram passados nas ilhas marítimas da Geórgia, ainda uma das minhas paisagens preferidas. Capins que brotam direto do mar. Terra que é alagada pela maré, com criaturas deslizantes tanto da terra quanto da água, proporcionando o arrepio de ver que aquilo que parecia ser um pedaço de pau de repente ganhava vida e abria uma bocarra hilariante. Um odor fresco, salgado, de iodo, de decomposição, indicava o verão e a liberdade. Amontoada no Oldsmobile com minhas duas irmãs, Willie Bell, discos, brinquedos, roupas e minha mãe (meu pai era levado em outro carro por um empregado para escapar do nosso caos), eu me debruçava para fora da janela como um cachorro, meu cabelo enroscando-se em cachos, na expectativa da primeira farejada. Ninguém pareceu nem um pouco encantado quando comecei a recitar "Os banhados de Glenn" do poeta da Geórgia, Sidney Lanier, estrofes intermináveis que éramos forçados a decorar na quinta série. Eu imitava o estilo declamatório da minha professora, a srta. Lake.

> Como o frango d'água constrói em segredo na terra alagada,
> Vejam, construirei para mim um ninho na grandeza de Deus.
> Voarei na grandeza do Senhor como voa o frango d'água
> Na liberdade que enche o espaço entre o alagado e os céus:
> Com tantas raízes quanto as que lança a taboa na lama
> Vou com fé fincar meu pé na grandeza de Deus:
> Ah, semelhante à grandeza de Deus é a grandeza que
> [se encontra
> Nos banhados, nos generosos banhados de Glenn.

– Será que não dá para fazer ela parar? – disse minha irmã enquanto dobrava o canto de páginas de *Mademoiselle*, planejando seu guarda-roupa para a faculdade no outono. Gritei, mais alto ainda.

> Como são calmas as planícies das águas!
> A maré está em seu clímax,
> A maré está em seu ponto mais alto:
> E já é noite.

Eu adorava esse último verso mutilado. Minha outra irmã relembrou que os Banhados de Glenn ficaram vermelhos de sangue em alguma guerra. Minha mãe começou a cantar "You Are My Sunshine" [Você é meu raio de sol], que eu odiava. Abri a janela novamente e deixei que o perfume me impregnasse o rosto até a chegada do fedor de enxofre das fábricas de papel.

Alagados, ilhas, lagoas – o cheiro de velhas paisagens onde a água é que manda. Esses banhados também devem ter ficado vermelhos de sangue de tempos em tempos. Aqueles doges de Veneza não governavam tendo em mente a paz. Chioggia não recebe muita menção nos guias turísticos. Nós nos afeiçoamos imediatamente a ela por ser uma versão vigorosa, operária, de Veneza. À semelhança de sua prima elegante, Chioggia fica em terras baixas com canais e *vicoli*, vielas medievais, tipo toca de coelho, que levam a pontes para pedestres em arco. As cores vivas dos barcos pesqueiros repetem-se nas águas. As pessoas lotam as lojas e os cafés da rua principal. A queda do coeficiente de natalidade que se verifica na Itália não deve se aplicar a esta cidade. Nas ruas para as compras da tarde, muitas mulheres jovens empurram carrinhos de bebê, às vezes com duas criancinhas, uma na frente da outra. Espero que as mães façam um rodízio de quem vai no carrinho da frente. Eu detestaria ter como minha primeira visão do mundo a nuca do meu irmãozinho. Restaurantes especializados em pescado estão agrupados junto ao porto. Até que ponto um peixe pode ser fresco? Vemos um homem carregando dois baldes, com os peixes de cima ainda batendo os rabos. Varais com roupas coloridas atravessam os canais de um lado a outro: toalhas listradas de amarelo, blusa turquesa, calças vermelhas, lençóis floridos, sutiãs realmente colossais e algumas tristes calcinhas encardidas. Pela janela de uma cozinha, vejo uma mulher untando as mãos com azeite de oliva para facilitar o trabalho com a massa.

Depois de um estudo meticuloso do Vêneto em diversos guias turísticos italianos, Ed selecionou um elogiado restaurante com acomodação no andar superior. Estamos adiando a chegada a Veneza, reservando-a para o final. O restaurante fica no lugarejo de Lorregia, nosso centro de operações por uns dias. No caminho de Chioggia para cá, os freios começam a arranhar. Um ruído nada agradável. No hotel, perguntamos por uma concessionária Alfa, mas já é muito tarde. Infelizmente, amanhã é domingo. Ed pergunta se pode ligar, só para a eventualidade de alguém ainda estar por lá. Se só pudermos levar o carro na segunda, vamos ficar sem ter para onde ir e tudo o que vamos poder fazer é comer no tal restaurante elogiadíssimo.

– Tragam o carro *subito*. Dou uma olhada nele – responde o mecânico.

A mulher na recepção, uma das proprietárias, fica preocupada.

– Como o senhor vai voltar? A oficina fica a treze quilômetros daqui. – Ed pergunta se há alguma locadora de automóveis, caso seja necessário. – Fechada. Fecham às cinco no sábado. O senhor me ligue do mecânico. Vamos ver.

No que diz respeito a carros, minha luta pela igualdade feminina é nula. Quero que o carro funcione, ande. Não gosto de olhar debaixo do capô. Toda aquela complicação do motor... e a bateria, que poderia nos mandar para o espaço se tocarmos nos polos errados. Subo para o quarto, e Ed sai para a oficina.

O quarto é de uma simplicidade severa porém imaculada. Ao entrar num hotel, às vezes austero como uma cela de convento, às vezes de um luxo monumental, sempre me delicio com a anônima sensação de liberdade, especialmente se estou sozinha. Tiro a colcha da cama, viro a dobra dos lençóis, olho pelas janelas, abro as gavetas e o frigobar, apalpo as toalhas, examino a loção e o xampu, o pote de vidro com bolas de algodão ou quaisquer comodidades que sejam oferecidas. Sou o contrário da minha exigente tia Hazel, que viajava carregando seu próprio travesseiro e uma lata de desinfetante em *spray*. Ela segurava a lata acima da cabeça, aplicava o desinfetante em todas as superfícies possíveis, retirando-se do quarto por uma hora enquanto todos os germes morriam. Eu gosto das pastas de couro com um bom papel de cartas, o bloco junto ao telefone com o lápis de ponta feita, as revistas elegantes sobre a cidade, os robes atoalhados. Este quarto, porém, apresenta poucos desses itens a serem verificados. Tem, sim, um bom chuveiro. E eu tenho um bom livro.

Onde estará Ed? Passa-se uma hora, depois mais outra. Finalmente, ele entra e joga as chaves na cama.

– Agora temos um Fiat Panda até a terça de manhã. Os freios do Alfa precisam de peças, e o mecânico vai ter de procurar em Treviso na segunda.

– Qual foi o problema?

– Nada de sério. O desgaste normal. Ele pode terminar na terça de manhã cedo. Você não vai acreditar em como a *signora* foi gentil. Liguei para o hotel, ela foi me apanhar e *então* me levou pelo menos uns dez quilômetros na outra direção onde conseguiu que eu alugasse um carro na concessionária Fiat. Foi em alguma zona industrial. Bem provável que nunca mais encontremos o lugar.

– Incrível.

– Ela dirige como uma verdadeira italiana – comentou Ed com admiração. Ele abre a janela, e o aroma de terra dos *funghi porcini* fritando em óleo quente faz com que tome um rápido banho de chuveiro e vista sua camisa azul. Descemos para a sala de jantar. Por causa da aventura, somos tratados como velhos amigos. Todo mundo na família já sabe do problema com o Alfa. Copos de *prosecco* nos são servidos, e todos concordam que o Alfa é um carro excelente, que os carros italianos, no que diz respeito ao *design*, são superiores a qualquer outro carro no mundo.

– Estamos em suas mãos – diz Ed ao garçom. – Traga seus vinhos regionais preferidos, as especialidades da casa. – É assim que Ed prefere jantar, dando ao *chef* desde o início a honra de escolher nosso cardápio. Freguesa mais prudente, nem sempre fico entusiasmada quando o *lardo* fatiado, basicamente uma gordura amanteigada, ou os ouriços do mar são apresentados. Espero que não nos tragam *medaglioni d'asino*, que detectei no cardápio. Medalhões de burro, eu dispenso.

O garçom nos convida a acompanhá-lo ao porão. Sua adega é uma gruta em arco forrada de tijolos, cheia de prateleiras de vinho. Ele procura aqui e ali e tira uma garrafa de Amarone, um dos meus vinhos preferidos, por seu sabor denso.

Os pratos começam a ser servidos. Felizmente, trazem-nos massa com legumes, bastante comum, mas especial, porque a massa é feita aqui e os legumes estão perfeitos. O garçom volta com *gnocchetti*, pequenos *gnocchi*, também com legumes. A sala de jantar provinciana enche-se de moradores vestidos com *griffes* famosas. A prosperidade no Vêneto, mesmo comparada com o alto padrão da vida na Toscana, é simplesmente espantosa. Nunca vi uma população tão bem de vida. Há muito tempo vem fervilhando um movimento pela separação dessa região do resto da Itália. Em termos econômicos, é um outro país, a anos-luz da Sicília. Eu me pergunto quantas dessas mulheres trajando Gucci e Escada pediram o burro. Coelho assado, o próximo prato, foi preparado no vinho e tomates, com pinhões e passas sultanas. O levíssimo sabor das passas combina perfeitamente com o vinho. A família faz todas as sobremesas, e elas parecem tentadoras, mas nós pedimos uma seleção de queijos da região. A uma mesa próxima, um dos belos casais está jantando com o filho, que talvez tenha nove ou dez anos. Já havíamos notado que ele examinava com atenção o cardápio, fazendo perguntas ao garçom. Os pais pareciam entediados. Ele comia com disposição, olhando para as travessas cada vez que o garçom passava pela sua mesa. O pai serviu-lhe um dedo de vinho e acrescentou água mineral ao copo. Agora, nós o observamos enquanto inspeciona a *bavaroise* de pêssego, a torta de morangos no carrinho de sobremesas, e depois volta para sua cadeira e pede os queijos. Ficamos impressionados. Um *gourmet* inato.

Como estamos perto da origem, Ed toma uma dose de *grappa*. Que maravilha só subir um andar para ir dormir.

Eu poderia me mudar hoje para a Villa Bárbaro, um dos momentos mais felizes de Palladio. O jardim é simples, quase que apenas um gramado, mas a casa continua um achado, com seus alegres afrescos de Veronese e aposentos aconchegantes. A parte externa é convidativa, ao contrário de algumas das casas severas de Palladio, que parecem estar sufocadas pela arquitetura com A maiúsculo. Esta casa canta. Arrastando-me por ela nos chinelos de feltro fornecidos aos visitantes, vejo que a casa na realidade ainda é habitada. Duas salas isoladas por cordões estão cheias de fotos de família e abajures para leitura ao lado de poltronas avantajadas. Será que aquilo na escrivaninha poderia ser a conta de luz? Que estranho esvaziar a casa na tarde de domingo para que nós, hordas pululantes, possamos contemplar os afrescos, admirar a paisagem, nos imaginar escrevendo um bilhete na escrivaninha dourada.

O Panda parece conhecer as estradas. De algum modo, não nos perdemos. Bassano, Treviso, Castelfranco. Não encontramos nenhuma daquelas placas misteriosas que vemos com tanta frequência na Toscana com os dizeres *tutte le direzioni* – todas as direções – e que apontam tanto para a direita quanto para a esquerda. Estacionamos fora de Asolo e seguimos a pé, porque é proibida a entrada de carros nesta terra da fantasia, onde morou um dos meus escritores preferidos. Não, não é Robert Browning, que imortalizou o lugarejo no seu poema "Asolando", mas Freya Stark, que morava aqui quando não estava numa das suas viagens cheias de aventuras pelo Iraque e pelo Irã. Que contraste com as suas viagens. Asolo não faz nenhuma exigência. Tenho a impressão de estar numa versão italiana, mais antiga, de Carmel na Califórnia, com muitos jardins secretos, portões cobertos de trepadeiras e casas encantadoras. Um lugar para o qual seria possível a gente se retirar, depois de aposentado, um dia, se ao menos dispusesse de toneladas de *lire*. É enorme a quantidade de rosas em Asolo. De poucos em poucos metros, topamos com novas fragrâncias delicadas provenientes das muralhas mais ao alto. Não procuro a casa onde morou ou seu túmulo. Estou só curiosa para ver por onde caminhou durante os últimos anos depois de ter escrito seus livros. Sem dúvida tomava chá perto da fonte. Tenho certeza absoluta de que fazia compras na papelaria no centro. Não saio de lá sem comprar um caderno de capa dura; amarelo para substituir o azul, *no* qual escrevi sobre nossas primeiras experiências em Cortona; e um álbum de fotografias com a capa de flores do campo pintadas.

Resisto aos minúsculos vidros de tinta lilás, índigo e verde, lacrados com cera, e às fileiras de canetas caríssimas. Nada se compara ao prazer sensual de bons materiais para escrever. A atração se origina no entusiasmo de compra de materiais escolares todos os anos, durante tanto tempo. Poucas coisas que comprei deram mais prazer do que blocos amarelos de papel ofício pautado, fichas de arquivos coloridas, providas de espiral, cadernos de cinco matérias e fichários de couro para folhas de três furos. E se houvesse uma pasta vermelha com compartimentos e bolsos fechados com zíper, tanto melhor.

A primeira experiência desses prazeres volta à memória – foi o armário de material no escritório do meu pai na fábrica. Ele me deixava apanhar blocos de estenografia com uma linha que descia pelo meio da página, um lápis vermelho cuja ponta podia ser feita num apontador com um mostrador que girava de modo a aceitar lápis de tamanhos diferentes. Numa daquelas manhãs de sábado, quando fui até a fábrica com ele, fiquei fascinada por um grande grampeador cinzento. Eu gostava do estalido metálico que fazia. A professora nos ensinara no jardim de infância que cabelo e unhas não proporcionavam nenhuma sensação. Por isso, pus meu polegar esquerdo no lugar e apertei com força o grampeador, fazendo com que minha unha fina fosse atravessada por excruciantes ferroadas de dor. Eu estava grampeada. Meu pai disse alguns palavrões horríveis e arrancou o grampo com uma chave de fendas. O corpo se lembra de tudo. Ainda estremeço ao pensar na dor.

– Está vendo essa unha aqui? – Eu a mostro a Ed.

– Estou. E daí?

– Dá para você ver um defeito na meia-lua?

Ele a compara com a unha do outro polegar.

– Acho que sim. – Eu lhe conto a história. – Ai! Quase desmaio, com essa. O que a fez lembrar dessa história aqui?

– Sentir vontade de comprar a tinta lilás, mas ter medo de um vazamento na mala.

– Espere aí! Aquela velharia de grampeador que você usa em casa é o mesmo do escritório do seu pai?
– Claro que é.

Por dois dias agradáveis, passeamos pela região, voltando à noite ao nosso pequeno posto avançado de culinária fantástica. O saguão da estalagem está coberto de fotografias de família – homens que voltaram da guerra, bebês no colo, retratos de grupos. Adoramos essa atmosfera de intimidade e o carinho que emana da família a cada uma de nossas idas e vindas. A gente do lugar reúne-se no bar, batendo com os copos, assistindo ao futebol na televisão, tagarelando sobre a primeira comunhão da filha ou sobre o idiota que entrou de ré no plátano junto ao correio. Participamos um pouco, de fora, da vida do lugar. Ed lhes diz que voltaremos um dia, para experimentar o cardápio de outono. Quando vamos embora, ele lança um olhar entristecido para a sala de jantar.

O melhor meio para chegar a Veneza não é o aeroporto Marco Polo ou o trem. Tendo passeado pelo Vêneto e parado em Chioggia, absorvi uma nova noção dessa localização aquática. Sempre havia pensado em Veneza como um local que há muito tempo estava afundando e poderia afundar ainda mais. Perambulando pelo Vêneto, imbuí-me do verdadeiro sentido *geográfico*, e estou mais assombrada do que nunca. A terra sobre a qual Veneza se ergue é pouco mais espessa que os bancos de areia até onde eu vadeava na ilha de St. Simon. Estabelecer um império sobre este arquipélago pantanoso demonstra o quanto os povoadores tinham a imaginação forte. Eles criaram diques com ramos de salgueiros trançados para impedir a entrada do mar. Que loucura! As fundações foram feitas sobre postes de madeira, fincados na água, atravessando a terra lodosa, até o substrato de argila compactada. As centenas de ilhas minúsculas foram mais tarde unidas por pontes, dando a impressão de canais cavados a partir de uma única ilha. Algumas vias navegáveis foram aterradas, o que alterou ainda mais a realidade da topografia original.

O instinto me diz que, se eu aprender a "ler" o mapa aquático, posso ser capaz de descobrir como chegar à fonte do magnetismo que esse lugar exerce sobre minha imaginação, já sei que não é só a beleza extravagante de Veneza que me atrai. Minha pista para uma resposta pode começar com a percepção de que as origens de Veneza *vão de encontro a todo o pensamento racional*. Funde sua igreja – ou sua companhia de seguros – sobre uma rocha.

Ed e eu estacionamos numa garagem distante, deixando a maior parte da bagagem na mala do carro, e tomamos um barco, que atravessa um trecho de água e logo entra no Grande Canal. Minha nossa! Deus do céu! A lembrança reduzira a cidade a cenas de aquarela. A realidade do movimento do barco, das gôndolas carregadas com frutas e engradados de *acqua minerale*, as barcaças de construção, cheias de tábuas e sacos de cimento, a beleza sólida, desnorteante, estupenda, de contos de fadas, dos *palazzi* às margens do canal, refletindo-se na água – estou em pé junto à amurada, mordendo com força a articulação do meu indicador direito, hábito antigo que volta quando fico sem palavras. A beleza não apenas desfila ante meus olhos. Ela arrebata. Começo a sentir o enlevo que o viajante experimenta quando depara com um lugar que é absolutamente autêntico.

Chegar a Veneza parece ser o ato mais natural do mundo. Será que é assim para todos? O lugar é conhecido de forma tão completa através de filmes, fotografias, agendas, livros. Será que existe alguma outra camada, diferente dessa familiaridade fácil?

Estou sentindo uma enxurrada de recordações e quero que elas terminem antes que meu pé pise na *fondamenta*. Veneza era "a nossa" cidade, minha e do meu ex-marido. Embora tivéssemos ido lá somente duas vezes, adoramos o pequeno hotel cheio de flores, onde tirávamos o colchão da cama quando ela rangia. Nosso gondoleiro tinha uma voz de uma doçura penetrante e deslizava pelos canais, curvando-se para passar debaixo das pontes. Bem, é verdade, ele cantava "O Sole Mio", mas também não se saía mal com "Nessun Dorma". Na feira bem cedo de manhã, um feirante construía um zigurate com pêssegos brancos maduros. Todos os peixes do Adriático pareciam estar enfileirados, de olhos vidrados, no gelo, prontos para as mulheres com suas cestas, bem como para proprietários de restaurantes, acompanhados de lacaios com caixotes equilibrados nos ombros. Como sofro de uma fobia a aves, ficava parada nas galerias da Piazza San Marco enquanto meu marido passeava entre os milhares de pombos e depois voltava para descrever a *piazza* de uma perspectiva que eu nunca vou ter. Descobrimos uma papelaria com livros encadernados em velino e papel marmoreado. Provamos a massa com lula *eu su tinta*. Adorei o ciclo de quadros de Santa Úrsula, pintados por Carpaccio. Úrsula, ali deitada numa cama alta, a sonhar, enquanto o anjo que trazia a palma do seu martírio entra pela soleira da porta. Quatro anos depois, voltamos com nossa filha, e tivemos o prazer de estar na sua companhia risonha percorrendo aqueles canais. Ela usava um chapéu de palha de gondoleiro, corria para afagar gatos que se recusavam a ser afagados, esqueceu sua bolsinha franzida num *vaporetto* e chorou pela perda de uma dúzia de cacos de vidro que havia colecionado durante a viagem. Estranhos, os fragmentos da memória que permanecem. Não me lembro se ela gostou da lagoa, das pontes, da *piazza*. Adorou as ferragens de latão em forma de cisne da banheira do hotel. Estranho, como a memória consegue superar anos e refazer a ligação com o lugar e a época em que antigos amores ainda estão intactos. A enxurrada de recordações se acalma.

    Muitas marés altas inundaram Veneza desde então. Agora estou de volta. Com Ed. Uma vida diferente. Vamos ter nosso próprio estilo de abordar a cidade. Dou uma olhada para Ed e tenho de rir. Ele está com aquele olhar fixo, do espaço sideral.

    – É Veneza – digo, e ele faz que sim.

    Ed já está bronzeado e, encostado na amurada com sua camisa amarela de linho, com a pura glória de Veneza passando veloz atrás dele, aos meus olhos parece ser alguém com quem eu gostaria de fugir, se já não tivesse feito isso. A perspectiva de passar dias com *ele* perambulando por Veneza:

bella, bella. Quando entramos na parte mais larga do Grande Canal, ela parece se inclinar. Logo, batemos no cais.

– É o paraíso. É incrível.

– Bem, se não houver Veneza no paraíso de verdade, não quero ir para lá.

O hotel, uma antiga torre de convento, dá para uma *piazza* harmoniosa que costumava ser água, mas que em algum ponto foi aterrada. Torre significa algo romântico, mas também estreito. A mobília delicada e o quarto minúsculo me parecem muito típicos de Veneza. Ed dá uma certa impressão de Gulliver nesse espaço liliputiano.

Chegamos a tempo para as "rondas da sombra". Um amigo meu de Cortona nos falou do costume veneziano do final da tarde de ir de bar em bar. Escondidos nos bairros, há pequenos bares, muitas vezes apenas um balcão aberto para a rua. Os vizinhos se reúnem para uma *ombra*, sombra, um meio copo de vinho. A "sombra" deriva do lugar de origem dessas reuniões à sombra da catedral de San Marco. As pessoas chegam, tomam um gole, e seguem para o próximo bar. É comum os que ali se reúnem não se conhecerem fora desse circuito. "Ele é um amigo das rondas da sombra", dizem os venezianos uns aos outros. *Antipasti* são servidos no balcão, salgadinhos meio parecidos com *tapas:* quadrados de polenta com peixe dentro, *moleche*, pequenos siris grelhados comidos inteiros, enchovas fritas e vários pratos preparados com *baccalà*, bacalhau seco. As pessoas passam por dois ou três bares e depois vão para casa. Os grupos estão em constante mutação. Paramos num bar com tantos *antipasti* deliciosos que resolvemos ficar para jantar na sala dos fundos. Experimentamos a *sarde in soar*, sardinhas frescas num molho agridoce, prato que os antigos doges deviam ter apreciado. Veneza tem péssima reputação no que diz respeito a restaurantes, mas nos bairros os pratos autênticos e os frutos do mar mais frescos são servidos em *trattorie* simpáticas. O clássico repertório veneziano inclui fígado de bezerro com cebolas (pode esquecer o fígado com cebolas do refeitório da faculdade); *risotto* ou massa com lula *en su tinta;* aquele prato maravilhoso e substancial *risi* e *bisi*, arroz e ervilhas; além de peixe com *radicchio* vermelho, os dois grelhados; sopas de frutos do mar; vários crustáceos com massa; peixe, peixe, peixe. Veneza e Sicília, diferentes sob a maioria dos aspectos, compartilham as dádivas do mar e o elaborado uso de temperos e especiarias resultante da história de dominação por muitas nações.

Deixamos o mapa no quarto. Saímos perambulando. Andamos e andamos. Longe das atrações principais, os bairros de Veneza exercem sua própria e infinita atração. Damos com um *squero*, um pátio no qual as gôndolas são feitas e consertadas. Um homem aplica tinta preta, e eu me lembro de que no passado, antes da peste bubônica e das leis suntuárias, as gôndolas eram decoradas com muitas cores. Quero que Ed veja os nove quadros de Carpaccio sobre a Lenda de Santa Úrsula. Ela está num doce sono na cama de dossel, um cachorrinho no chão, vasos de plantas no peitoril das janelas. O outro lado da cama está visivelmente vazio. Lembro-me de que ela rejeitou Conan, preferindo a virgindade ao noivo. À porta, o anjo hesitante cruzará a soleira, tocará seu ombro e lhe entregará a palma do martírio.

– Ela ainda está dormindo – digo eu, sem pensar – depois de todos esses anos.

Em pequenas lojas, que me sugerem guildas medievais, vemos delicados trabalhos em veludo lavrado, frutas cristalizadas, pulseiras de pepitas de ouro, cabeças de pórfiro e cristais coloridos. Anseio por entrar nas casas, vivenciar como é ter a maré alta lambendo o térreo, sentir o cheiro do mármore úmido, ver as sombras ondulantes da água nos forros pintados, afastar cortinas desbotadas de brocado para deixar entrar o sol.

Quando descobrimos que estamos no cais onde se pega um barco para as ilhas, embarcamos nele. Os portos de escala a dez ou vinte minutos de distância estão distantes de Veneza no tempo e no espaço. São pobres ilhotas de junco, que mal se erguem de dentro d'água – é também isso que sustenta o esplendor de Veneza. Passamos por Murano, não paramos numa ilha dedicada à agricultura e desembarcamos em Torcello.

Do desembarcadouro, seguimos por um canal de água salobra até os restos de um povoado. O lugarejo abandonado me dá a sensação de que todos os moradores fugiram dali. A malária realmente dizimou a população, mas isso foi há séculos. A igreja românico-bizantina de Santa Fosca chegou tarde à ilha, no século XI. Se eu soubesse desenhar, sacaria meus pastéis aqui mesmo para esboçar seu delicado pórtico arqueado. A catedral, o prédio mais velho na lagoa de Veneza, teve sua construção iniciada no ano de 639. Daquela época até o século XIV, Torcello prosperou. Vinte mil pessoas moravam aqui, a maioria criadores de carneiros e produtores de lã. Foi somente no início do século XI que os mosaicos foram aplicados no piso da catedral. Mais tarde outros foram acrescentados às paredes, entre eles o da Virgem Maria segurando o Menino Jesus, num campo de tesselas douradas. Das milhares e milhares de Virgens Marias, esta é decididamente uma que não pode deixar de ser vista. O mesmo vale para o Juízo Final, com seus assustadores esqueletos em mosaico.

Depois do século XIV, Torcello começou um longo declínio até seu atual estado de decadência. Leio que sessenta pessoas moram aqui, mas não vemos ninguém a não ser barracas improvisadas onde se vendem *souvenirs* para turistas.

– Que lugar fantástico para se fazer um filme! – Ed está olhando para um jardim abandonado, cheio de estátuas, as exóticas formas redondas da catedral, a luz dourada.

– De que tipo?

– Um que não tivesse nada dos tempos atuais. Estamos numa grave dobra do tempo. Mas olhe só, aquela casa está sendo reformada. Talvez alguns dos trabalhadores que vêm de Mestre para Veneza se mudem para cá. Em vez de respirar as emanações industriais, eles poderiam ter alguma terra. Seria um ótimo lugar para morar.

– Isso para quem tivesse um barco.

– E um jardim, uma adega e uma boa biblioteca.

– Da próxima vez, gostaria de passar a noite na *locanda*. Mesmo os poucos turistas tomariam o último barco de volta a Veneza. As ilhas à noite... – Ele não termina a frase.

Lotada de gente, a movimentada Burano é o perfeito oposto de Torcello. É um choque chegar ali depois da tranquilidade; e depois é impossível não adorar as casas vistosas ao longo dos canais. Flagro-me tirando fotografias de uma sacada florida numa casa roxa, com redes de pescar penduradas a secar sobre a proa de um barco amarelo, uma mulher numa janela de caixonete azul sacudindo uma toalha de prato vermelha. Todas as cores que não usaríamos para pintar nossa casa parecem maravilhosamente alegres aqui. É como se cada morador tivesse corrido até uma liquidação gigantesca de tintas para comprar as pechinchas em abóbora e lilás. Muitos quadros horrorosos devem ter começado com uma excursão a Burano. O lugarejo parece brincalhão e animado. Fazemos um piquenique na grama que dá para a água e depois tomamos o barco que faz o percurso das ilhas, passando por San Michele, o cemitério, no caminho de volta ao atracadouro.

Parada junto à proa, percebo que estico o pescoço para sentir o cheiro de banhados. Do outro lado da água verde-clara, Veneza, tremeluzente ao sol diluído. Embalada pelo som das ondas no casco, recordo a surpreendente abertura de um dos meus livros preferidos, *Speak Memory*, de Nabokov: "O berço balança acima do caos, e o senso comum nos diz que nossa existência não passa de uma breve fenda de luz entre duas eternidades de escuridão. Embora as duas sejam gêmeas idênticas, o homem, geralmente, encara o caos anterior ao nascimento com mais calma do que aquele para onde se encaminha (a um ritmo de cerca de 4.500 pulsações cardíacas por hora)". Eu o estava relendo ontem à noite e senti a força dessa passagem.

Será que a paixão por ver o que resta do passado é uma ponte para o "caos anterior ao nascimento"? *Tudo isso ocorreu antes de você.* E, olhe, você pode tocar tanta coisa que antecedeu a sua chegada. Todos os nítidos indicadores que acabaram levando a você, ao seu breve momento numa fenda de luz. *Estou flutuando.* Veneza é só luz aluvionária. *Vogando sobre as águas.* Estou fascinada pelo céu nacarado, pelos alagados e pela Veneza de... procuro ainda a palavra. É, é isso mesmo, pela Veneza do passado escorregadio, o vínculo líquido com o pré-consciente.

Minha cabeça se tranquiliza. É isso o que andei trilhando essas águas para encontrar. A cidade aquática *me leva até lá* como as cidades sobre a terra *não conseguem*, não têm como levar, com sua divisível realidade das ruas debaixo dos nossos pés e pneus, suas entradas e saídas tão isoladas no espaço. Veneza é simultânea, como todo o tempo antes da nossa existência. *Porque somos nadadores. Criaturas escorregadias da terra e da água.* E o cheiro dos alagados penetra fundo na medula, essa antiga companheira.

Agora, percebo finalmente. Os gondoleiros ficam *em pé* enquanto seguem pelas águas. Eles atravessam de um lado para o outro. *Morte em Veneza*, escreveu Thomas Mann. E, é claro, é claro que reconhecemos esse "estranho ofício... com aquele negror peculiar que em outros locais só é encontrado em caixões".

Mas não, os gondoleiros não parecem Caronte no rio Estige. Pelo contrário, eles caminham sobre a água, como por milagre. O formato da gôndola tem mais a ver com a clave de sol do que com um caixão. A associação com a morte é um conhecimento precondicionante, adquirido; não um conhecimento derivado da experiência. Esta água é por demais esplêndida, uma luz de prata esfregada, raiada de um rosa dourado, marchetada, e distante, muito distante da morte. Mas agora compreendo por que Shelley, Mann, McCarthy, Ruskin, artigos sobre viagens, filmes – todas as formas pelas quais tive experiência prévia de Veneza – nunca alcançaram a Veneza que eu sentia no fundo de mim. *A morte* é o que eles diziam ser o mistério do fascínio de Veneza. Para mim, eles entenderam ao contrário. É pelo *nascimento* que singramos essas águas.

De uma certa distância, os gondoleiros parecem sonâmbulos, as negras silhuetas das gôndolas impelidas por sonhos através das águas do inconsciente.

Ao entardecer, ainda estou refletindo. Tomamos um copo de vinho num bar que se abre para o Grande Canal. Será que ele é sempre limpo e cintilante? Talvez cheire a lixo em agosto. O garçom é solícito, amável.

– Como podem manter a gentileza quando têm de suportar tantos turistas? – O americano ao lado bateu com o copo na mesa para chamar a atenção do garçom. Seus amigos estão fingindo que vão empurrar a cadeira uns dos outros para dentro d'água. E são adultos.

– O turismo é seu meio de vida. Eles estão acostumados conosco. Imagine como deve ser em julho, com a sujeira boiando nos canais. Estaríamos agora todos numa multidão, sufocados, pegajosos com suor de alho.

Como estamos em abril, as turbas ainda não chegaram, mas as massas do planeta estão aqui em quantidade suficiente para me dar vontade de evitar os principais pontos turísticos. Costumam ser constituídos daquele tipo de turista pouco atraente, de *shorts* e boné, que deixa atrás de si um rastro de lixo do McDonald's. Cruzo os braços e olho mal-humorada para meus vizinhos, que estão se divertindo a valer.

Quando viro minha cadeira para poder olhar direto para a água e apreciar a passagem das gôndolas, observo algo estranhíssimo. Os rostos dos turistas que estão sendo levados para ver os *palazzi*, a Ca'd'Oro, as janelas góticas rendadas, os embarcadouros lambidos pelo musgo, as fachadas castanho-amareladas e *bois-de-rose* que se refletem, se erguem e se quebram nas águas azuis, esses rostos perderam a expressão. Os contornos estão suavizados. Os olhos, cheios de beleza; e a luz límpida está neles. Essas pessoas estão sendo transmutadas por aquilo que as está contemplando. Desembarcam das gôndolas como novas criaturas.

Todos os restaurantes que escolhemos ficam em bairros remotos. Nós nos perdemos e descobrimos onde estamos repetidamente. Depois do jantar, quase à meia-noite, as *calli* emudecem. Nossos passos ecoam, e nos flagramos sussurrando. Gatos adormecidos em peitoris de janelas e em soleiras nem mesmo abrem os olhos. De volta ao hotel, o recepcionista nos fala da Padania, o grupo separatista que deseja tornar a região independente da Itália. Hoje eles sequestraram uma barcaça – embora tenham pago a passagem! – e embarcaram num furgão pintado de modo a parecer um veículo blindado. Saíram pela Piazza San Marco, brandindo armas. Logo foram presos.

– *Carnevale*. Acham que estamos no carnaval – diz ele, dando de ombros.

Por volta das quatro, acordamos ao som de "Hut, *uno, due, tre, quattro*", e uma marcha ritmada. Olhamos para o *campo* lá fora e vimos cerca de vinte homens da Padania, trajados de negro, em passo de ganso – um *flashback* surrealista do fascismo da década de 1930. Eles me parecem bem treinados, mas Ed diz que não é preciso muito talento para marchar a passo de ganso.

– Eu estava sonhando – lembra-se Ed – que esquiava no gelo pelo Grande Canal, desenhava oitos na Piazza San Marco e voltava deslizando de costas, passando por baixo de pontes, onde precisava abaixar a cabeça.

– O que você imagina que isso significa?

Ele já está adormecendo de novo.

– Veneza no gelo. Vênus gelada. Vênus e Veneza. Nós em Veneza.

Agora não consigo dormir, e leio sobre as ligações desregradas de Lord Byron com mulheres de Veneza, sobre suas tardes de estudo na ilha de San Lazzaro, onde ainda moram intelectuais armênios, e sobre suas travessias a nado do Lido até o final do Grande Canal. Ed tem uma queda para o sono. Quando a cabeça toca no travesseiro, ele já se foi. Eu me pergunto se as costas de Lord Byron eram tão *sexy* quanto as de Ed, se sua pele luminosa era tão saudável e cheia de vida aos olhos da esposa devotada de algum comerciante veneziano. Lá longe no *caos anterior ao nascimento* – está o corpo de verdade de Lord Byron no frio; ele se sacode para tirar a água dos olhos e vê os *palazzi* ao amanhecer, a perna manca tentando vencer a maré. *Eu quase sinto a força da correnteza e o esforço nos seus músculos.* Ler é impossível – meus olhos ainda estão impressionados com Veneza, e a potência da lâmpada de cabeceira equivale à de uma lanterna fraca. Nada é mais difícil de reter do que a realidade do passado. A bolsinha vermelha perdida pela minha filha, cheia de tesouros. Meu livro escorrega e cai no chão, mas Ed não se mexe. Por um segundo, contemplo a possibilidade de mergulhar eu mesma num canal. Embora talvez fosse preciso que me fizessem uma lavagem estomacal, isso seria algo a acrescentar ao meu *curriculum vitae*.

Ainda mais embrenhados na Toscana

Os morcegos estão de volta, fazendo rasantes voos aleatórios acima de nós. Não parecem voar, mas se espalhar como confetes escuros em rajadas de vento. Eu tinha medo de que um pousasse no meu cabelo, mas depois de centenas de jantares sob sua rota de voo, confio no seu sistema de localização por eco. Lembro-me de ver uma radiografia de um morcego na aula de anatomia. Os ossos parecem os de um homúnculo escondido no corpo coriáceo. D. H. Lawrence descreveu um morcego como "uma luva negra jogada para a luz, / que cai de volta", e suas asas como "pedacinhos de guarda-chuva", mas só consigo imaginar o ser humano rudimentar preso ali dentro, condenado a comer seu próprio peso em insetos. Como dividem Bramasole conosco, de algum modo se espremendo em fendas entre o reboco e a pedra, agora nos parecem presenças simpáticas.

Podem estar empolgados com a energia que emana de uma tigela de favas e de uma tábua com um naco de *pecorino*, em cima do muro, que serve como nosso aparador. Se não estiverem, são as únicas criaturas na província de Arezzo a não compartilharem dessa mania toscana.

Para começar ou encerrar o jantar todas as noites, estamos fadados a comer *fave*. Como previsto, não conseguimos dar conta da produção de Anselmo. Distribuímos sacos de favas tenras a vizinhos, amigos, qualquer um que as queira. O ritual local de *pecorino* e *fave* é uma das combinações mais populares na culinária toscana. Servida sozinha como um almoço, como *antipasto* ou no lugar da sobremesa, essa sagrada união dura uma estação curta e concentrada. O *pecorino* preferido é o fresco. Essas duas bênçãos da primavera formam uma aliança natural.

O *pecorino* de hoje é especial, graças ao nosso amigo Vittorio. Ele passou a infância em Cortona e trabalha agora para um vinhedo, depois de anos de trabalho em Roma, durante os quais fazia a longa viagem de ida e volta para poder continuar a viver como queria. Ele dá uma parada na nossa casa depois de colher *funghi porcini* nas montanhas. Quando vamos à cidade, deixamos um saco de *fave* pendurado na maçaneta da porta da sua casa. Ele é presidente da filial local da Slow Food, uma organização internacional dedicada à preservação das culinárias tradicionais e à busca de métodos puros de cultivo e preparação de alimentos e vinho. Slow Food – em oposição a *fast-food*. Naturalmente, entramos para a organização. As reuniões locais consistem em jantares com oito pratos, acompanhados de dez ou doze vinhos de uma região específica. Um clube dos meus. Na hora das nossas "reuniões", outras filiais em toda a Itália também estão reunidas; e, ao final da noite, ocorre uma votação, os resultados são transmitidos por telefone, e os melhores vinhos são escolhidos.

Perto do final da tarde, Vittorio nos leva a um lugar enfurnado no meio dos montes, para conhecer um amigo da sua família, um lavrador, cujo nome, para nosso espanto, é Achille. Ficamos esperando que ele volte da ordenha. Do lado de fora da casa, uma banheira de metal debaixo de uma torneira de água fria, posicionada de modo a proporcionar uma vista perfeita de Cortona ao longe, com pomares descendo pelas encostas dos morros. Metade de uma lata de azeite de oliva pregada de lado na parede guarda o sabonete e uma escova. Em torno do pátio, há bancos feitos de toras escavadas. Achille, com seus setenta anos de idade, chega trazendo um balde de leite de ovelha e um ancinho. O cabo do ancinho, um galho reto de árvore, alisado pelo uso; os dentes, varas forces cortadas e engastadas num pedaço de pau; tudo com acabamento perfeito. Ele havia *feito* o ancinho. Que bonito, e que símbolo da sua individualidade. Os ancinhos não custam caro, e ele prefere fazer o seu próprio. Achille é um homem atarracado, grave e lento. Seu distante olhar de tartaruga parece nos avaliar rapidamente. Cada dia que ele passou ao sol acrescentou uma ruga ao seu rosto, de modo que ele agora está totalmente sulcado e curtido, da cor de uma velha luva de beisebol. Nós o acompanhamos a um cômodo junto a um estábulo com bezerros presos. Seus queijos cobrem quatro prateleiras suspensas. Ed percebe círculos dentados de lata a intervalos ao longo das cordas. Achille sorri, tranquilo, e faz que sim. Os *topi*, camundongos, não conseguem passar pela lata para comer o queijo.

Um pouco de capim flutua na superfície do leite. Ele apanha um punhado de algodão e cobre a tela de uma peneira, para depois coar o leite. Apanha um jarro do que deveria ser coalho e derrama um pouco no leite. Quero fazer perguntas, mas ele não parece talhado para a conversa informal. O cômodo tem um cheiro diferente de qualquer outro lugar em que estive, um amadurecimento lácteo, primitivo e poderoso. Esqueçam as normas de pasteurização da União Europeia; esse é o queijo como é feito há séculos. Ele nos pede que escolhamos um queijo, um sem nenhuma rachadura na parte externa. Gira o queijo, olhando atentamente para mim (de repente sou tão exótica para ele quanto ele para mim), e diz que deveríamos virá-lo todos os dias. Ouso perguntar por que, apesar de supor que os ingredientes ainda não estejam estabilizados e continuem precisando ser misturados. Não há resposta, mas ele quase sorri. A roda cor de palha de um quilo parece uma pequena lua. Ele a enrola meticulosamente em folha de alumínio.

A mulher de Achille chega com outro balde. Ela usa botas e um vestido simples; e, como o marido, é extremamente queimada de sol. Os dois são calados, tímidos, creio eu, talvez pelos anos de isolamento. De imediato, inicia mais um lote. No pátio, ela tem um fogão a lenha para cozinhar quando faz calor. Uma panela de macarrão já bem amassada em cima do fogão denuncia o uso frequente. Eu a imagino ao anoitecer, depois de cumpridas todas as tarefas, tomando banho naquela banheira, sem nada ao redor a não ser o silêncio.

As *fave* novas não precisam ser descascadas; basta debulhá-las à mesa e degustá-las com o *pecorino*. O queijo de

Achille é agradável e picante, sem aquele travo de estrebaria que muitos *pecorini* frescos parecem ter. Ed corta mais um pedaço. Percebo que já comeu um quarto da lua amarela. Subimos até os terraços depois do jantar, levando um último copo de vinho. As abobrinhas estão começando a florir. Essas flores audaciosas merecem um Van Gogh ou Nolde para captar seu ouro derretido. Nós nos demoramos nos tomates, calculando quanto tempo falta até que subamos trazendo cestas para arrancá-los dos tomateiros. Ed esfrega uma folha nos dedos e me deixa sentir o cheiro da promessa de tomates maduros. A acelga, mais acelga do que eu poderia imaginar para *risotto*, está no ponto. Paramos no canteiro das *fave*. Mal se nota o quanto colhemos. Algo me diz que não vou querer ouvir falar em *favas* por alguns anos depois desta primavera.

Vou passar a tarde com Vittorio, rodando pelo meio rural no seu carro, com as janelas abertas. Ed tirou o dia para escrever. Paramos para uma visita a um lavrador que mora numa casa construída no século XV e que ainda é de propriedade de um conde da mesma família, cuja mansão fica mais adiante na estrada. Tommaso está encantado de ver Vittorio, que cresceu na vizinhança e que costumava brincar no celeiro. Ele nos mostra uma velha carroça pintada ainda guardada ali. Esses lugares isolados nunca parecem familiares. Quando os visitamos, escorregamos para trás no tempo e entramos num estilo de vida que imaginávamos mas que jamais havíamos conhecido.

Quando pergunto pela capela nos fundos da casa, Tommaso nos diz sem nenhum alarde que ela está fechada desde a passagem de Napoleão, como se estivesse dizendo que está fechada desde a quarta-feira.

– Antes – diz ele – os peregrinos costumavam parar aqui por três dias. O conde fornecia abrigo e alimentação. – Do jeito que ele fala, pensamos que poderia se tratar do conde atual, que os quartos envolvidos poderiam ser seus próprios quartos de visita.

Pergunto hesitante se poderíamos ver o interior da capela. Ele nos conduz pela casa adentro. Vejo de relance quartos nus nos quais ele e o irmão moram: camas de ferro, cômodas, cortinas amareladas de linho com acabamento em crochê, resquícios de uma irmã ou mulher, e algumas fotografias na parede. Nada de televisão, absolutamente nenhuma tecnologia, nem mesmo um rádio. São quartos austeros como celas de monges e impecavelmente limpos. Estamos seguindo por corredores medievais sem nenhuma iluminação. Os passos de Tommaso são firmes. Nós o acompanhamos às cegas; e, finalmente, ele vira uma chave com um alto ruído metálico e abre uma porta. A primeira coisa que vejo é uma banheira de cobre, depois, alguns implementos agrícolas e barris. À medida que meus olhos se ajustam à luz cinzenta que entra por uma única janela redonda, bem alta, começo a distinguir afrescos de um santo e da Virgem Maria. Chama a atenção um espaço em branco, de onde foi retirado um quadro.

– Ele agora está na igreja. É só parar, e o padre lhe mostra o San Filippio, que vivia feliz aqui.

A capela é estranhamente sofisticada para uma casa dessa natureza. Talvez o conde quisesse que os peregrinos suarentos parassem em algum lugar bem longe do seu próprio parque cercado.

Tommaso nos leva à cozinha e nos serve copos de *vin santo*, a bebida da hospitalidade em todas as casas no campo. Já tomei *vin santo*, que tem um sabor semelhante ao xerez, a todas as horas do dia em várias casas. Ele senta numa cadeira dentro da lareira e troca reminiscências com Vittorio a respeito das histórias ouvidas à volta do fogo anos atrás. Tommaso é o oposto do austero Achille. Ele também viveu sua vida sem grande autonomia de voo, mas gosta de conversar, de contar casos. Estica as pernas, imitando o jeito dos *contadini*, quando queriam se aquecer no inverno, mantendo-se perto o suficiente do fogo para mexer a polenta. Olho ao redor da cozinha, não vejo nenhum sinal de aquecimento. Por isso, imagino que nas noites de janeiro eles ainda sejam fiéis a esse hábito ancestral.

Tommaso nos mostra suas vacas Val di Chiana, esses animais brancos que se transformam no famoso filé florentino, grelhado com alecrim. Ele tem quatro adultas e três bezerros, que fixam seus enormes olhos escuros em nós e ficam olhando. Em torno do pescoço, ele atou fitas vermelhas para protegê-las do mau-olhado. Sempre me perguntei por que o bife é o ponto alto dos cardápios toscanos mas nunca se veem essas criaturas nos campos. É que elas são criadas em confinamento, papariacadas e acarinhadas, mas cruelmente acorrentadas à manjedoura. São imensas, chegando a atingir três vezes o tamanho de uma vaca normal.

Perto da casa, um jardim cercado e tomado de ervas daninhas é mais uma prova da ausência feminina. As velhas roseiras conduzidas em vergalhões de ferro ainda florescem profusamente. A trepadeira amarela de flores pequenas transbordou da espaldeira e se esgueirou por uma cerca na qual se espalha e se derrama desenfreada.

Estou seguindo toda cheia de cuidados por causa dos patos e das galinhas soltas. Minha velha fobia de aves é uma desvantagem não só nas *piazze* cheias de pombos. Se Tommaso suspeitar que tenho medo de uma galinha, vai pensar que sou maluca. Dois perus brancos ciscam o chão perto do celeiro. São as aves mais feias do planeta.

Passamos direto pela mansão do conde, uma casa melancólica, toda fechada, cercada de castanheiros, e paramos na igreja. Stanislao, o polonês que ajudou a construir nossa longa muralha de pedra quando compramos Bramasole, e sua mulher, Reina, moram com o padre dessa paróquia, Don Fabio. Ela cozinha e cuida da casa e da igreja. Stanislao trabalha como pedreiro, mas faz um serviço ou outro para a igreja nos fins de semana. Alguns sábados, quando Stanislao trabalha com Ed na nossa casa, Reina vem me ajudar no jardim. Pequena e magra, ela tem uma energia tremenda. O padre está ensinando o catecismo a duas crianças no jardim. Reina nos recebe, parando para mostrar o escritório de Don Fabio. Poderia ser o escritório nos quadros de São Jerônimo. Uma janela aberta lança uma luz pálida sobre uma escrivaninha com pilhas de livros encadernados em couro, alguns abertos, alguns virados sobre a mesa, Só falta o atributo de São Jerônimo, o leão adormecido. Num corredor, vemos o quadro obscuro que antes ficava na capela de Tommaso. Numa parede lateral da igreja, instantâneos de todos os paroquianos que faleceram estão arrumados em fileiras. Vittorio encontra muitos rostos conhecidos da sua infância. Deixamos Reina a passar as toalhas do altar; e Don Fabio com seus dois pupilos ruivos no jardim.

Enquanto crescia numa cidade pequena, senti o puxão do freio na minha boca. Eu mal podia esperar para ir embora. A atração das cidades era forte. Lembro-me, porém, de uma leve atração, também, pela vida enfurnada no campo.

Mimo, a avó de um namorado meu, morava perto de Mystic, um entroncamento na região do fumo e do algodão. Uma varanda se estendia ao longo da frente do seu sobrado. Seu guarda-comida estava sempre cheio de tortas de limão e de coco com merengue. Nos quartos simples, as colchas de retalhos ficavam dobradas ao pé de cada cama. A varanda dava para os campos, e ela ficava ali sentada à tarde, debulhando feijão-manteiga. De vez em quando, ela apanhava um leque de igreja com cabo de madeira, com a imagem de Jesus impressa, e espantava as moscas. Eu estava sentada no balanço lendo *Anna Karenina*. Nessa lembrança, não sei bem por que, não me lembro absolutamente do namorado. Através da poeira levantada dos campos, o céu ao pôr do sol se tornava acobreado e esplêndido, da cor de picolé de laranja e uva, com respingos dourados, e um rosa de roupas de baixo baratas. Depois da oscilante bola dourada do pôr do sol, o ar acima das plantações de fumo ficava azul, como se fosse o ar na superfície de um lago. Nós éramos as testemunhas solenes. Poderia ter sido o dia do Juízo Final a cada tarde. Depois disso, Mimo costumava ir preparar um bom gim-tônica para tomar.

Num livro que no passado adorei, *The Mind of the South*, W. J. Cash observou que esse ar é responsável pelo romantismo dos sulistas. Eles veem tudo através de uma névoa e, consequentemente, têm dificuldade para distinguir a realidade. A vida de Mimo me parecia atraente. Ela andava ruidosa no seu Buick por estradas sulcadas, atravessando lavouras para ver como andava o trabalho. Viúva já havia muitos anos, geria a fazenda, fazia conservas, ajudava na parição de bezerros, fazia colchas de retalhos, cozinhava e sempre abria com um chute a porta de tela quando nós chegávamos, com os braços abertos para nos receber.

Ao redescobrir a vida no meio rural, me pergunto como seria viver como Achille e Tommaso. Ao longo de anos, eu teria pensado, *Que desperdício*. Meu interesse era por uma vida dramática – talvez alguém se jogasse na frente de um trem por *minha* causa. Eu tinha bastante certeza de que eu mesma não seria levada a agir com tanto arrebatamento.

Agora sinto a sedução de alvoradas e crepúsculos no campo, da satisfação de viver num pequeno reino verde só nosso. Sinto também uma desconfiança cada vez maior quanto a passar uma parte excessiva da vida endeusando o trabalho. Encontrar aquele equilíbrio dinâmico entre a ambição, a solidão, o estímulo, a aventura – como fazer isso? Ouvi Ramsey Clark, que na época era Procurador Geral da República, fazer um discurso quando estava na faculdade. Tudo o que me lembro de ele ter dito foi algo mais ou menos como: "Quando morrer, quero estar tão exausto que possam me jogar no lixo". Ele queria ser totalmente consumido pela vida. Fiquei impressionada e adotei essa atitude como minha filosofia. Como escritora, também tinha uma tendência à meditação e ao isolamento; e por isso mantive na maior parte da minha vida um equilíbrio razoável. Os últimos anos, porém, me puxaram demais para fora de mim. Após dedicar cinco anos à chefia do meu departamento na universidade, pedi exoneração do cargo incômodo e voltei a dar aulas. Percebi como alguns meses mais tarde praticamente ninguém se lembrava do que avaliava como amplas mudanças, como o tempo passou por cima da minha ausência instantaneamente. Restou-me a satisfação íntima do trabalho benfeito. Considerando-se o estresse, o tempo e as dificuldades, a satisfação íntima não parecia suficiente. Minha intenção havia sido repensar o departamento dos pés à cabeça, e eu me dispus a escrever menos, relatórios e avaliações intermináveis, a me arrastar para casa às oito da noite. O que é gratificante?

O que nos esgota? O que toma lá? O que dá cá? O que exaure a pessoa até a última gota? E, no fundo, o que nos inunda de felicidade? Aquilo que se origina do próprio trabalho e criatividade, sem que tenha importância o que qualquer outra pessoa pense a respeito, permanece ligado à alegria natural com a qual todos nós nascemos e que sempre levamos conosco. Mystic, Geórgia, não era para mim. Eu teria me tornado um caso de polícia antes dos trinta anos. O que é estranho, muito estranho, é que agora talvez pudesse levar uma vida feliz e sensual por lá. Será que o sol ainda provoca a formação de bolhas na tinta da casa de Mimo? Será que os campos ainda tremeluzem no calor azulado? Ei, Tommaso, Achille, vocês querem morrer tão exaustos que estejam prontos para serem jogados fora? *Sabe aquela americana, vocês já ouviram falar de uma mulher com medo de galinha?*

Anselmo não se apressa. Mesmo quando tinha o escritório coberto de fotos de casas arruinadas às quais esperava que alguém dedicasse a alma, sempre tinha tempo para conversar. Na sua transformação em jardineiro, ele esbanja sua atenção em perfeitas estacas de bambu para os tomates. Traz-me rosas do seu próprio jardim e bandejas de morangos. Acima de tudo, faz excursões conosco. Quando Ed menciona um carrinho para transportar os limoeiros para dentro da *limonaia* no inverno, ele nos leva imediatamente ao seu vizinho, um ferreiro em Ossaia. O *fabbro* faz um esboço, promete um carrinho baixo, que deslizará por baixo de cada vaso, para a semana que vem.

Anselmo faz um gesto para que o acompanhemos.

– Que flor é aquela? – pergunto, apontando para um arbusto compacto, que sai de um muro de pedra.

– Já vi essa flor por toda parte nas muralhas da cidade. Parece com a flor do maracujá – observa Ed. Anselmo olha para nós, incrédulo.

– *Capperi.* – Ele arranca vários botões. – Vou plantar na sua muralha, mas elas prejudicam a muralha. Vocês terão de fazer um controle. – Alcaparras: espontâneas, por toda parte. Não sabíamos.

No seu celeiro, uma bagunça extraordinária, ele nos leva bem lá no fundo, até onde uma boa quantidade de equipamento para fazer vinho está coberta de poeira: tonéis, pequenas pipas, garrafas e um enorme *torchio*, a tina de aduelas com arcos de ferro e alavancas onde as uvas são esmagadas. Ed está admirando a tina como os homens admiram um carro novo, fazendo que sim e andando em torno dela. Anselmo explica para nós o mecanismo. De uma prateleira, ele tira duas garrafas do seu próprio *vin santo*.

– Algo para tomar com *biscotti*.

Seu *vin santo* parece ligeiramente turvo. Eu me pergunto quanto tempo ele esperou por nós ali na prateleira.

Como estamos perto da casa do seu cunhado, casado com sua irmã, ele quer que nós os conheçamos. Voltamos a nos acomodar no Alfa imenso, e logo ele faz uma curva brusca para entrar no pátio deles. A irmã sai e vem cumprimentá-lo como se não o visse há anos. O cunhado, que está raleando as peras numa das suas longas fileiras de árvores frutíferas em espaldeira, chega correndo. Somos apresentados como "*stranieri*". E lá vem o *vin santo* para os estrangeiros.

– Este é do seu? – indaga Ed a Anselmo; mas não, é do cunhado mesmo. Ed está olhando para o pomar. Ao longe, vejo que um telheiro corrugado sustentado por postes de madeira foi erguido para cobrir o que daqui parece ser uma piscina. – Podemos olhar as árvores? – pergunta Ed.

– *Certo*. – As fileiras são elegantes. As árvores em forma de vaso estão desenvolvendo peras em forma de vaso. São vigorosas, à exceção de um setor, que apresenta uma vala funda ao seu redor, o que provoca a morte das raízes e a queda das folhas. O cunhado parece irritado. Puxa uma barba inexistente. Faz um beiço de desprezo.

– O que houve aqui? – pergunta Ed.

Anselmo sacode uma das mãos lentamente no ar, aquele gesto de lançamento que quer dizer algo como Meu Deus.

– *Porca miseria* – exclama o cunhado, apontando na direção do telheiro. – Descobriram uma vila romana, esses arqueólogos, e agora estão escavando. Escavaram aqui e mataram esta árvore. – Está claro que o sacrifício, ao seu ver, não se justifica. Na Itália, não importa o que esteja no subsolo da sua propriedade, não lhe pertence. – Mataram uma oliveira. – Ele agora indica com o queixo uma oliveira que se encontra num monte elevado com uma vala em volta. Nós sabemos que esse é um pecado mortal.

– Uma vila romana?

– A colina inteira é um museu. Não havia somente uma vila, mas todo um lugarejo. Todo mundo sabe disso, mas agora é uma grande descoberta. – Ele dá de ombros. – Se me perguntassem, eu poderia lhes mostrar onde fica a casa de Aníbal. Mas não perguntam. Só cavam.

A vitória de Aníbal sobre Flamínio ocorreu a alguns quilômetros daqui. Ossaia significa "ossário" e o nome deriva das pilhas de corpos trazidos para cá depois da batalha. Ele nos conduz através da horta e de um campo até uma ruína de uma casa de pedra que parece mesmo antiga, mas não aparenta dois mil anos de idade.

– *Sì*, Aníbal morou aqui.

Voltamos, passando pela escavação. Sob um telheiro provisório, vemos um piso grego de mosaico branco e preto, a geometria dos aposentos. Havia aqui uma grande vila, com vista direta para o jardim do cunhado e da irmã. Nesta época do ano, a escavação é interrompida.

Quando vamos embora, Anselmo nos diz que eles acrescentaram um quarto à casa anos atrás.

– Encontraram um piso de mosaico bem no lugar onde derramaram o concreto do alicerce.

Paramos ainda mais uma vez, para conversar com uma viúva que quer que Anselmo venda sua casa. Embora tenha fechado o escritório, Anselmo ainda faz alguns negócios.

– Talvez vocês gostem da casa. É preciso reformar tudo. – Ele olha para mim pelo retrovisor e quase colide com um ciclista. Adora essas alfinetadas maliciosas.

– Não estou interessada.

Ele entra pelo portão e para no pátio de terra batida, assustando as galinhas. Uma mulher no antiquado vestido preto, encurvada como uma vírgula, sai da casa. Ela é mais velha do que Cortona. Quando somos apresentadas, agarra minha mão com sua mão dura e seca e não a solta enquanto percorremos a propriedade. Como se estivesse prevendo que logo passará para uma eternidade silenciosa, ela fala sem parar. Mal posso olhar para os coelhinhos adoráveis que mantém amontoados num cercado.

– Ela vê algo bem diferente quando olha para eles – diz Ed. – Ela os vê assando na forma com funcho. Não presta atenção às duas orelhas fofinhas.

A mulher nos exibe o *orto*, onde os legumes crescem com vigor, dá uma olhada em duas vacas estabuladas, abre com violência as portas da parte inferior da casa. Ah, uma casa totalmente autêntica, ainda com o estábulo e a *cantina* intactos. Material para fazer vinho ocupa cada centímetro quadrado, dúzias de garrafões com o revestimento de palha apodrecendo, tonéis de carvalho e garrafas. Numa salinha imaculada, ela me mostra uma mesa de canto na qual ainda faz massa quando está quente demais na cozinha. As prateleiras estão cheias de potes de tomates em conserva. Uma cadeira reta, com o assento de couro de boi, está junto à porta para receber a brisa; e suas peças para conserto e seu tricô estão em cestas. Como ela está fincando meu anel nos dedos com sua força, eu torço para que me solte e, ao mesmo tempo, fico lisonjeada pelo seu apego instantâneo.

– Acho que ela quer que compremos a casa – sussurra Ed, em inglês.

– É, e aqui dentro ainda não passou de 1750.

No andar superior, ela abre os quartos onde seus pais viveram até morrer. A cama de ferro com uma colcha branca está afundada dos dois lados, invocando os corpos das duas fotografias de expressão enfarruscada, em sépia, emolduradas e penduradas na parede. Cama. Cadeira. *Armadio*. Cadeira especial para o *vaso da notte*, o urinol. O quarto dela é igual, com o acréscimo de uma lúgubre gravura emoldurada de Cristo, com ramos secos de palmeira atrás dela, e um retrato oval, amarelado, do marido quando jovem. De olhos ferozes, lábios comprimidos, provavelmente com o terno do casamento, ele mantém o olhar fixo na direção da cama que compartilharam à medida que envelheciam cada vez mais, muito mais do que ele poderia ter imaginado quando a máquina fotográfica captou o brilho ardente no seu olhar. Num copo d'água, boia uma dentadura com gengivas de um rosa arroxeado. Serão dele?

Como a maioria das cozinhas italianas, a dela tem a aparência e o perfume de ter sofrido uma faxina recente. Até mesmo as torneiras estão brilhantes. Inevitavelmente, ela apanha o *vin santo* e o serve; depois, traz os *biscotti*. São duros como pedra; talvez tenham sido feitos em 1750. É maravilhoso contemplar essa mulher. Já que está conversando com Anselmo a mil por hora sobre como vai morar com a filha e como a casa é grande demais para ela, tenho a oportunidade de ver seus olhos agitados, cheios de inteligência, o cabelo preso debaixo de um lenço preto. Seu corpo magro é pura força. Ainda sinto as marcas nos meus dedos onde ela apertou. Pelo menos, precisou me soltar para servir o vinho.

Ela fecha o portão atrás de nós e acena até desaparecermos. Com no máximo 1,45m de altura, é um azougue, transbordando de energia. Gostaria de conhecer a história da sua vida. Gostaria de poder observá-la fazendo massa e caseando roupa. Queria saber com o quê ela sonha.

– Detesto a ideia de que ela vá embora morar num apartamento em Foligno. Quem irá comprar essa casa? – pergunto enquanto nos afastamos.

– Ela está pedindo o dobro do que vale. Acho que não quer vender.

– Adorei a casa. O estábulo daria uma sala de estar fabulosa, com as portas se abrindo para um terraço.

– Gostei daquela galeria no andar de cima – diz Ed.

Anselmo abana a cabeça.

– Nunca se sabe do que um estrangeiro vai gostar. É bem provável que ela venda para algum estrangeiro maluco.

– Preparem-se para um banquete de seis horas – avisa-nos nossa amiga Donatella. – Giusi mandou instalar uma cozinha no celeiro inteiro para que seis cozinheiras possam trabalhar. – Sua irmã, Giusi, ajuda a cuidar da nossa casa quando não estamos aqui. As irmãs são uma o oposto da outra. Donatella tem uma beleza angulosa, morena, meio parecida com a da Mona Lisa, e um humor cheio de ironia. Dá para mergulhar nos seus olhos negros. Giusi nos Estados Unidos seria a Rainha da Primavera. Poderia comandar qualquer grupo de animadoras de torcida. É bonita, sociável e animada. Elas são irmãs e boas amigas. Cada vez que chegamos a Bramasole, elas deixaram flores na casa; e a cozinha está abastecida com frutas, café, pão e queijo, para não termos de sair correndo se chegarmos cansados do voo. As duas são excelentes cozinheiras, aprenderam diretamente com a mãe, que ainda faz seu próprio *ravioli*.

Os dois filhos de Giusi vão fazer a primeira comunhão. Isso é motivo para um banquete. Não vemos Giusi há semanas porque ela anda preparando a festa. Depois da cerimônia, cerca de oitenta pessoas vão se reunir na casa nas montanhas que Giusi e o marido, Dario, dividem com os pais dele. A irmã de Dario e sua família moram em outra casa na mesma propriedade. Eles são quase autossuficientes para todo o alimento que consomem. A família cuida de uma grande horta, cria galinhas, coelhos, cordeiros e gansos. Os homens caçam, mantendo à disposição um estoque de carne de javali.

Tudo o que produzem, e muito mais, vai para o banquete da primeira comunhão. Quando chegamos ao meio-dia, a festa já está a pleno vapor. Giusi me leva para conhecer a casa. Há quase dois anos, vem aguentando uma ampla reforma. Ela conseguiu manter a atmosfera aconchegante de uma antiga sede de fazenda, mas instalou lindos banheiros, escadas de pedra e uma cozinha de último tipo, que naturalmente inclui um fogão a lenha. Todas as maçanetas e superfícies brilham. Toda janela cintila. Do lado de fora, o *prosecco* já está rolando, e mulheres passam bandejas de *crostini*, *antipasti* toscanos de rodelas de pão com coberturas variadas: cogumelos *porcini*, queijos picantes e fígado de galinha picado com temperos. À sombra de uma tenda branca, foi armada uma mesa em U, sob a decoração de balões e serpentinas coloridas. Os dois meninos estão à cabeceira, ladeados pelos pais. Demos uma espiada no celeiro, onde muitas mãos estão ocupadas. Uma mesa comprida no seu centro está lotada de tortas de frutas, enormes tigelas de saladas verdes. Todas as mulheres estão usando vestidos floridos. O celeiro é um turbilhão de cor e movimento. Elas ainda estão picando e descascando, organizando a decoração final. Para cada prato, alhos-porós de primavera, cenouras e aspargos são habilmente amarrados em molhos com uma tira de cebolinha. Fico surpresa ao conhecer a mãe de Giusi. Jovem e ruiva, ela não se parece nem um pouco com as filhas. Preparou *cappelli del prete*, uma massa chamada de "chapéu de padre", para oitenta e tantas pessoas.

Como logo descobrimos, há duas massas. A todos é servido um bom prato de *tagliatelle* com um suculento molho de *cinghiale*, o javali. Muitos repetem, e eu limpo a borda do prato com pão para aproveitar a última gota do molho delicioso. Chegam então os chapéus de padre aos quatro queijos. E mais para quem quiser repetir. O eficiente exército de mulheres se abate sobre as mesas e recolhe a louça depois de cada prato. Alguém no celeiro está lavando pratos feito louca. A seguir, vem cordeiro com os amarrados de legumes, o próprio cordeiro deles assado no forno ao ar livre. Podem-se ouvir ao longe carneiros e vacas, que ainda não sabem que nem sempre permanecerão na exuberante pastagem ali embaixo, mas acabarão se apresentando nesses mesmos pratos floridos. Dois cãezinhos malhados são passados ao redor da mesa, para serem acarinhados e embalados. No passado, teriam sido bebês, mas, como o coeficiente de natalidade italiano é agora o mais baixo da Europa, há uma escassez de bebês. Uma garotinha coquete de quatro anos de idade, de vestido vermelho, está tirando o máximo de vantagem da sua posição. Está praticamente cercada de admiradores por todos os lados. Os brindes começam, mas os dois garotos, na companhia de diversos amigos, desapareceram da mesa. Um dos presentes que ganharam foi um computador com jogos, e eles correram para dentro de casa para metralhar o inimigo. Novos jarros de vinho substituem os vazios de imediato. Para mim, chega. Foi um banquete estupendo. Mas Ed continua. Um pouco mais de cordeiro? Vejo que ele ergue os olhos e sorri. "*Sì.*" E *patate*? Novamente, "*Sì.*"

De repente, surgem três homens, carregando algo pesado. As pessoas avançam dando gritos e tirando fotografias. Grande demais para seus fornos, uma coxa gigantesca de uma vaca Val di Chiana foi assada no forno de um hotel da cidade e acaba de chegar numa bandeja na qual caberia um ser humano. Logo estão circulando bandejas de carne com mais batatas crocantes. Eu me rendo e aceito um pouco. Ai, não, é bom demais. Não posso comer mais, talvez um pouquinho. Ed está se banqueteando como um lorde. Duas italianas lhe perguntaram se ele trabalha no cinema, e ele está especialmente expansivo. Vem a salada. Depois torta de frutas, *tiramisù* e o ressurgimento dos dois meninos, que galopam como pôneis. Tímidos, eles cortam um bolo de três andares e oferecem os primeiros pedaços aos pais. O bolo tem camadas espessas de recheio de limão. Lá vêm a *grappa* e o *vin santo*. Estou pasma. Ed bebe um pouco dos dois. E se descobre de braços dados com vários homens, cantando uma música que nunca ouviu. Um acordeão começa a tocar, e tem início a dança. Eu jamais comi tanto de uma só vez na minha vida. Ed também consumiu uma quantidade espantosa.

Às cinco, somos os primeiros a ir embora. Nossos amigos Susan e Cole, que se casaram na nossa casa durante a reforma, estão chegando para o jantar. Mais tarde descobrimos que a maioria dos convidados ficou até as onze, com a carne reaparecendo mais algumas vezes.

Nossos amigos chegaram cedo e estão sentados no terraço. Por mais felizes que estejamos de vê-los, mal conseguimos andar ou falar. Ed descreve a refeição.

– Só espero ainda estar por aqui quando esses meninos se casarem – conclui. – Imagine como vai ser a festa.

Desmaiamos por duas horas e ressurgimos na hora mais agradável do dia para levá-los num passeio pela nossa horta, onde colhemos alfaces, abobrinhas, cebolas e ervas aromáticas para uma simples salada e *frittata*. Para eles. Nós não queremos nem comer nem beber por três dias. Ficamos bebericando água morna enquanto eles degustam um maravilhoso Brunello.

Pela manhã, acordamos com o ruído desagradável de um caminhão subindo pela entrada de carros. Anselmo orienta a manobra à medida que o caminhão vai entrando de ré pela nossa alameda. Descemos a tempo de ver dois homens descarregando o *torchio*, a enorme prensa de vinho que Anselmo nos mostrou no seu galpão.

– *Un omaggio* – diz ele, lacônico. O presente é deixado no meio do pátio da frente. Nós agradecemos profusamente, perguntando-nos onde esse equipamento gigantesco vai ser abrigado. Anselmo envereda por instruções sobre o mecanismo e depois passa para os detalhes do *vin santo*. Parece não ter a menor importância o fato de que nunca estamos aqui no outono e de que ainda não temos muitas parreiras. Quando viemos ver a casa pela primeira vez, havia muitos fios de arame pendurados no alto de um cômodo, e Anselmo na época observou que eram para secar as uvas para o *vin santo*, Susan e Cole, ambos amantes da atividade agrícola, vêm juntar-se a nós para garantir que adorariam vir ajudar a colher uvas. Anselmo encontrou esta casa para nós. Ajudou-nos o tempo todo com a reforma. Agora que se aposentou, transformou dois dos nossos terraços num paraíso de legumes. Ele nos levou a passear no seu carro, apresentando-nos à gente do campo com seus próprios costumes. Viu Ed ter aulas sobre as parreiras com Beppe e Francesco. Sinto um leve arrepio ao aceitar esse presente. Agora ele está nos legando o *torchio*, como se estivesse passando a chama adiante.

A escuridão nunca fica realmente negra. As estrelas gastam sua maior potência em quilowatts. Também a lua, opaca em janelas velhas, subindo hesitante da vidraça inferior para a do meio e então para a de cima, é um prazer para os olhos do insone. O único rouxinol, que deve morar no azevinho acima da casa, rasga o silêncio com notas insistentes. O amanhecer é o momento mais melodioso da terra. Nos últimos instantes de escuridão, começa o coral das aves. Um de nós desperta o outro. *Ouça, estão começando a cantar agora.* São tantos, uma nuvem que se ergue em trinados, um enaltecimento, uma anunciação. E então o céu – nada da aurora com seus dedos cor-de-rosa, mas uma invasão de rosa do meio do anil, a luz discretíssima nos montes e o impetuoso canto dos pássaros ainda crescendo acima do mundo absoluto em si mesmo. Toupeiras, ratos, porcos-espinhos, cobras, raposas, javalis, todas as criaturas que se entocam para a noite voltam ao dia ao som desta música, como nós. O profundo frescor da terra retorna àqueles que cantam, à fusão de cores. À medida que o sol ilumina mais, as cores se acentuam e se distinguem umas das outras. Mas onde estará o cuco a essa hora?

Nossos amigos acordam com o chamado da ave que canta "Tuíte, tuíte". Ed todos os dias presta atenção para ouvir o pássaro que ele diz cantar: "When you're a Jet, you're a Jet all the way, from your first cigarette...", de *Amor sublime amor*. Nós os levamos numa caminhada para apreciar flores do campo. A cada primavera, fotografei cada flor que encontrava. As mais espantosas foram as orquídeas silvestres brancas e roxas. Meu álbum com a capa de flores do campo medievais, comprado em Asolo, agora engordou com papoulas em muralhas de pedra, flor de cuco, tremoços roxos, santolinas, cravos silvestres, lírios, rosas-de-cão, espigas de flores azuis ainda não identificadas. As numerosas flores amarelas são as mais difíceis de identificar com o livro de flores do campo à mão. É incrível a quantidade das que parecem semelhantes.

Susan e eu cortamos as folhas de roseira com manchas pretas e algumas com a temida ferrugem. Essas vão para um saco a fim de serem destruídas. Ela me mostra como tirar mudas das minhas rosas cor-de-rosa preferidas que sobreviveram a trinta anos de abandono na frente da casa e que ainda florescem com um perfume nítido, de violeta, mais forte no início da manhã. Passamos horas no jardim e nos terraços apanhando flores do campo; depois, descemos até o *orto* para encher uma cesta com alfaces para o almoço.

Lá na Califórnia, vivemos tão ocupadas que nos telefonamos às oito da manhã duas ou três vezes por semana, conversas taquigráficas com informações vitais sobre nossas filhas, que estão ambas fazendo pós-graduação, sobre os negócios na sua livraria e sobre o que estamos conseguindo ler.

Tiramos certos dias para passear a pé, ir a um museu, preparar o jantar e sentar sob a luz suave dos pirilampos e da Via Láctea, reacendendo nossa amizade. Perguntamos uma à outra por que não temos mais tempo em casa, mas nunca sabemos a resposta.

Como o canto dos pássaros, como as nuvens de borboletas e os enxames de abelhas, a profusão de flores espontâneas me encanta porque elas são puras dádivas da terra. Exatamente quando estou discorrendo sobre os prazeres da vida rural para Susan e Cole, uma amiga inglesa liga para dizer que, ao chegar, encontraram dois filhotes de javali afogados no poço; e que puxaram as carcaças inchadas e em decomposição com uma enxada.

Durante o jantar, Cole especula sobre os motivos pelos quais nos identificamos tanto com este lugar.

– Não será porque ele representa um retorno a uma época mais simples? Por conseguirem eliminar da sua mente os malefícios da vida urbana por alguns meses a cada ano?

Despreocupados e aproveitando a noite, com lanternas ao longo da muralha, lasanha e o Vino Nobile que eles trouxeram, nós concordamos. Na hora da sobremesa, já volto atrás.

– Não é bem isso. Aqui também é o final do século horrível. – Penso de relance nas prostitutas ao longo do roteiro de Piero della Francesca. Na louca poluição dos caminhões na *autostrada*. Nas greves frustrantes, que são tão frequentes que o jornal reserva um espaço para informar quando certos serviços públicos não estarão disponíveis. – As pessoas não vivem numa época mais simples. Elas só conseguem lidar com o século de modo melhor do que nós nos Estados Unidos. O dia a dia na Toscana é agradável.

– As interações diárias entre as pessoas são drasticamente diferentes. São pessoais e diretas – comenta Ed. – Nós ficamos muito voltados para o longo prazo; e o longo prazo não passa de suposição.

– Aqui há poucos crimes violentos, as pessoas têm modos, a comida é muito melhor e todos nós sabemos que os italianos se divertem mais. – Percebo que disse "modos", falando como minha mãe. – Adoro a cortesia dos encontros nas ruas, das compras nas lojas. Até mesmo o carteiro parece feliz ao me entregar uma carta. Quando saem de um restaurante, as pessoas dão boa-noite aos desconhecidos que ali se encontram.

Nós lhes falamos das nossas recentes viagens pelo interior e das vidas que entrevimos. Nossos amigos de outros países que residem aqui comentam como Cortona mudou. Mas essas mudanças foram rápidas – e necessárias – depois da guerra. Agora, estão mais lentas. A vida da cidade permanece intacta. Foram tomadas as medidas necessárias para proteger o meio rural. A vida cultural dessa cidadezinha minúscula é de envergonhar a maioria das cidades americanas de bom tamanho. Penso na geração mais jovem – Giusi, Donatella, Vittorio, Edo, Chiara, Marco, Antonio, Amalia, Flavia, Niccolò – que está passando adiante todas as boas tradições. Quando nossa queridíssima Rita se aposentou da sua *frutta e verdura* no ano passado, um rapaz assumiu o negócio. Ao contrário de muitas cidades do meio rural, esta não perdeu seus jovens para as metrópoles. Já falei bastante e não digo mais nada.

Um grupo da cidade passa a pé cantando em coro. Andam e cantam. Na minha vida normal, não consigo me imaginar fazendo o mesmo que eles numa noite de quarta-feira. Ouvimos com atenção a música desconhecida.

– É isso aí: a vida na Itália ainda é doce.

– E o que também está doce é esse *parfait* de pêssego – diz Ed. – Está de doer os dentes.

Os últimos dias acrescentaram centenas de imagens aos meus arquivos mentais. Encontrar as raízes profundas de lugares retirados no campo contrabalança a vida intelectual com uma realidade poderosa. Já retorno em pensamento, cheia de alegria, à casa de Achille nas montanhas. Neste exato momento, ele pode estar ensaboando as costas da mulher no ar fresco da noite. Será que nós poderíamos ter uma banheira ao ar livre? E o longo banquete de Giusi, encerrado em um dia, permanecerá no tempo graças à sua enorme generosidade festiva. É provável que Ed sonhe com a chegada do quarto de carne à tenda, somando a ela os sons de clarins. A *signora* que ainda dorme ao lado do retrato do marido de olhos brilhantes viveu o século inteiro e ainda agarra minha mão, puxando o novo para o seu mundo. Anselmo fez seu último lote de vinho no galpão mas está de olho nas nossas uvas. Um dia também faremos o vinho. Seu cunhado, em total intimidade com os romanos e com Aníbal, tem uma noção de tempo que o deixa irritadíssimo: quer que suas pereiras e oliveiras estejam vivas *agora.*

As raízes do paraíso

Ed se encaminha para os terraços de cima bem cedo. Quer arrancar um tronco de hera que está ameaçando uma muralha. Se não o arrancar, os tentáculos irão se retorcer por entre as pedras, e, dentro de dois dias ou vinte anos, a muralha inteira desmoronará como cascata por cima das nossas roseiras. Ele para para observar as quinze pombas brancas do nosso vizinho Plácido, em pleno voo acima do vale. Soltas duas vezes por dia para alguns minutos de liberdade, elas dão voltas e mais voltas numa formação livre e então, todas de uma vez, voltam para a gaiola. Um movimento à sua esquerda o assusta. Detrás do azevinho surge uma mulher, com um saco de pano e uma bengala. A saqueadora!

Ela não se abala nem um pouco por ser apanhada em flagrante.

– *Buon giorno, signore, una bella giornata.* – Belo dia. Ela indica o vale com a bengala.

Sempre bem-educado, mesmo com alguém que provavelmente se apropriou dos nossos narcisos, Ed se apresenta.

– O senhor é o professor suíço – diz ela.

– Suíço, não; *americano*.

– Ah, sì? Pensei que fosse suíço – diz ela, em permanente dúvida. Embora a manhã esteja amena, está usando duas ou três camadas de pulôveres, uma echarpe amarrada no pescoço e botas de borracha. Abre um sorriso, mostrando o ouro. – Letizia Gazzini – apresenta-se, em voz alta. – Morei aqui, mas isso foi há muitos anos. Volto sempre. – Ela abre a bolsa. Colheu diversos tipos de verdura e tem um saco plástico separado para os caracóis. Mostra umas ervas finas e compridas. – Vocês têm alhos-porós do mato, é claro. – Ela remexe mais fundo na bolsa e tira mais. – *Prenda, prenda* – "fique com eles", oferece.

Ed está totalmente desconcertado. Gosta do seu rosto enrugado e queimado de sol, assim como dos olhos negros brilhantes. Aceita os alhos-porós.

– A senhora era dona da casa? – Ed está confuso. O que nos contaram foi que velhas irmãs de Perúgia não queriam se desfazer da casa, deixando-a abandonada por trinta anos.

– Não, não, *signore*, meu marido era o colono. Nós morávamos só numa parte da casa. Aquela parte. – Ela mostra com a bengala. Ed conhece muito bem aquela parte que era isolada quando compramos a casa e para a qual foi preciso abrir um acesso em cada um dos três andares. – Muitos anos de trabalho duro. Agora meu marido morreu, e eu sobrei. – Ela faz uma pausa. – *Insomma* – conclui, uma expressão intraduzível, com o significado mais próximo de "o que mais se pode acrescentar?".

Ed lhe diz que gostaríamos de aprender mais sobre o que a terra dá. Talvez ela pudesse nos mostrar a *mescolanza*, as verduras comestíveis. Ela faria isso?

– Ah, *sì, sì, certo*. – Sim, sem dúvida. Ela acena mais uma vez com a bengala e desaparece por trás das *ginestre*.

Puxo com a mão molhos tenros de ervas daninhas do canteiro de rosas; e as terríveis, espinhentas, arranco com o sacho. O carrinho de mão se enche inúmeras vezes, e a pilha lá longe no terreno vai ficando maior do que um monte de feno. Quando cortamos o mato dos terraços, surgem outros montes de feno. Depois da próxima chuva, Ed e Beppe vão queimá-los. As ervas secas provocam o risco de incêndio. Por isso, depois de cada chuva no início do verão, acendem-se fogueiras por todo o vale, conspurcando o ar recém-lavado. As fogueiras sempre me apavoram, muito embora os homens fiquem vigilantes com baldes de água para a eventualidade de o vento fazer o fogo saltar para o capim seco. Nesta primavera, um lavrador experiente morreu queimado quando as chamas de repente foram sopradas de volta, incendiando a roupa que ele estava usando.

Com meu garfo de horticultor, afofo o solo. Os canteiros estão prontos. Hora de plantar. Enchemos o carro com flores nos hortos ontem e anteontem. Cada vez que saímos, recebemos um presente. A *signora* vem correndo, *"Un omaggio e grazie"*. Ela me entrega uma campânula, uma rosa trepadeira ou um brinco-de-princesa. Duas vezes nos deram um tapete cor de vinho, planta que não me agrada. Ela dá a impressão de algo que sobreviveria a uma explosão nuclear. Naturalmente, estão viçosas no seu cantinho distante. Às vezes nos pedem que escolhamos o que queremos. Depois de vasculhar tudo, comprando dezenas de plantas, torna-se difícil escolher um presente. Um desses vasinhos de dois anos atrás virou um arbusto coberto de flores amarelas que duram dois meses.

Muitas lojas dão brindes – uma camiseta para celebrar o aniversário do estabelecimento, lindos calendários no ano-novo e, uma vez, uma caixa com quinze tipos diferentes de massa, quando gastamos mais de 200 mil *lire*, cerca de 120 dólares, numa loja de saldos.

Não sei bem por que gosto ainda mais das plantas presenteadas do que das que comprei. Um gerânio perfumado que ganhamos no ano passado já triplicou de tamanho; uma alfazema anã parece ter uma fragrância especialmente forte. Talvez por serem presentes cuido delas com mais cuidado, ou talvez algo que é dado já seja vigoroso por natureza. Estou até começando a gostar dos tapetes. Depois de trabalhar ao ar livre o dia inteiro, resta a última tarefa. Escorvamos a bomba manual e seguimos exaustos para regar a alfazema e os ciprestes novos com a água gelada. Uma vez firmes, não será mais necessário molhá-los. O caminho até a vista do lago, que antes era um matagal e depois uma trilha, agora é uma alameda. No ano que vem, mais parreiras no lado direito (agora é tarde demais para plantar parreiras) e uma fileira de alfazemas do esquerdo.

Ed colocou berinjela *parmigiana* no forno. Enquanto eu tomava banho e acabava de ler os poemas de Horácio na banheira, ele colheu alface e pôs a mesa lá fora. Existe algo mais esplêndido do que um marido que cozinhe? Levo para a mesa meu novo caderno amarelo, onde comecei uma lista de ideias para o jardim. Antes que nos lancemos nesse tópico digno de uma noite inteira, leio para ele algo espantoso que encontrei em Horácio:

> ... Na primavera a terra intumescida anseia por sementes
> [de nova vida.
> Linda, a terra nas dores do parto, sob um nervoso vento oeste.
> Soltam-se os campos, uma leve umidade está por toda parte.
> Confiante cresce a relva, pois o sol jovem não lhe fará mal.
> Os rebentos da vinha não temem a tempestade que se ergue
> [do sul
> Nem a chuva de gelo que vem dos céus soprada pelo vento
> [norte...
> Não, corajosos, eles brotam agora e revelam suas folhas.
> Assim foi desde que o mundo é mundo,
> Cá está o brilhante alvorecer e o ritmo dos dias.

Adoro os dois últimos versos. Horácio poderia sentar à nossa mesa, manteríamos seu copo cheio do vinho da região, enquanto nos relataria como as mudanças foram poucas e nos avisaria que precisamos ralear os frutos nas pereiras.

Avaliamos o estado atual do terreno. Logo de início, descobrimos a boa estrutura. Depois de recuperar o que já estava aqui, embora sufocado pelas trepadeiras e pelo mato, estamos iniciando nossa fase mais ambiciosa de jardinagem, respeitamos a estrutura original no lugar. Nos jardins formais do Renascimento e de épocas mais recentes, um eixo central costumava associar abertamente a arquitetura da casa à do jardim. As aleias eram como saguões, permitindo vislumbres do interior do jardim a partir dos caminhos. As dimensões perpendiculares do nosso jardim da frente são semelhantes ao tamanho da casa, com os terraços acima e abaixo aproximadamente com a metade da largura do jardim da frente. Um vestígio de formalismo permanece na longa sebe de buxo com cinco árvores redondas de toparia saindo da sebe a intervalos.

Está na hora de pensar no jardim a longo prazo, de descobrir uma abordagem própria na filosofia da jardinagem. Visualizo a impressão que dará a quem olhar das janelas do terceiro andar, o que floresce nesses primeiros anos e, sobretudo, o que me dá prazer, em vez de simplesmente o que brota bem aqui. Ed está interessado no que atraia abelhas e borboletas. Como a alfazema atua como um ímã, especialmente para as borboletas brancas, já vimos como promovem a movimentação no jardim. Movimento e música – o zumbido das abelhas proporciona uma sonolenta melodia de fundo para os chilreios, arpejos e gritos das aves. Gosto de ter, dentro de casa, flores cortadas todos os dias. Nós dois adoramos as correntes de perfume que flutuam de um lado a outro do jardim e chegam até a casa no início da manhã. As cores de pêssego maduro da casa rimam com flores amarelas, rosa forte e laranja.

Como o terreno foi dividido em muitos terraços, nosso jardim tem partes distintas:

Ao lado da casa, o retângulo sombreado que chamamos de Caramanchão das Tílias se estende por quase vinte metros e depois se transforma em terraços para fruteiras e oliveiras. Demos a cada parte um nome, para não termos o trabalho de dizer, "sabe, depois dos arbustos de lilases no caminho que dá para uma vista do lago", ou "no lado leste da casa, à sombra dos *tigli*"... Demos até mesmo um nome para cada oliveira. Todos os nossos parentes e amigos, escritores e lugares preferidos estão imortalizados em árvores. Ainda não verificamos para saber quais pereceram no congelamento.

Por causa da vista para o vale e para os Apeninos, o caramanchão das tílias é nossa sala de refeições a céu aberto ao meio-dia. O pátio da frente, onde ficamos do café da manhã até a última contagem de pirilampos, leva a uma escada de pedra que desce para um longo jardim. Nesse terraço mais largo de todos, o caminho das rosas, agora plantamos cinquenta roseiras dos dois lados do gramado. Fico confusa com o gramado exuberante e espontâneo, que cresce com uma variedade de gramas nativas e robustas. Como é que se tem gramado sem que ele tenha sido plantado? A parte superior da imensa muralha polonesa, que construímos no segundo ano, delimita um lado desse jardim. Uma muralha original de pedra e a sebe com suas topiarias em forma de bola que

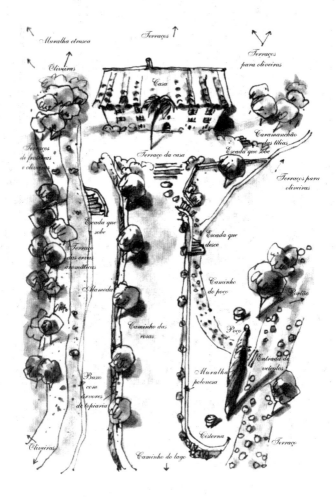

herdamos definem o outro lado. Arcos de ferro demarcam as duas extremidades, um coberto com jasmim, e o outro pronto para receber duas Mermaids [Sereias], um tipo de rosa trepadeira com a flor amarela achatada.

Portanto, uma ligeira geometria já existe. Enquanto estávamos limpando o matagal que se juntou nos anos de abandono, seguimos a pista do buxo e restabelecemos um retângulo bem definido, perpendicular à casa. Ali, durante a época de construção da muralha, desenterramos um trecho de uma estrada antiga, com pedras muito unidas, colocadas de lado. Tiramos uma camada, mas o nível seguinte ainda está por baixo da grama. Já li em alguma parte que os leitos das estradas romanas às vezes chegavam a ter mais de 3,50m de profundidade.

À esquerda, escadas de pedra em curva descem até o caminho do poço, uma faixa do jardim da frente, onde ficam o poço e a cisterna, e onde, anteriormente, tínhamos a sebe, já bem estabelecida, de alfazema, alecrim e sálvia. Não sabíamos que devíamos fazer uma poda severa a cada inverno. Num vinhedo na Califórnia, com uma grande extensão de alfazema, vimos o jardineiro podando de um jeito inacreditável, quase decepando as plantas junto à raiz. Como nunca podamos, o congelamento matou todas à exceção de duas.

À direita do caminho das rosas fica a Alameda, com a sebe de buxo de um lado e uma alta muralha de pedra do outro. A relva parece ser feita principalmente de camomila e hortelã silvestre, cujo perfume de orégano misturado com menta, tenho certeza, atrai a cobra branca e preta que instalou residência sob uma pedra abaixo da torneira. O velho poço e a nascente que descobrimos durante nosso segundo verão ficam na alameda. Ela termina em uma moita de lilases e então, juntando-se ao jardim principal e à filtrada de veículos, passa a ser o que chamamos de caminho do lago. Dali até o final da propriedade, plantamos os ciprestes e alfazema. Queremos recuperar uma trilha coberta de mato – medieval, romana? – que acaba levando até a cidade depois de se unir à estrada romana. As vistas panorâmicas são descortinadas dessa extremidade do terreno. A maior parte da terra está entregue livremente a oliveiras, fruteiras, amendoeiras e videiras, com alguns trechos abandonados à giesta e às pedras. Dois terraços são para ervas e legumes, o primeiro acima do jardim para *le erbe aromatiche e* para alfaces; o segundo para o reino de Anselmo, seu *megaorto*, sua imponente fantasia.

Tenho projetos para todas essas áreas. Preparar um esboço nos convence de que sabemos o que estamos fazendo.
– Pense em plantas perenes – recomenda Ed. – Não podemos reinventar a roda a cada ano. Plantamos um carro inteiro, e nada acontece. Precisamos de plantas que se cuidem sozinhas quando crescerem. Está lembrada daquele verão em que passei horas carregando baldes para aquelas trinta oliveiras? – Havíamos plantado oliveiras em vários terraços distantes, sem saber que não cairia uma gota d'água naquele ano, de maio a agosto. Em dois hectares, a quantidade e o tamanho são questões totalmente diferentes. Demoramos para ajustar nossa noção de extensão. Finalmente, estamos aprendendo. Nosso sentido de escala precisa ser elevado ao cubo. – Pense em arbustos. – Ele começa uma lista: hibiscos, glicínias, azevinho, espirradeira.

– Não gosto de espirradeira. Ela me lembra autoestradas.
– Corta-se a espirradeira, então.
– E mais rosas? Poderíamos formar um arco contínuo ao longo de toda a parte superior da muralha polonesa.

Quando entramos, chega um *e-mail* da minha amiga Judy, grande conhecedora de rosas. "Alerta contra a *Mermaid*. Cuidado com a *Mermaid*. Costuma ficar com mais de dez metros de altura, e tem uns espinhos curvos horrendos."

Tarde demais. Duas *Mermaids* inocentes já estão prontas para o plantio amanhã.

Fico pensando em Humphrey Repton nesta noite. Ele é meu antepassado pelo lado paterno. Minha bisavó se chamava Elizabeth Repton Mayes, e sua memória está preservada apenas no meu segundo nome e num retrato dela segurando nos braços meu avô recém-nascido. Ele deve ter sido o bebê mais feio que nasceu na Inglaterra no fim do século XIX. Está olhando feroz para a câmera, já cheio de determinação. Está agitando os pequenos punhos fechados, enquanto ela o contempla, amorosa. Quando ele era ainda menino, ela faleceu. O pai foi para os Estados Unidos e mais tarde mandou buscar o filho, que cruzou o Atlântico aos nove anos de idade, levando uma mala e um saco de maçãs. Ele ficou olhando da amurada enquanto sua tia Lily recuava na costa inglesa e finalmente desaparecia. Essa história nunca me comoveu – impossível que Vovô Jack, frio e autoritário, tivesse algum dia sido uma criança vulnerável, a viajar sozinha para um país estrangeiro. Em vez disso, eu o imaginava correndo pelo convés, aterrorizando os outros passageiros.

Recuando mais no passado, ainda na linhagem de Elizabeth encontrava-se Humphrey Repton (1752-1818), um projetista de jardins que popularizou o que conhecemos como o jardim inglês. Como meu avô foi um tirano, gosto da ideia de seus antepassados remotos terem amado as flores e as árvores. O pai de Humphrey era coletor de impostos; talvez ele também tenha tido alguém contra quem se rebelar.

Instintivamente, minhas preferências se voltam para canteiros transbordantes, exuberantes, desgrenhados, com todas as plantas a ponto de se precipitar no gramado. Gosto de delfínios azuis e dedaleiras altas o bastante para se curvarem e dançarem à mais leve brisa. Deveria haver lírios amarelos em profusão retribuindo o olhar do sol; bem como arbustos de gardênias para as noites, flores de um branco puríssimo antecipando a chegada da lua. Esporinha, heuchera, dama-entre-verdes, bordaduras de morangos e tantas rosas cor-de-rosa quanto possível.

Humphrey escreveu cinco livros, além de 57 Livros Vermelhos, seus projetos para jardins com páginas transparentes mostrando o "depois" por cima do "antes". Até mesmo o título da sua primeira obra, *Sketches and Hints on Landscape Gardening* [Esboços e dicas sobre paisagismo], diz muito a seu respeito. Informal, discreto, convidativo. Observações, esboços e dicas, afinal de contas, proporcionam bastante liberdade – uma atitude diferente da abordagem do meu avô: ele, que frequentou a *dura escola da vida*, costumava chamar todos os meus namorados de "frangotes" e considerava meu estilo de escrever *com a cabeça nas nuvens*, algo semelhante a um ato criminoso. O estilo do jardim inglês de Humphrey aos poucos influenciou o projeto de jardim italiano, que era de concepção mais rígida. Em Bramasole, estou procurando harmonizar os dois, com o acréscimo de algumas das nossas preferências pessoais.

Com pouco mais de 4 mil dos nossos 20.000m^2 dedicados à frivolidade das flores, sei que Humphrey não devotaria um Livro Vermelho ao meu jardim. Mas vou levá-lo comigo enquanto traço os planos.

Durante o inverno em San Francisco, comecei a ler sobre a evolução do jardim italiano. Eu sabia que na antiguidade Plínio escreveu sobre criaturas fantásticas esculpidas em buxo e nomes escritos com trepadeiras e flores. Considera-se que seu jardim perdido ficasse perto de Città di Castello, a apenas alguns quilômetros de Bramasole. Durante ceias no jardim de Plínio, pratos leves eram servidos flutuando em aves artificiais e em barcos em miniatura suspensos na superfície de um laguinho de pedras. Quando o convidado se sentava, subia um jato d'água. Seu conceito de jardins era delicadamente mesclado com sua versão da felicidade, uma filosofia de *otium*, a vida passada em liberdade intelectual e elegante.

Encostada em travesseiros na cama, enquanto o vento fazia girar as árvores e areava as janelas com a chuva e o nevoeiro salgado, li *Gardens of the Italian Villas* [Jardins das casas de campo italianas], de autoria de Marella Agnelli, e *The Italian Renaissance Garden* [O jardim do Renascimento italiano], de Claudia Lazzaro, procurando imaginar a decisão de construir um jardim com caminhos que pudessem ser inundados para que os convidados pudessem deslizar por eles em barquinhos. Alguns jardins tinham projetos aquáticos que podiam simular chuva ou o uivo do vento. Fiquei impressionada com o conceito do jardim não só como cenário para a casa e como local de prazer, mas também como local de surpresas e divertimento – fontes que inesperadamente jogavam um borrifo d'água na pessoa que estivesse passando, e *il giardino segreto*, o jardim secreto dentro de um jardim. Quem não adoraria a ideia de um jardim secreto? Num dos terraços superiores, plantei um círculo duplo de girassóis altos que formam uma pequena sala redonda. Estão quase com meio metro de altura. Em julho, as grandes folhas e flores irão quase esconder o círculo interno. Espero que alguém traga os filhos para uma visita. Quando criança, teria adorado aquele espaço. *Scherzi d'acqua* ou *giochi d'acqua*, brincadeiras com água, mais do que qualquer outro aspecto do jardim histórico, revelam um enorme abismo cultural entre nós e eles. Essas brincadeiras eram marca registrada do jardim italiano. Ao fazer uma curva e pisar numa pedra determinada, a pessoa acionava um chuveiro, que de repente a encharcava. Pesquisem na literatura; as brincadeiras com água eram esperadas e apreciadas. Mulher nenhuma ia para casa emburrada com as manchas na sua seda azul. Eu não conheço ninguém com mais de dez anos que gostasse de sair encharcado de um passeio pelo meu jardim. Mas estou convencida da necessidade da água. Tem de haver água no jardim, um elemento de óbvia alegria, exatamente como as flores. A água é música e um lugar para as aves se lavarem; a água é movimento e um local fresco para os sapos.

Não é nenhuma surpresa ver estátuas nos antigos jardins italianos. Elas serviam a objetivos ideológicos, refletindo uma postura filosófica ou algum interesse do proprietário, tais como o teatro ou a música. Agora percebo, porém, que com frequência elas se destinavam à pura diversão, como no laguinho com a gruta artificial nos jardins Boboli em Florença, onde três crianças de mármore nadam e dão caldos umas nas outras. Quando pequena, eu adorava o globo espelhado num pedestal no pátio dos meus avós. Quando eu olhava nele, o carvalho lá em cima ficava torto; e meu rosto, loucamente deformado. Eram tão brilhantes os raios do sol refletidos por ele em prata que eu imaginava que provocassem um incêndio. Dos vários jardins americanos em que consigo pensar, poucos são brincalhões. Conheci uma mulher em

Dayton que tem bolas de boliche espalhadas pelas encostas do seu longo jardim. Como ele está plantado com arbustos convencionais, as bolas sem dúvida surpreendem.

– Como você começou a colecionar bolas de boliche no quintal? – perguntei-lhe.

– Eu tinha uma. Ficou tão bonita com a neve... – Ela fez uma pausa, esforçando-se por encontrar uma razão a formular. Percebi meu erro em querer levá-la a explicar um capricho com algum motivo racional. – Qualquer um pode plantar flores – continuou ela. Pausa longa e maliciosa. – É preciso um jardineiro de verdade para ter bolas.

O tradicional impulso por ornamentos para jardins persiste na Toscana. *Potes* de azeite de oliva, com vasos de gerânio na boca, decoram os jardins do campo. Uma cerca de ferro em torno de uma casa em Camúcia é decorada com notas musicais. Em departamentos de utensílios para jardinagem, é fácil encontrar estátuas – Davi (tosco em terracota), Flora, Vênus, as quatro estações, várias ninfas, os Sete Anões. Em antiquários, vejo sublimes fontes em travertino com inscrições em latim e enfeites de jardim valiosos demais para serem deixados ao ar livre.

O capricho da eterna mania italiana da topiaria também parece vir de muito longe. Imagino Ed numa escada, podando nossas bolas de topiaria de modo a lhes dar o formato de navios, dragões, o Papa, um alce perfeito com galhada e tudo. Um *palazzo* dos Médici tem buxos nas formas de lobo, cachorro, carneiro, lebre, elefante, javali e outros animais. Uma casa em Camúcia tem esquilos em topiaria na entrada. A de um vizinho meu, finalmente concluí tratar-se de um pavão. Por que não uma Ferrari, um copo de vinho, um gesto obsceno ou uma trave de futebol?

Enquanto lia a respeito dos famosos jardins antigos da Itália, perambulava em pensamento pelos jardins dos meus vizinhos em Cortona, que imitam numa escala modesta muitas das tradições dos grandes jardins históricos – caminhos de seixos de rio; pouco ou nenhum gramado; vasos e mais vasos de flores e limoeiros dispostos por todo o jardim; viveiros para pássaros, sebes de buxo ou de louro; e caramanchões sombreados para refeições ao ar livre. Nunca vi roseiras florirem como na Toscana. Elas costumam ser plantadas ao longo de uma cerca ou – de modo estranho – sozinhas numa fileira. Canteiros de flores e amplos gramados praticamente não existem. Eles exigem o que os toscanos economizam por instinto: a água. Um pequeno jardim pode ter cinquenta vasos de tamanhos variados, bem como uma *limonaia* para os citros, gerânios e hortênsias. O parque de Cortona começa com uma área sombreada com bancos, cercada por canteiros de flores em torno de uma alegre fonte com ninfas enroscadas em criaturas do mar. A partir dessa área, o parque, chamado de Parterre, se estende por mais de quinhentos metros acompanhando uma muralha com vistas panorâmicas do lago Trasimeno e do vale. Uma tentativa de criar um jardim formal transparece no caminho margeado por tílias, que tem largura suficiente para a passagem de duas carruagens, embora seja usado agora apenas pelos que caminham e fazem *jogging*. Apesar de eu não ter visto nenhum parque de cidadezinha montanhosa tão bonito quanto o de Cortona, muitos lugarejos medievais dispõem de parques bem do lado de fora dos portões, um alívio para os cidadãos cansados do calor das pedras e das ruas apinhadas.

O conceito italiano de jardins de geometria rigorosa vai de encontro a todas as minhas preferências inatas. No fundo, a deles é uma estética de projeto totalmente diferente. Em termos históricos, as flores desempenham um papel secundário em comparação com as estátuas, o desenho das passarelas, as fontes, sebes, pérgulas e pavilhões.

O jardim italiano, escreveu Ippolito Pindemonte já em 1792, era "governado mais pelo sol e pelo mármore do que pela grama e pela sombra". Ao perambular pelos jardins daqui, senti sua austeridade, uma espécie de toque infeliz nos compartimentos perfeitamente simétricos e nos intermináveis terraços de buxo. Eles parecem contrários à natureza. No entanto, por uma lenta osmose, vim a apreciar o sentido de espaço arquitetônico e conceitual, o modo como é frequente que o jardim reproduza as proporções da casa, e que as estátuas, escadarias e balaustradas provoquem a impressão de aposentos ao ar livre. Afinal *estamos* no Mediterrâneo, onde as pessoas passam tanto tempo dentro quanto fora de casa. Nos grandes jardins, esses estritos arranjos da natureza cedem a vez a pomares ou bosques, os últimos escudos entre a casa e a natureza selvagem, uma bela ideia que atravessa os tempos e permeia os estilos arquitetônicos. Os primeiros escritores a abordarem o tema se referiam à jardinagem como a "terceira natureza": a primeira seria a selvagem; a segunda, o cultivo agrícola; e a terceira, a natureza conjugada com ideias de beleza e arte.

Muito embora os jardins italianos pareçam extremamente artificiais aos meus olhos treinados por relvados sulistas com cornisos, azaleias e camélias, bem como jardins informais e de baixo custo de manutenção da Califórnia, ao refletir sobre eles, descubro-lhes o sentido. Até recentemente, a Itália era totalmente fragmentada. O castelo, vila ou aldeia fortificada necessariamente encarnava essa atitude de "nós-contra-o-mundo". Era natural que os jardins fossem fechados, controlados ou projetados de modo a esquecer o perigo ou o caos logo ali, do lado de fora dos seus limites.

Não paro de me render ao sentido italiano da beleza. Como trazer para meu próprio jardim os elementos que aprendi a amar? Quero os arranjos livres e soltos de Humphrey, sua noção rústica de conforto e bem-estar. Será que posso manter esses aspectos lado a lado com a geometria e o toque brincalhão dos italianos, esses oxímoros que provocam tamanha surpresa?

Ler sobre jardins é instrutivo, porém frustrante. As fotografias não transmitem a profundidade, a perspectiva é por demais limitada. E o que é pior, não consigo sentir as camadas de fragrâncias à medida que meu olho segue pelos caminhos, não posso me abaixar para esfregar uma folha peluda, não posso ver como um salgueiro com folhas novas refrata a luz. As páginas coloridas me transportaram apenas de modo parcial até os grandiosos chafarizes de Villa d'Este. O prazer e a exuberância da água vertendo dos seios de mulheres, as bocas dos golfinhos, as cascatas simuladas e as escadas morro abaixo – foram imobilizados pelas fotografias, que silenciaram o jorro, os respingos, o murmurinho que só quem se abaixa bem perto consegue ouvir.

Duas horas no Roseto Botanico em Cavriglia valem todo um inverno a folhear livros. Junho é a época ideal para ver o jardim da Fondazione Carla Fineschi, o maior roseiral particular do mundo, e para sentir seus perfumes. Começo imediatamente a escrever os nomes das rosas que apreciamos, sem cuidar para o fato de que os hortos na nossa região não costumam vender rosas com nomes, e podemos nunca encontrar nenhuma delas. Cada espécie de rosa – Bourbon, Chinesa, Damasco, Chá, Trepadeiras etc. – tem seus canteiros, e cada pé é totalmente identificado. Ed e eu nos perdemos e nos encontramos. Entre as milhares de rosas, esperamos identificar as duas cor-de-rosa que fazem parte da história da nossa casa. Nós dois descobrimos a Reine des Violettes, indecente de tão perfumada, bastante semelhante, mas as nossas têm a forma mais acentuada de taça, como uma peônia. Talvez a *nonna* que morava em Bramasole nunca tenha sabido o nome, ou talvez uma rosa do campo assim tão antiga simplesmente não consiga entrar para os registros de linhagens. Vamos chamá-la simplesmente de Rosa da Nonna. Limitamo-nos a perambular, vendo os jardineiros podar as flores mortas, observando as pessoas tendo vertigens com os perfumes. Atrás do jardim, algumas roseiras estão à venda. Compramos três chamadas Sally Holmes, para que se espalhem ao longo da entrada de veículos, oferecendo cachos brancos de rosas abertas em meio à alfazema. Não me atraem as rosas brancas, mas por que não ter algumas para refletir o luar?

Em Firenze Com'era (Florença Como Era), um dos meus museus preferidos, por seu tranquilo ambiente de convento e pela ausência de outros visitantes, fico fascinada pela dúzia de quadros de vilas dos Médici, do pintor flamengo Justus Utens. Essas meias-luas (pintadas em 1599 para serem colocados em óculos numa vila dos Médici em Artimino) representam vistas aéreas das casas e jardins como originalmente, uma rara visão da disposição do jardim ideal naquela época. Villa Pratolino exibe uma sequência sofisticada de açudes que transbordam morro abaixo uns nos outros. No jardim de Lambrogiana, quatro quadrados principais, cercados por pérgulas, são subdivididos em mais quatro, com laguinhos quadrados à entrada de cada divisão principal. O pátio murado de todas essas mansões é estranhamente vazio – no máximo, um poço; mas fora isso nenhuma outra ornamentação. Se algum dia ganhar na loteria, gostaria de criar um jardim nessa escala. A leitura prazerosa das ruminações sobre os jardins de George Sitwell (papai de Osbert, Sacheverell e Edith, escritores maravilhosos e excêntricos), que envolviam a criação de colinas e lagos, além de outras manipulações ambiciosas da paisagem, me incutiu imenso respeito por paisagistas que pensam nessa escala.

O que resta em Florença do Giardino dei Semplici (jardim dos simples: plantas medicinais) dos Médicis ainda está aberto ao público. Desde que Cósimo I teve a ideia de criar esse jardim em 1545, botânicos vêm plantando fetos, palmeiras, ervas, flores e arbustos, além de estudar as propriedades de cura das plantas. É um lugar cheio de mato atrás de portões imponentes perto de San Marco. Nesta manhã, está vazio, a não ser por uma mulher empurrando um carrinho de bebê e um homem com uma mangueira fina e comprida, afogando as plantas. No ritmo que imprime ao trabalho, vai levar um mês para regar o jardim, o que pode explicar o aspecto desanimado de tantas plantas. Não aproveito nenhuma ideia do jardim das plantas medicinais, mas é uma caminhada à sombra, fora do calor de Florença, um olhar de volta ao tempo do despertar da jardinagem como tema de estudo e importância.

O jardim de ervas em San Pietro, em Perúgia, me fez imediatamente começar a anotar. O complexo de San Pietro agora divide sua área e seus pátios puros e desertos, bem como as austeras celas dos monges, com o departamento de agricultura de uma universidade. Guias turísticos da Úmbria não costumam mencionar este oásis de paz, que tem seu próprio guia (escrito em italiano) explicando o simbolismo das plantas e a numerologia intrincada do jardim de meditação da era medieval, agora renovado, que fica ao lado de um jardim de plantas medicinais de projeto muito claro. Descobri que uma erva pegajosa, *la parietaria*, que brota de todas as muralhas cheias de tendas na nossa casa, tem um passado. Em latim, ela se chama *elxine*, e possui o poder de expelir pedras do trato urinário, curar ferimentos e reduzir cólicas. Os moradores já me disseram que ela é também uma importante causa de alergias de primavera. Quando arrancar suas raízes tenazes, terei mais respeito por sua existência. Uma versão cor-de-rosa do que na Califórnia chamamos de azedinha amarela aqui se chama *acetosella*. A planta baixa e rasteira que Beppe chama de *morroncello* está identificada como *pimpinella* (*sanguisorba* em latim), boa para tudo, desde a peste até as úlceras. *Santoreggia* (segurelha), que eu considerava um inocente tempero para saladas e sopas de verão, revela ser um poderoso afrodisíaco se misturada a mel e pimenta. Mesmo a erva-cidreira espontânea aparece sob um novo ângulo: suas folhas produzem sonhos dourados. Como não sei ao certo se já vi uma luz dourada em sonho, gostaria de experimentar esse chá. Como é perfeito o azul da flor da borragem, um ponto luminoso num jardim de ervas.

A partir das minhas leituras, tive um *insight* desagradável – como era antes estreita e imatura minha abordagem da jardinagem! No meu novo caderno amarelo, estou elaborando uma lista de possibilidades recém-concebidas para meu jardim de dimensões mais realistas, começando com esboços de pérgulas. Qualquer um que os veja poderia pensar que se trata de andaimes ou túneis subterrâneos. Quase todo mundo que tem um jardim na Toscana tem uma pérgula e não só porque elas são práticas para as parreiras. Sejam elas de castanheiro, pedra, vime ou ferro, as pérgulas conduzem o olhar, proporcionam um foco de atenção e abrigam as pessoas do sol, fornecendo um ponto de definição e um fácil contraste. Almoçar à sombra de cachos de uvas inspira uma deliciosa sensação de hedonismo, enquanto a luz filtrada do sol sobre a mesa torna os rostos lindos e induz todos a se diverti ao máximo. Por que nunca fiz uma pérgula de vime trançado na Califórnia? Posso hoje aplicar uma à minha lembrança do pátio da casa em Palo Alto – ali, atrás da casa. Eu deveria ter arrancado aquela feia sebe de junípero para instalar um belo caramanchão.

Tenho um hábito que deve liberar descargas benéficas de elementos químicos do corpo, purificar o sangue e fortalecer o coração. Quando não consigo dormir, imagino que estou abraçando todos os animais que amei; repasso meus momentos mais felizes; caminho pelas ruas de Cuzco, San Miguel, Deya, recordando paisagens, janelas, rostos, sons. Penso em todas as pessoas que amo irrestritamente. A esse hábito posso agora acrescentar a reforma dos jardins de todas as casas em que morei, sem me importar com as condições financeiras da época. Estou mais acostumada à reforma dos interiores, um tópico importante entre as mulheres da minha família; qualquer uma das quais seria capaz de dizer algo como: "Eu nunca deveria ter usado papel de parede naquela sala de jantar, menos ainda com aquelas garças chinesas em voo prontas para pousar. Sempre tenho a impressão de que uma vai cair direto na minha sopa. Devia ter pintado as paredes a óleo num amarelo *vivo;* e posto um espelho acima daquele aparador, não aquelas luminárias chinfrins..." Eu me pergunto se elas, quando acometidas de insônia, recorrem a práticas semelhantes.

Quadrados formais são a organização tradicional do grande jardim italiano. Eu sabia disso, é claro, mas não sabia que o quadrado se chamava quincunce, por causa das quatro árvores plantadas nos cantos, com uma no centro. Desde o tempo de Cícero, muitos jardins são uma série de quincunces unidos por caminhos. O buxo era a bordadura mais comum, mas alguns quincunces eram cercados com sálvia, alecrim, alfazema ou murta. Dentro dos quincunces, os jardineiros plantavam lírios, roseiras e plantas de bulbos, tais como o jacinto, o narciso e o açafrão. Longas pérgulas marcavam os limites laterais dos jardins, proporcionando passeios à sombra.

Ao ler descrições detalhadas dos jardins de séculos atrás, vejo quantas das plantas preferidas naquela época ainda o são – o ciclâmen, o jasmim, a madressilva, a segurelha, a clematite, o anis. A outras não se dá mais preferência: o hissopo, a artemísia, a arruda, o tanaceto, a erva-cidreira, o cominho, o cerefólio, o melão-de-são-caetano, a briônia e a madressilva-das-boticas. Era comum o uso alternado de ervas e flores. O íris e o lírio cor de laranja (*giglio selvatico*), que crescem espontâneos em Bramasole, são mencionados com frequência, o que me faz querer saber há quanto tempo eles se espalharam na natureza.

Fico feliz ao ver que algumas plantas que escolhi estão nas listas de ervas e flores comuns nos jardins do Renascimento. No verão passado, plantei *issopo* como uma bordadura. Ele me presenteou com espigas de flores roxas de longa duração e uma ambição de se transformar em arbusto. Francesco o reconheceu como uma planta boa para esfregar em contusões. Outra que plantei foi a melissa, que depois descobri ser a mesma hortelã silvestre que eu chamava de erva-cidreira ou citronela. Tinha o mesmo cheiro do óleo que minha mãe esfregava em mim nas noites de muitos mosquitos, quando eu brincava até tarde nas ruelas e nos quintais dos vizinhos. Agora, corto ramos e os disponho embaixo da mesa quando jantamos ao ar livre à noite. Talvez ajude.

A segurelha, outra prima da hortelã, plantei por acaso. Na feira, comprei um vaso de *santoreggia*.

– Use as flores e as folhas – foi tudo o que me disse a vendedora.

– Usar no quê?

– Na cozinha, *signora* – respondeu ela, erguendo os braços. – Na *insalata*, *zuppa*, em tudo. – Por sorte, dei com uma menção a *santoreggia* como o equivalente em italiano a *satureja hortensis*, o nome em latim da segurelha, e me dei conta da associação.

O jasmim já subiu por um arco e ao longo da grade de ferro no terraço superior. A madressilva também foi plantada logo. O perfume me leva direto a uma estrada de terra da Geórgia ao luar, quando meu verdadeiro amor da escola colheu um ramo e o prendeu no meu cabelo. Quando nos beijamos, sua boca estava tensa e obstinada e, de repente, se abriu e ganhou vida. A madressilva não deslumbra ninguém com suas flores; mas eu posso me debruçar na janela do escritório, descortinar ciprestes e montes e respirar não só a fragrância adocicada, mas também a estrada de areia que ia perdendo o calor por trás de Bowen's Mill, o vento no pinheiro e o exagero da loção de barba Royale Lyme nas bochechas de um rapaz tímido há anos e milhares de quilômetros de distância. Eu não era tímida. Havia semanas que vinha esperando que ele me beijasse.

As fragrâncias do sul dos Estados Unidos são fortes. Sempre mantenho um vaso de gardênias à sombra, um vínculo com a planta gigantesca no quintal da minha mãe, um perfume pelo qual eu passava sorrateira quando chegava tarde em casa, as folhas de um verde quase negro e as gardênias tão brancas que pareciam ter uma auréola de luz ao redor. Eu colhia uma e a deixava boiando num copo d'água junto à minha cama. Quando acordava tarde no dia seguinte, o perfume já estava impregnado em cada canto do quarto abafado. O jardim da minha família na Geórgia não tinha nada de especial, era só agradável; embora lá, quando agosto chegava, quase todas as plantas parecessem extenuadas. Tínhamos camélias, lírios, azaleias, extremosa, esporinha, centáureas azuis, que chamávamos de flor-de-cuco, e uma sebe de flor-de-noiva no fundo do quintal. Dentro da sebe eu tinha um esconderijo e não respondia quando minha mãe chamava da porta dos fundos. Através de longas espirais de flores brancas, eu podia ver seu acesso de raiva. Eu gostava de espiar. Meu outro esconderijo, localizado estrategicamente perto da porta da frente, era embaixo da varanda, atrás das hortênsias azuis. Eu via a perna peluda do carteiro e suas meias pretas, as saias das amigas da minha mãe que vinham jogar *bridge*, e às vezes ouvia fragmentos de conversas proibidas sobre as "escapulidas" de Lyman Carter ou os tratamentos de choque de Martha em Asheville.

Aqui tenho vasos de hortênsias brancas e cor-de-rosa, com as flores do tamanho de uma cabeça de bebê. Entre dois deles, Ed construiu um banco de pedra, um ponto de observação quase escondido para apreciar nosso jardim, embora nem de longe seja tão empolgante quanto vigiar as entradas e saídas na casa da minha família. Também plantamos lilases brancos e arroxeados, que em italiano têm o lindo nome de *lillà*.

Começo a perceber que o jardim é um lugar onde posso dar à memória uma situação e uma estação nas quais ela permaneça viva. Ed também adora os lilases. Eles cresciam na sua cidadezinha natal em Minnesota e, depois do inverno implacável, deviam ser um colírio para os olhos. Sua vizinha Viola Lapinski, uma "solteirona" (agora ele se dá conta de que ela deveria ter seus trinta e poucos anos), costumava trazer buquês quando vinha aos sábados à noite para ver *Gunsmoke* com a família dele.

Vou ter de perguntar à minha filha, cuja primeira palavra foi "flava", flor, se ela traz na memória alguma lembrança gravada do nosso quintal dos fundos em Somers, estado de Nova York, com seus bordos, que no outono deixavam cair folhas amarelas formando um colchão de uns quarenta centímetros de altura, no qual ela e o cachorro se enfurnavam. Ao longo do muro com o vizinho, plantei meu primeiro jardim de ervas aromáticas e nunca mais tive um tão completo. Um dia, cavando ao meu lado, ela encontrou um vidrinho de remédio cor de ametista, que guardou por anos a fio. No quintal da frente da casa, uma sebe de peônias abria suas flores todos os anos. Ashley achava que alguém com batom em excesso tinha dado um beijo no alto de cada esfera cor-de-rosa. Do que ela se lembra? Seu quarto em Palo Alto tinha uma parede corrediça de vidro. Ela saía todos os dias para um ambiente com silindras, limoeiros, cítricos chineses, nespereiras. A herança desses aromas delicados deve estar flutuando nos canalículos do seu cérebro. Queria que ela tivesse tido um caramanchão com uma parreira para lembrar. Talvez este aqui sirva.

Os perfumes atuam como a música e a poesia, despertando sentimentos indizíveis que percorrem o corpo todo, não como pensamentos cognitivos mas como uma onda de maré linfática. Ed caminha junto aos lilases e ao mesmo tempo sua mãe arruma o vaso de flores de um lilás acinzentado na mesinha de centro, o pai oferece uma caixa com balas a Viola, cujo cabelo está enrolado em latas de suco de laranja em preparação para a missa de amanhã, Lawrence Welk começa a pular, e a sala é dominada pelos tons sombrios do Jesus emoldurado acima da televisão, fazendo uma pausa para olhar para todos, a partir do jardim de Getsêmani. *Seus olhos o acompanham por toda parte.*

Um jardim também impregna na memória o que é novo. Não tenho nenhum passado com alfazema, vasos com limoeiros, sacadas transbordando com gerânios cor de coral, malvas-rosas dobradas, roseiras copadas, dálias, mas agora entendo que, quando (e se) estiver com noventa anos, um sachê de alfazema vai me fazer voltar ao dia em que Beppe plantou quarenta alfazemas, vai trazer de volta verões e mais verões de abelhas e borboletas brancas em torno da casa, em suas idas e vindas na névoa lilás. É provável que nada venha a despertar a lembrança da erva horrenda que tem o cheiro de peixe estragado; ou de uma viscosa que me faz correr para dentro de casa à procura dos meus comprimidos para alergia.

– Se plantarmos tudo o que você escreveu no caderno amarelo, vamos morar num jardim botânico.
– Ou quem sabe num Éden.

Ed me falou que a origem etimológica da palavra "paraíso" é do grego *paradeisos*, que significa jardim ou parque; e em período ainda mais remoto, de *dhoigho*, muro de barro ou lama, e do avéstico *pairi-daeza*, que significa circunvalação, cercado de muralhas. Paraíso: um jardim com muro de barro. O Gênese nada informa sobre construção de muralhas em nenhum dos sete dias, mas posso imaginar um alto perímetro de tijolos dourados, com as marcas do polegar de Deus. Se é que Ele tem mãos, é claro. Será que a muralha do Éden era coberta de Mermaid, uma roseira de crescimento rápido? As nossas pareceram começar a lançar raízes e se avolumar no instante em que as plantamos. Sem dúvida, as "rugosas" cor de fúcsia que nasceram espontâneas atrás da nossa casa também vicejavam no paraíso, abrigando nos galhos mais baixos a serpente. Talvez devêssemos plantar um novo tipo de maçã na nossa terra. Como as nossas são nodosas, não seduzem ninguém.

De pormenores históricos de jardins mais recentes, fico intrigada com a briônia – não importa o que ela seja. Parece-me alguma planta que estaria emaranhada sobre os túmulos de Catherine e Heathcliff. Um livro da época recomenda cravos de metro em metro, com os intervalos cobertos com manjerona, lírio-do-vale, ranúnculo e tomilho. O tomilho e a manjerona proporcionariam textura e cobririam a terra nua.

– E zínias? – pergunta Ed. – O que acha das simples zínias de antigamente? O que será que você ainda tem para mim nesse seu caderno amarelo?

– Está bem, vou deixar as plantas de lado. Temos uma pérgula a construir. Gostaria de ter pelo menos uma estátua. E uma fonte.

– *Só* isso? E um pouco de fantasia? Gosto da ideia daqueles eremitas de enfeite, que você viu em algum livro, também. E poderíamos construir ruínas de imitação no final do Caminho do Lago. Um arco quebrado, um pedaço de porta, uma muralha desmoronada.

– Ótima ideia! Um lugar para sentar...

Ed parece atordoado.

– Não, calma, pode voltar à realidade. Eu estava brincando. Você não está falando sério, está?

CULINÁRIA DE PRIMAVERA

A<small>NTIPASTI</small>

Bolinhos de funcho do Paolo

Qualquer coisa que Paul Bertolli prepare, eu me disponho a comer. Uma vez ele me serviu tendões.
— Tendões do quê, afinal de contas? — perguntei.
— Vitela — respondeu ele depois de hesitar só um pouco.
— Você vai gostar.

Ele sabe que sou um pouco enjoada e procura educar meu paladar. Quando era *chef* no Chez Panisse, permitiu que eu o ajudasse na cozinha algumas vezes. A primeira tarefa que me passaram foi a de decapitar uma montanha de pombos. As pálpebras azuis fechadas me perturbavam; mas, não querendo ser apenas a lavadora de alfaces, comecei a cortar fora as cabecinhas. Paul tem pais italianos e profundas afinidades com a vida italiana. Seu talento consiste em revelar a essência de não importa o quê esteja cozinhando. Seu prazer e integridade ficam claros para qualquer um que leia seu *Chez Panisse Cooking* [A culinária do Chez Panisse] e prepare as receitas do livro. Recentemente, construiu uma *acetaia*, um galpão para o complexo processo de produção do vinagre balsâmico. Ele foi um dos nossos primeiros convidados aqui e nos ajudou a instalar nosso protótipo de cozinha. Quando estou na Califórnia, adoro ir ao seu restaurante, Oliveto's, em Oakland, especialmente nas noites em que ele consagra às trufas ou aos cogumelos *porcini*. Esta é sua receita de, exatamente como ele me entregou, bolinhos de funcho. Escolha funchos tenros — as plantas mais velhas são fibrosas demais.

    180g de corações de funchos silvestres, limpos
    180g de talos e folhas tenras
    1 cabeça de alho, inteira, descascada

2 ¾ xícaras de migalhas grosseiras de pão dormido de um dia
¾ xícara de *parmigiano reggiano*, recém-ralado
1 ovo inteiro
½ colher de chá de sal marinho
pimenta do reino, recém-moída
¾ xícara de azeite de oliva

Apare os talos de funcho até chegar aos centros tenros e vá separando e reservando as folhas. Misture os talos, hastes e folhas numa tábua de corte e pique não muito fino. Ponha numa tigela, cubra com água gelada e escorra bem.

Leve o funcho limpo ao banho-maria com os dentes de alho descascados. Cozinhe no vapor em fogo alto por 12 a 15 minutos, ou até que o funcho e o alho estejam muito macios. Deixe esfriar e passe para uma tábua de corte. Pique muito bem a mistura.

Acrescente 1 ¾ xícaras das migalhas de pão e do *parmigiano* ralado. Em seguida, adicione o ovo inteiro, o sal e um pouco de pimenta-do-reino recém-moída. Misture com um garfo até que a mistura forme uma massa firme.

Usando duas colheres de sopa, retire os bolinhos da massa, em tamanho uniforme. Um a um, jogue-os numa tigela com as migalhas de pão e forme com as mãos pequenos bolinhos achatados.

Esquente o azeite de oliva numa frigideira grande. Teste a temperatura do óleo jogando uma migalha. Ela deve chiar e dançar na frigideira. Frito os bolinhos em fogo alto, virando-os com a ajuda de uma espátula. Transfira para uma travessa forrada com toalhas de papel e dali para o prato de servir. Sirva enquanto estiverem mornos.

Alcachofras fritas

Como sulista que sou, para mim "fritura" é uma palavra fascinante. Quando era criança, nunca topei com uma alcachofra, a não ser em conserva num pote. Mesmo assim, esse prato parece a comida dos negros do sul. Nas feiras da primavera, elas são vendidas em cinco tamanhos. Para rechear com pão, ervas e tomates, compro as maiores. Para fritar ou comer cruas, as menores, manchadas de roxo, são as melhores. Corte sempre qualquer parte da folha que possa ter fiapos.

Escolha dez alcachofras pequenas. Descarte todas as folhas externas duras e corte as pontas bem perto do coração. Corte em quatro e seque com toalhas de papel. Esquente óleo de girassol ou amendoim. Bata três ovos numa tigela com ¾ xícara de água e mergulhe os pedaços de alcachofra rapidamente no ovo para depois sacudi-los num saco com farinha temperada. Retire o excesso. Frite em óleo quente (180°) até que dourem. Quando prontos, tire da frigideira para papel pardo, para escorrer. Depois, empilhe numa travessa e sirva com limão cortado em gomos. Serve oito porções como *hors d'oeuvre*.

PRIMI PIATTI

Odori

Geralmente o vendedor, seja na quitanda, seja na feira, dá ao freguês um punhado de *odori*, literalmente "odores, ervas", sabores aromáticos para sua panela: um pouco de salsa e manjericão, umas hastes de aipo e uma cenoura ou duas. Se eu não fizer um ensopado ou um caldo, às vezes esse pequeno brinde murcha na geladeira. Uma noite, quando a despensa estava vazia, Ed picou os *odori* e inventou este molho simples para massas. Depois disso, nós o espalhamos na *focaccia* e também afastamos as pétalas de alcachofras cozidas no vapor para pôr um pouco entre as folhas, uma boa alternativa para a manteiga de limão e o molho *vinaigrette*.

Pique bem fino – quase como se estivesse moendo – 2 cenouras, 2 talos de aipo e 3 dentes de alho. Refogue em 2 colheres de sopa de azeite de oliva, até que estejam cozidos, mas ainda crocantes. Com uma tesoura, pique manjericão e salsa nessa mistura, acrescente mais 2 colheres de sopa de azeite de oliva e cozinhe em fogo baixo por 2 a 3 minutos. Prepare espaguete suficiente para duas pessoas. Escorra e misture 2 ou 3 colheres de sopa da água de cozimento assim como um pouco de azeite de oliva à massa. Junte aos odori 4 colheres de sopa de *parmigiano* ralado. Ele deve atingir a textura de pesto. Misture ao espaguete. Rende duas porções.

Risotto primavera

"A melhor refeição da minha vida", disse um amigo, depois de um jantar simples de *risotto* com legumes da primavera. Claro que não foi, mas o efeito de uma linda colina de *risotto* no meio da travessa, cercada por uma coroa de legumes coloridos e saborosos, inspira declarações efusivas. Este parece ser o cerne dos jantares de primavera. O *risotto* poderia ser acompanhado de frango assado, mas gosto dele como prato principal, seguido de uma salada de alface com fatias de peras e gorgonzola. Um *risotto* especial da região é feito com urtigas. Por terríveis que possam ser quando adultas, são uma especialidade da primavera, quando estão tenras. Algumas feiras de produtores nos Estados Unidos às vezes têm urtigas à venda. Basta picar e escaldá-las rapidamente, para depois incorporá-las ao *risotto* no último instante.

Prepare e tempere os legumes em separado. Debulhe 1 quilo e meio de ervilhas frescas. Passe-as rapidamente no vapor. Limpe um bom maço de cenouras novas e corte em pedaços aproximadamente do tamanho de talos de aspargos. Cozinhe-as no vapor até que estejam malpassadas. Quebre 1 quilo de talos de aspargos exatamente onde eles se partem naturalmente. Cozinhe-os no vapor ou asse. Leve à fervura e depois deixe em fogo brando 5 ½ xícaras de caldo temperado e ½ xícara de vinho branco. Em outra panela, refogue 2 xícaras de arroz arbóreo e uma cebola cortada bem fininha numa colher de sopa de azeite de oliva por alguns minutos. Depois vá aos poucos acrescentando conchas de caldo à medida que o arroz for absorvendo o líquido. Não pare de mexer e de acrescentar caldo até o arroz ficar pronto. Há quem o prefira como sopa, mas para este prato ele é melhor úmido e al dente. Acrescente o suco de um limão, incorpore ½ xícara de parmigiano ralado e tempere a gosto. Sirva os pratos com os legumes em volta do arroz. Rende seis porções.

Orecchiette com verduras

Orecchiette, massa em forma de orelhinhas, são ótimas servidas com molho *con quattro formaggi*, aos quatro queijos: *gorgonzola, parmigiano, pecorino* e *fontina*. Na primavera, fazem sucesso com verduras.

Refogue dois maços de acelga cortados com um pouco de cebolas de primavera e alho picados. Cozinhe *orecchiette* em quantidade suficiente para seis. Escorra e misture às verduras. Se gostar de enchovas, refogue cerca de 6 filés, pique-os e misture às verduras. Tempere e incorpore ½ xícara de *parmigiano* ralado, ou sirva separado.

Orecchiette com camarões

Esta união, divertida em virtude dos formatos semelhantes da massa e dos camarões, resulta num prato bastante substancial.

Debulhe favas em quantidade suficiente para encher uma xícara. Refogue as favas num pouco de azeite de oliva até quase chegar ao ponto. Acrescente então uma cebola pequena bem picada, ou umas duas cebolinhas de primavera. Cozinhe até a cebola ficar macia. Tempere e passe pelo processador de alimentos para fazer um purê. Limpe e refogue meio quilo de camarões médios em azeite de oliva com 4 dentes de alho, inteiros. Acrescente ¼ de xícara de vinho branco, ponha em fogo alto muito rapidamente e depois desligue. Descarte o alho. Cozinhe massa para seis. Misture a quase todo o molho verde. Incorpore os camarões ao molho verde que sobrou. Sirva a massa nos pratos, arrumando por cima a mistura dos camarões.

SECONDI

Vitela de primavera

Esta vitela totalmente simples, descoberta quando eu de repente vi que não tinha nenhum tomate para o ensopado que estava prestes a fazer, passou a ser a minha preferida. O sabor puro e delicioso do limão realça o gosto da vitela tenra.

Seque bem 1 quilo e meio de vitela em cubos. Peneire farinha de trigo na carne toda e doure rapidamente numa panela grossa. Acrescente 1 xícara de vinho branco. Com um ralador especial, retire a fina camada externa da casca de 2 limões. Leve à panela com sal e pimenta. Cubra e asse a 180° por quarenta minutos, ou até que a vitela se desfaça facilmente com um garfo. Mexa e acrescente o suco dos dois limões. Acrescente o suco dos dois limões no final, já que ele endureceria a vitela se fosse misturado antes. Devolva ao forno por mais 5 minutos. Incorpore um punhado de salsa picada. Rende seis porções.

CONTORNI

Favas com batatas e alcachofras

Os primeiros e os mais adorados legumes da primavera são as *fave* cruas. As *fave* frescas não têm nada a ver com as que encontramos em supermercados, que precisam ser escaldadas e descascadas, grão por grão, o que é muito entediante. Embora possam ficar gostosas, no fundo, uma fava que precisa ser descascada já está passada. Fáceis de cultivar, elas são difíceis de encontrar nos Estados Unidos, embora às vezes algumas feiras do produtor tenham uma caixa com favas verdes recém-colhidas. Na casa de um amigo toscano, uma tigela de *fave* cruas e com casca foi servida com uma roda de *pecorino*, acompanhados por uma garrafa de vinho ao cair da tarde. Na casa de outro amigo, o ritual de *fave e pecorino* foi cumprido no final de um jantar leve, um prato simultâneo de salada e queijo. Qualquer hora parece conveniente para essa associação abençoada. A receita que se segue poderia acompanhar costeletas de vitela ou lombo de porco, mas é também um bom prato principal na primavera.

Parta em quatro e cozinhe no vapor 4 alcachofras até que comecem a ficar tenras. Escorra e deixe descansar em água acidulada. Descasque e corte em quatro meio quilo de batatas inglesas (podem ser usadas batatinhas vermelhas novas). Cozinhe-as também no vapor até que estejam quase no ponto. Debulhe 1 quilo de favas, as mais frescas que for possível encontrar. Cozinhe no vapor. Aqueça 4 colheres de sopa de azeite de oliva numa caçarola grande. Refogue 2 ou 3 cebolinhas de primavera picadas (ou um maço ou dois de escalônia) e 3 ou 4 dentes de alho, amassados. Acrescente os legumes, tomilho picado, sal e pimenta. Esprema o suco de um limão por cima dos legumes. Mexa delicadamente até que a mistura esteja uniforme e quente. Despeje numa travessa. Rende seis porções generosas.

Legumes assados, especialmente o funcho

Quanto maior seu forno, tanto melhor será assar uma variedade dos legumes da estação. Aprendi a assar legumes no forno ao invés de grelhá-los. O sabor individual é acentuado, ao passo que a grelha confere seu próprio toque de defumado. O funcho assado no forno e incrivelmente delicioso. Eu me flagro roubando um pedaço assim que desligo o forno.

Unte generosamente uma forma de biscoitos não aderente provida de laterais ou um tabuleiro grande.

Disponha pimentões partidos ao meio, cebolas cortadas em quatro, pedaços separados de funcho, abobrinhas verdes e italianas partidas ao meio, fatias de berinjela, cabeças inteiras de alho e tomates partidos ao meio. Regue com um fio de azeite de oliva, salpique com tomilho picado, sal e pimenta. Leve a forma ao forno e asse a 175°. Depois de cerca de 15 minutos, comece a testar as abobrinhas e os tomates, retirando-os para uma bandeja à medida que estiverem prontos. Vire as berinjelas e pimentões. Tudo deve estar pronto antes de passada meia hora. Disponha numa travessa. O alho exige atenção especial. Os convidados arrancam-lhes os dentes e os esmagam em fatias de pão.

Outros legumes assados

Depois que minha amiga Susan Wyler, autora de vários livros de culinária, me ensinou a tostar aspargos no forno, nunca mais os preparei no vapor. Mesmo queimados e crocantes, são uma delícia. Vagens pequenas também se beneficiam de uma passada pelo forno. Assar faz surgir um sabor oculto. Com cerca de 200 cebolas crescendo feito loucas na horta, adotei o hábito de assá-las com frequência. O vinagre balsâmico acrescenta uma agradável surpresa. Cerque um frango assado com uma coroa dessas cebolas.

Disponha os aspargos numa camada única numa forma ou tabuleiro. Regue com azeite de oliva e tempere com sal e pimenta. Asse por 5 minutos – ou até que comecem a ceder ao garfo – a uma temperatura de 200°.

Cozinhe no vapor vagens pequenas até quase atingir o ponto. Seque-as, sacudindo num escorredor, e leve a assar com um borrifo de azeite de oliva a 200° por 5 minutos.

Disponha num tabuleiro não aderente cebolas quase descascadas – deixe uma camada ou duas da casca fina. Faça um grande corte em X no alto. Regue generosamente com vinagre balsâmico e azeite de oliva. Tempere com sal e pimenta. Asse por 40 minutos a 175°. Verifique uma vez ou duas, e acrescente mais vinagre balsâmico e azeite caso pareçam secas.

DOLCI

Na primavera, as frutas ainda não estão maduras. A maioria das bancas de *gelato* ainda está fechada por causa do frio. Como no inverno, a sobremesa costuma ser castanhas assadas na lareira, uma fatia de gorgonzola ou *Baci*, os beijos de chocolate de Perúgia, acompanhados de uma dose de *limoncella* ou *amaro;* ou ainda *grappa*, para os mais resistentes. Uma barraca na feira das quintas vende frutas secas. Mergulhadas no vinho, com algumas espirais de casca de limão e especiarias, e servidas com *biscotti*, as frutas ganham vida e servem para nos sustentar até que comecem a chegar os frutos do verão.

Frutas mergulhadas no vinho

Delicada e leve, esta sobremesa caseira pertence à categoria dos pratos que agradam e sustentam. Sirva *biscotti* a serem molhados no vinho açucarado. As crianças detestam.

Cubra mais ou menos meio quilo de frutas secas – damascos, pêssegos, cerejas e/ou figos – com água fervendo e deixe descansar uma hora. Leve à fervura 2 xícaras de vinho tinto, ½ xícara de açúcar, um pouco de noz-moscada e espirais de casca de limão bem fina. Acrescente 1 xícara de passas (mistura de sultanas e passas comuns) e as frutas escorridas. Baixe o fogo imediatamente e deixe ferver a fogo brando. Cozinhe por 10 minutos. Retire as frutas. Reduza o líquido até que ele engrosse, e derrame por cima das frutas. Fica melhor no dia seguinte. Salpique cada porção com pinhões tostados.

Pôr do sol congelado

Apenas um sorvete simples, mas qualquer sobremesa que leve laranjas sanguíneas parece exótica e primitiva. Será a sugestão de "sangue" que penetra na imaginação quando se derrama o suco escarlate num copo? Ou será que é o choque de cortar a laranja, ver as duas metades que se abrem, num vermelho brilhante, de vinho? A mente se refresca e se acalma com as camadas de sabor doce e azedo à medida que o *sorbet* de laranja sanguínea vai derretendo.

Faça uma calda fervendo juntas 1 xícara de água e 1 xícara de açúcar. Deixe ferver em fogo brando por uns 5 minutos, mexendo o tempo todo. Acrescente 2 xícaras de suco de laranja sanguínea e o suco de um limão. Resfrie na geladeira. Quando estiver bem frio, processe numa sorveteira, de acordo com as instruções do fabricante. Pode-se também congelar em bandejas de gelo até estar meio congelado, fragmentar a mistura gelada e voltar a congelar parcialmente. Enfeite com erva-cidreira ou hortelã.

Bolo inglês com gengibre

Assar bolos e tortas deve ser uma tradição profundamente enraizada. Quando se trata de sobremesa, descobri que retorno com frequência a algo que aprendi na cozinha da minha mãe e de Willie Bell. O gengibre não tem nada a ver com a Itália, mas tem muito a ver com frutas. Minha bagagem de mão deixaria pasma a inspetora da alfândega, se ela se incomodasse de a examinar. Poderia encontrar um vidro de melado – como se podem comer biscoitos no café da manhã sem manteiga e melado? – ou um vidro de xarope de milho para várias sobremesas, como essa, minha preferida há muito tempo.

Peneire 3 xícaras e meia de farinha de trigo, ½ colher de chá de sal, 1 colher de chá de fermento em pó,

1 colher de chá de bicarbonato de sódio, 1 colher de chá de noz-moscada e 1 colher e meia de sopa de gengibre. Bata em creme 1 xícara de manteiga e 1 xícara de açúcar. Separe 4 ovos. Bata as gemas e as incorpore à mistura do açúcar. Acrescente 1 xícara de xarope claro de milho, sempre batendo, e misture a farinha alternando com ½ xícara de creme de leite. Bata as claras em neve firme e misture delicadamente à massa do bolo. Passe para uma forma de bolo de canudo, não aderente, que tenha sido ligeiramente untada só para maior segurança. Asse a 160° por uma hora. Deixe esfriar um pouco, antes de desenformar num prato.

Laranjas sanguíneas com Vin Santo

Se você não tiver *vin santo*, use conhaque. Esta é uma sobremesa vibrante, especialmente se acompanhada de fatias do bolo inglês de gengibre. Mais tarde na estação, prepare pêssegos com esta mesma receita, deixando-os cozinhar em fogo brando apenas cinco minutos.

Ferva 2 xícaras de água, 1 xícara de açúcar, 4 colheres de sopa de *vin santo* e 3 ou 4 cravos. Junte gomos de seis laranjas sanguíneas descascadas e abaixe o fogo, deixando cozinhar por 10 minutos. Escorra e deixe esfriar. Misture 3 xícaras de requeijão cremoso com ½ xícara de açúcar, ½ xícara de vinho branco e o suco de um limão. Sirva o creme em 6 taças, com as laranjas por cima.

Círculos no meu mapa

Monte Oliveto Maggiore

U<small>M DIA DE SONHO PARA VIAJAR DE AUTOMÓVEL. A PAISAGEM</small> verde passa como um borrão pelo para-brisa. Castanheiros floridos começam a pender com a chuva. Atravessamos o vale, circundamos a cidadela de Sinalunga, e nos dirigimos a Monte Oliveto Maggiore, um dos grandes mosteiros da Itália. O verde! As colinas parecem estar sendo iluminadas de viés por luzes da ribalta – verde-aceso, verde-veneno, veludo verde, verde-colete-salva-vidas. Quando eu estava com cinco anos, vi um irresistível musgo verde e pulei nele. Afundei rapidamente no lodo e meu pai, que estava usando um terno claro de linho e gritando "PelamordeDeus", teve de me pescar. Eu havia pulado numa alga densa e brilhante que cobria a superfície de uma fossa aberta por trás do cotonifício. Este verde aqui, no entanto, é inocente. Eu poderia pular nele e me espojar como um cavalo.

Começamos a avistar a paisagem agreste com erosões no *crete*, no barro, que se vê em muitos quadros de Siena. De aspecto dramático e intimidante no final do verão, por enquanto as fendas estão suavizadas pela vegetação. Os monges que escolheram esse local decididamente queriam deixar para trás o mundo, em troca de um lugar de isolamento contemplativo. Procuro imaginar uma viagem até aqui em 1500, quando 35 quilômetros era o máximo que se poderia pensar em cobrir num dia e os mapas que existiam raramente indicavam estradas. Um caminho cheio de curvas como este deve ter sido uma trilha tortuosa, suscetível a desmoronamentos em tempestades. As estradas italianas ainda dependem de um sentido de direção em vez de números de rodovias. Veem-se placas indicativas de lugares específicos, em vez de 580 Leste ou 880 Norte, um costume provavelmente associado às viagens em tempos remotos. Um viajante do século XVI escreveu: "Tive tão pouco descanso que meu traseiro ardeu o tempo todo por causa da sela". Obviamente um problema comum. Muito antes, os rigores da estrada inspiravam Catão a dar um pequeno conselho: "Para evitar escoriações: quando partir em viagem, ponha um raminho de absinto sob o ânus". O Alfa, mais confortável, adere perfeitamente à estrada, e Ed adora as constantes reduzidas nas ladeiras assim como as curvas fechadas.

Depois de uma curva, de repente, assoma o conjunto de tijolo vermelho. O fosso e a impressão de fortaleza da estrutura gigantesca me lembram que, na Idade Média, a defesa era uma questão relevante. Ciprestes, capelas e caminhos cercam o mosteiro que parece uma bela prisão. À entrada, um monge beneditino, num hábito branco que vai até o tornozelo e que aparenta ser insuportavelmente áspero e quente, examina todo mundo para ver se o traje é adequado. Minha filha teve o acesso negado no último verão por esse fiscal da moda quando se apresentou à porta com uma blusa de lycra sem mangas e uma saia curta. O monge abanou o dedo no nariz dela e fez que não. Os braços não podem ser expostos. Ela ficou furiosa quando viu homens de *shorts* sendo admitidos, mas voltou ao carro, apanhou a camiseta enorme do namorado e, então, teve permissão para entrar. Hoje, eu o vejo negar acesso a um homem com *shorts* muito curtos. Se os beneditinos precisam usar esses hábitos de lã, suponho que a carne para eles seja um conceito filosófico. Pelo menos, hoje ficou provado que não se trata de misoginia. Ele examina minha saia que cobre até o meio da canela e meu pulôver amarelo e aprova minha entrada.

Uma vez no interior do claustro do século XV, dissolve-se a impressão de fortaleza, que dá lugar à tranquilidade serena de um pátio ensolarado, com vasos de gerânios. Em algum ponto da construção, monges trabalham na restauração de livros antigos ou se dedicam ao preparo de Flora di Monte Oliveto, um licor de ervas usado como produto medicinal. Seu outro produto importante é o mel. Gostaria de vê-los em seus hábitos, abrindo as colmeias, um ato inalterado desde a época medieval.

Por trás das arcadas entalhadas que cercam o pátio, os afrescos de Sodoma e Signorelli (natural de Cortona) sobre a vida e os milagres de São Bento – santa inspiração para essa ordem – cobrem as paredes internas.

Durante os anos de reforma da casa, ficamos obcecados em diferentes ocasiões com diversos aspectos da construção. Por um tempo, onde quer que estivéssemos, parávamos para observar as calhas, como eram presas, onde vazavam, se eram de cobre ou de flandres. Quando tivemos um problema de umidade numa parede, flagramo-nos detectando áreas com mofo e com a tinta enrugada em paredes de catedrais e museus, ignorando a arte e a arquitetura enquanto tentávamos identificar a origem do problema.

Hoje, estamos fascinados pelo afresco de Signorelli de uma muralha em queda. "As muralhas um dia caem", foram as palavras imortais de Primo Bianchi, quando a muralha do nosso caramanchão das tílias deslizou para a estrada logo abaixo. Pedras que caem são um pesadelo pessoal. No pano de fundo do afresco, um monge perde o equilíbrio quando uma muralha começa a desmoronar, e ele despenca através de uma armação de andaimes. Um pequeno demônio paira acima dele. Será que um demônio vermelho pairava nas tílias acima da nossa muralha? A meia distância, três monges estão carregando o corpo sem vida; e no primeiro plano o monge é miraculosamente ressuscitado por uma bênção de Bento. Como em outros afrescos, esse acontecimento não parece fazer jus a ser classificado como um grande milagre. Afinal de contas, era provável que o monge estivesse apenas inconsciente. Bento deve ter sido amado e reverenciado, tanto assim que tudo o que fazia parecia milagroso. Se eu não tivesse comprado o guia na loja do mosteiro, não teria feito ideia de tudo o que estava acontecendo nessas pinturas.

Adoro o sentido de tempo encontrado em muitos afrescos. Toda a sequência de uma narrativa é composta como uma pintura, com o percurso do passado ao presente sendo descrito a partir do menor para o maior, ou da esquerda para a direita. O observador primeiro percebe o fato inteiro, acontecendo simultaneamente; depois, ele "lê" a sequência.

O tempo sofre um encolhimento, como acontece tantas vezes à memória. O pintor, ao procurar contar uma história, é limitado pelo conceito do tempo como alfa e ômega, mas a composição estrutural de todo o afresco remonta a uma intuição ainda mais antiga: todo tempo é eternamente presente.

No afresco seguinte, quatro monges não conseguem mover uma grande pedra. Olhem melhor – há um demônio na pedra. Os monges têm longas varas de ferro, exatamente como as nossas, e as enfiaram por baixo da pedra, mas a força maligna a mantém imóvel ate Bento fazer o sinal da cruz sobre a pedra. Já enfrentamos muitas pedras desse tipo, sem a ajuda da intervenção divina. Agora estou entendendo sua santidade. O poder de erguer pedras sem dúvida o qualifica.

Logo ao lado, em mais outro Signorelli, uma mulher de azul está voltada com três quartos do corpo de costas para o observador. Ela é linda como o famoso quadro de Vermeer da mulher com um jarro junto a uma janela. Dois monges, em desobediência aos regulamentos da ordem, estão fazendo uma lauta refeição numa casa fora do mosteiro. Têm a atenção concentrada sobre uma mesa farta, servida por duas mulheres e um menino que carrega com cuidado uma tigela. A mulher de azul serve o vinho de um jarro num copo, e quase se ouve o ruído do líquido. Seu cabelo está preso por um gorro que lhe empurra a orelha para fora. A longa linha do seu pescoço e a leve saliência da sua coluna que aparece através do vestido transmitem a sensação dos músculos do seu corpo no ato de servir. Tudo nela parece concentrado no que está fazendo. A outra mulher, de verde como a espuma do mar, vem correndo da lareira, com as saias em movimento, trazendo no alto o que desconfio que seja uma *torta della nonna*. Apesar da sua beleza delicada, de olhos amendoados, seus pés e mãos são extraordinariamente grandes. Talvez um auxiliar tenha resolvido pintá-los enquanto o próprio Signorelli saía em busca de um jarro de vinho fresco. Essas mulheres de cada lado do afresco são as imagens mais cativantes de todo o ciclo. Logo do lado de fora da janela, a cena retrata um momento mais tarde. Os dois monges bem alimentados foram descobertos por Bento. Estão de joelhos implorando seu perdão, com o sabor do vinho e da torta ainda na boca.

Durante a decoração de Monte Oliveto, que começou em 1495, Signorelli partiu depois de pintar seis afrescos, e o ciclo de Bento passou a ser um projeto de Sodoma em 1505. Il Sodoma, que nome! Ele nasceu Giovanni Antonio Bazzi. Os monges o chamavam de "Il Mattaccio", que significa idiota ou louco. No caminho, tirei *Lives of the Artists* [Vidas dos artistas], de Vasari, da caixa com nossos livros de turismo no banco traseiro do carro e li em voz alta para Ed. "Seu estilo de vida era devasso e desprezível; e ele sempre tinha ao seu redor meninos e jovens imberbes, dos quais gostava extremamente. Isso lhe conquistou o apelido de Sodoma. No entanto, em vez de sentir vergonha, ele se envaidecia disso, escrevendo versos e estrofes a respeito, para cantá-los ao som do alaúde. Gostava de ter a casa cheia de todos os tipos de animais estranhos: texugos, esquilos, macacos, gatos-do-mato, burros nanicos, cavalos de corridas berberes, pôneis de Elba, gralhas, garnisés, rolas... de modo que sua casa lembrava uma verdadeira arca de Noé."

– Pode ser que seu apelido tenha vindo do seu amor aos animais em vez do que estamos supondo... bestial... – Ed especula. – Vi em algum lugar que ele também teve três mulheres e foi pai de trinta filhos. Isso parece impossível.

"Ele não pensava em nada a não ser no prazer...", prossegue Vasari. É aí que ele se engana. Já vi seus afrescos por toda a Toscana. Sodoma pensava muito no trabalho da sua arte. Estranho que eu lembre de Warhol, que pode parecer decadente e frívolo na produção da sua arte. Uma visita ao Warhol Museum em Pittsburgh corrige essa impressão. Ele trabalhou como um desvairado, acumulando um acervo enorme de obras de seriedade iconográfica; variadas, criativas e divertidas.

É fácil reconhecer a partir de que ponto Sodoma assumiu o trabalho porque seu zoológico começa a aparecer nas paredes – corvos, cisnes, texugos, um pangolim, vários cachorros e o que eu suponho ser um arminho. Suas sete dançarinas representam as tentações da carne, às quais Bento conseguiu resistir. Há um afresco inteiro dedicado à tentação do santo, no qual ele se controla arrancando as vestes e se jogando contra um arbusto cheio de espinhos – provavelmente mais eficaz do que um banho frio. Bento olha de uma sacada, dirigindo a partida dos monges com uma mula. É óbvio que seu plano é evitar que os monges sejam expostos às mulheres sedutoras. Esse é um dos mais belos afrescos, com os lindos vestidos ondulantes das mulheres em contraste com as vestes incômodas dos monges; os dois grupos divididos por um portal, através do qual vemos ao longe uma estrada sinuosa que leva a um lago. Não posso deixar de imaginar que o malicioso Sodoma tenha sentido um prazer especial em criar mulheres maravilhosas pelas quais os monges deveriam passar todos os dias. Quando Sodoma as pintou, os observadores sentiam uma tensão ainda maior porque as lindas mulheres estavam nuas. Alguém posteriormente as vestiu, reduzindo a perpetuação da tentação.

É fácil deixar passar despercebido um dos grandes momentos de Sodoma. Num portal em arco, Ed deu com seu Cristo amarrado a uma coluna, com as marcas de queimaduras das cordas inchando os braços e o torso riscado com o sangue do seu flagelo. A semelhança do Cristo de Piero della Francesca na *Ressurreição*, Sodoma o representa não como um homem esguio, digno de compaixão, mas como um cara grande, viril, musculoso. Ali perto, o autorretrato de Sodoma aparece no afresco de um dos primeiros milagres de Bento, o conserto de uma bandeja quebrada, mais uma vez um pequeno ato caseiro, realizado através de orações. No papel de um cortesão, Sodoma olha direto para o observador com uma expressão franca, perplexa. Aos seus pés, dois texugos e uma ave. Ele está cheio de vida. Aposto que deu muito trabalho aos beneditinos.

Embora ninguém pareça acompanhar o roteiro de Sodoma, como fazem com o de Piero della Francesca, isso seria possível. Na cidadezinha de Trequanda, parada no tempo, numa igreja com a fachada como um tabuleiro de xadrez, SS. Pietro e Andréa, ele deixou um afresco. Na Pinacoteca e em Sant'Agostino em Siena, deparei com quadros e trabalhos em esmalte. O São Sebastião no Palácio Pitti em Florença mais uma vez revela seu luminoso talento para as glórias do corpo masculino: o prazer nos músculos dos ombros e do ventre, a estola transparente em torno dos órgãos genitais enrolada exatamente de modo a sugerir o que encobre. Eu mal percebo o rosto voltado para o alto do pobre Sebastião, a implorar a um anjo, ou a flecha que penetra no seu pescoço.

Subimos por uma escadaria de pedra para ver a biblioteca. No caminho há uma porta fechada, identificada como "Clausura", atrás da qual os monges vivem em reclusão. Passamos então pela porta que dá para o refeitório dos monges, aberta para a entrega de engradados de água. As mesas numa vasta disposição em forma de U estão cobertas com toalhas brancas. Flores, água e garrafas de vinho, assim como um aroma delicioso que emana da cozinha nos revelam que os monges não precisam mais sair do convento às escondidas para fazer uma boa refeição. O recinto parece convidativo e o atril sugere que ouvirão uma palestra enquanto comem em silêncio. Eu adoraria me unir a eles.

Apesar da presença de outros turistas aqui, é fácil absorver o isolamento do lugar, o silêncio que existe nos setores fechados e no pátio quando o último visitante vai embora. Os homens ficam para comungar com o tempo. Saio com a sensação de ter lido uma biografia complexa, e li mesmo. As cenas das vidas dos santos estão por toda parte na pintura italiana. Cada painel ou afresco é um capítulo. "Ponha em cena a ação", recomendam meus colegas de ficção aos seus alunos de redação. Sodoma e Signorelli tinham competência especial para isso.

Acumulo mais imagens para invocar em noites de insônia. A calva rosada de um monge que me cumprimentou no corredor; a fragrância de pinho e especiarias do incenso e mirra na capela; uma criança africana olhando fixamente para o único afresco que incluía um negro; a ousadia de um gato marchetado num atril, criatura de aparência selvagem com os olhos fixos no que deveria ser um camundongo; um monge cantando na alameda de ciprestes. Ele poderia ser o bom Bento, saindo para ajudar vítimas da peste, ou talvez esteja só indo verificar as colmeias, para ver se as abelhas despertaram para a primavera.

Bagno Vignoni e Pienza

Ed está mancando em virtude de um machucado numa pedra. Ele deu um pulo quando a enxada de repente desalojou uma cobra. Caiu com o pé numa pedra pontuda.

– De que tipo? – perguntei.

– Uma cobra com muita cara de cobra. Me deixou apavorado. Ficamos de olho no olho. – Ele esfrega loção no pé.

– Vamos às termas. Podemos chegar lá antes das quatro.

– Depois podemos ir a Pienza jantar. Eu queria ir até Montechiello também. Nunca fomos lá.

Bagno Vignoni, a pequena cidadezinha no alto do morro perto de San Quirico d'Orcia, e que pode ser vista do castelo no alto de Rocca d'Orcia, foi construída em torno de uma grande piscina de água termal, na qual os Médicis costumavam se banhar. Ali onde na maioria das cidadezinhas fica a *piazza* central, a piscina (que não está mais em uso) reflete cascatas de bela-emília, casas e arcadas de pedra acastanhada. Bagno Vignoni não tem muito movimento. Logo atrás do lugarejo, um córrego de águas quentes desce o morro por uma vala de travertino. Dos dois lados, as pessoas podem sentar e mergulhar os pés, exatamente como fazia Lorenzo il Magnifico, em 1490.

Quando comecei a passar os verões aqui, li num jornal italiano um debate acirrado sobre a conveniência de o seguro saúde continuar a cobrir estadas anuais em balneários e estações de águas, prática que muitos italianos consideram um direito inato. Eu já tinha ido a Chianciano Terme e visto pessoas com a mão no fígado enquanto tomavam goles de pequenos copos d'água. Sob todos os outros aspectos, elas pareciam coradas e bem-dispostas. Vi de relance tanques nos quais se poderiam mergulhar diversas partes do corpo ou o corpo inteiro para a absorção das propriedades de cura das águas. Já ouvi operários na nossa casa discutindo os méritos de diversas águas como se estivessem falando sobre vinhos. Os italianos são profundos conhecedores do mais simples elixir de todos. Eu os vejo junto a várias fontes à beira de estradas, enchendo garrafões. A água não é simplesmente água. Ela tem propriedades.

Minha avó costumava tomar águas sulfurosas durante uma semana em White Springs, na Flórida, perto do rio Sewanee. Eu ficava terrivelmente entediada e a considerava um resquício da era vitoriana. Só a acompanhava para poder nadar nas águas negras e frias das fontes, saindo com um cheiro semelhante ao de um ovo de Páscoa velho. Ela acenava da terceira sacada com treliças em torno da fonte, com um copinho de papel da água malcheirosa na outra mão.

Eu não esperava ser atraída pela mesma paixão. Então, fui a Bagno Vignoni. E me converti. O machucado de Ed nos leva agora, mas pretendemos voltar lá pelo menos uma vez por ano.

"Os pés dela estão reclamando", costumava dizer minha tia quando víamos alguma mulher com os pés inchados, transbordando da beira dos sapatos. Depois de algumas semanas carregando pedras, levantando latadas e percorrendo ruas de pedras irregulares, meus pés também estão reclamando. Gostamos de chegar muito cedo, antes que qualquer outra pessoa tenha revelado seus pés exaustos do trabalho, doloridos, às vezes assustadores. Hoje estamos atrasados. Tiro minhas sandálias e vou baixando devagar meus próprios pés sofredores na água corrente. Ed mergulha os seus até o fundo. Depois, percebemos um homem com o nariz muito vermelho, cortando as garras amarelas dos dedos dos pés para dentro da água. Ele não deve cortá-las há meses. Ficamos olhando quando sua unha enorme, como uma espiral de cera, cai na água. Mudamos de lugar para ficar a montante dele.

A 52°C, o choque da água quente num dia de calor é forte. Os pés de Ed, que calça 45, ficam ainda maiores dentro da água ao lado dos meus pés compridos de coelho. As vezes, a água parece morna apenas. Esfregando meus calcanhares no leito liso de travertino, eu me concentro nos minerais invisíveis porém poderosos que estão começando a aliviar bolhas, relaxar tendões e músculos, até mesmo purificar a pele e as unhas. Ed diz que seu hematoma roxo está desbotando, desaparecendo. A água começa a dar a sensação de estar passando através dos meus pés. Quando fecho os olhos, parece que só meus pés existem.

Depois de vinte minutos, estou de novo de sandálias, com os dedos brilhantes, vermelhos como lagostas. Ed calça as alpargatas dentro d'água e sai com pequenos esguichos. Curado.

Esta é a parte estranha. Ao voltar para a cidade para um *gelato* de morangos, eu não só sinto uma onda de euforia; meus pés também dão a impressão de que poderiam levitar. A rotina da vida italiana continua a me surpreender. O que será que essas águas italianas *têm*?

Chegamos a Montecchiello por uma estrada branca que sobe cortando campos de tremoços roxos salpicados com as mais recentes papoulas. A cidadezinha murada está misteriosamente vazia. Finalmente, descobrimos o motivo. Todo mundo simplesmente encerrou o expediente e foi para casa para ver a importante partida de futebol, cuja transmissão estridente sai de cada janela. Enquanto perambulamos, deparamos com um homem a urinar do lado de fora do sanitário público fechado na borda da cidade. Grande parte da muralha do castelo está intacta. Lá dentro, as ruas são tão limpas que parecem um convés recém-esfregado.

– É uma cidade bem enfeitada – avisou-nos um amigo. – Nunca vi tantos gerânios na minha vida. – É verdade, eles estão em cada alpendre, escada ou peitoril. O efeito é de grande impacto em contraste com as casas imaculadas, de venezianas fechadas, e os raios de sol que entram finos em aleias medievais. É uma entre centenas de cidadezinhas semelhantes no alto de um morro, mas essa é uma que nunca visitamos. Vamos ter de voltar para encontrar a fábrica de tecidos que existe aqui, segundo o guia que estou lendo. E, como a igreja esta trancada, para ver a Virgem de Lorenzetti.

Até mesmo o padre está provavelmente com os olhos cravados numa bolinha sendo chutada de um lado para o outro na tela de uma televisão.

De Montecchiello descemos, descemos, deixando-a com seus gerânios desenfreados, e passamos por prados com flores do campo, vinhedos, casas de fazenda abandonadas e inúteis em colinas, cruzando o suave anoitecer e os cheiros de pocilgas, na direção de Pienza, a primeira cidade do Renascimento.

Pienza não é parecida com nenhuma outra cidadezinha. Um papa com o esplêndido nome de Enea Silvio Piccolomini a construiu para homenagear o local do seu nascimento. Ele deve ter mandado demolir a maioria dos prédios medievais para erguer sua cidade renascentista ultramoderna, já que ela é um conjunto harmonioso.

Há uma história sobre Rossellino, o arquiteto, que é uma tortura para qualquer pessoa envolvida com reformas ou construções. O arquiteto ultrapassou loucamente o orçamento e escondeu o fato do Papa. Quando os excessos foram finalmente revelados, o Papa lhe disse que ele fez bem em ocultar os valores, pois o pontífice jamais teria autorizado tais despesas e nunca teria tido como monumento uma cidade tão maravilhosa. O Papa recompensou o arquiteto com ouro e um manto enfeitado. Talvez nosso primeiro construtor conhecesse essa história!

A *piazza*, cercada pela catedral e por diversos palácios para bispos, cônegos e para o Papa, é de uma beleza espantosa, estonteante. Pienza é esplêndida em todas as suas partes, desde o feliz achado da rua residencial ao longo das muralhas aos mastros de ferro e aos interessantes elos moldados na forma de animais, aos quais se costumavam amarrar os cavalos enquanto os donos resolviam seus assuntos na cidade. Atualmente, nada de cavalos, e nada de carros também, o que contribui para a impressão de silêncio e harmonia da cidade. Andamos pelos *vicoli*, as ruelas estreitas, com nomes sugestivos: Vicolo Cieco (cego), Via della Fortuna, Via delle Serve Smarrite (das servas perdidas), Via dell'Amore, Via del Balzello (do alto imposto ou, no dialeto, do homem que olha para mulheres), Via del Bacio (do beijo), Via Buia (escura).

A parte dos fundos da etérea catedral de Rossellino está afundando. O solo poroso de rocha calcária está cedendo um pouquinho a cada ano. Uma rachadura ameaçadora que parece ter sido emendada com um grampeador desce pela parede e continua pelo chão afora. Visito minha pintura preferida aqui, a virgem Ágata, mártir, que recusou as atenções de Quintino e pagou por isso com a extirpação dos seios. Ela nos chega através dos tempos segurando numa travessa os seios arrancados, que eu de início pensava ser um prato de ovos fritos. As mulheres que temem pelos próprios seios a invocam, e ela é a santa padroeira também dos sineiros. Talvez, num quadro em algum lugar, os seios em forma campanular tenham sido confundidos com pequenos sinos.

Uma vez li num livro dedicado às rotas de peregrinações medievais que todas as cidadezinhas ao longo do caminho eram apinhadas de lojas de *souvenirs*. Portanto, o excesso de lojas que nos vendem peças de cerâmica em Pienza, em nossas diversas peregrinações, tem seu precedente. Esta região é famosa por seu *pecorino*. A rua que leva ao centro tem tantas lojas sedutoras que vendem queijos redondos envoltos em folhas ou em cinzas que o aroma picante nos acompanha rua abaixo. Compramos um *pecorino* curado (*stagionato*) e provamos um de meia-cura (*semi-stagionato*). O mel e as ervas também são especialidades. Alguns são homeopáticos – vemos um mel para o fígado e um para o aparelho respiratório. Uma loja tem vasos de *ruta*, arruda, que vou acrescentar ao meu jardim de ervas.

Sou atraída por todas essas lojas de alimentos e ao mesmo tempo sinto repulsa. Pienza tem na verdade um exagero delas. De volta à rua principal, gostaria de ver o sapateiro e a quitanda. O que resta da antiga arte do *ferro battuto*, ferro batido, é uma loja sofisticada que vende abajures, mesas e alguns portões e cães de lareira antigos aos turistas que veem de Bologna ou Milano só para passar o fim de semana. E, naturalmente, a nós. Olhamos suas lanternas suspensas de ferro com globos de vidro que terminam numa lágrima arredondada, reproduções de peças antigas ainda vistas em algumas ruas de Siena e Arezzo. Precisamos de uma luz lá fora perto da *limonaia* e outra para o teto num quarto. Eles as têm. Compro também um velho ferro que se abre para receber carvões quentes. O cabo de madeira gasta me diz que alguém empurrou esses quase três quilos por cima de muitos aventais e camisas de trabalho.

Bem do lado de fora da porta principal, encontramos uma *trattoria* com terraço. Fico emocionada sempre que vejo flores fritas de abobrinha. Atacamos um lombo de porco grelhado com alecrim, batatas assadas com muita pimenta e uma salada de rúcula nova, com um levíssimo toque de azeite de qualidade.

Em torno da *piazza* da catedral, os imponentes prédios de pedra têm extensões em travertino ao redor da base. Elas servem de bancos; e, ao longo dos anos, foram polidas e alisadas pelos traseiros que ali descansaram enquanto admiravam o grande poço e a magnífica *piazza* do Papa. Acima de uma delas está escrito "*canton de'bravi*", canto dos bons. Será que temos direito? Estamos meio sonhadores depois do jantar; o travertino, ainda morno do sol. Vimos uma menininha num vestido branco em estilo marinheiro perseguindo um gato. A lua cheia está pousada acima da perfeita *piazza* de Piccolomini.

– Incrível o que conseguem realizar um pouco de egolatria e muito ouro – comenta Ed.

– Talvez ele tenha até mesmo ordenado à lua cheia que cruzasse os céus todas as noites.

Mais um jogo de futebol aos berros na televisão no bar; as mulheres e os bebês estão na rua, e os homens, lá dentro. Numa *piazza* bem ao lado da principal, outra televisão foi instalada ao ar livre, perto de um poço renascentista, e todos os vizinhos trouxeram cadeiras para fora, para torcer e gritar pela Itália nesse início de noite. A luz azulada da tela é refletida no semicírculo de rostos enlevados. De braços dados, caminhamos pela estrada da muralha. Pela segunda vez hoje, fico assombrada com o dia a dia da vida na Itália. Ed estica o pé e diz que não sente dor.

Uma volta pelo lago Trasimeno

Com a obsessão por nossas listas de coisas a fazer para a casa, geralmente nos propomos um objetivo, um prazo, uma programação. Um súbito "Pare! ou "Vamos seguir por aquela estrada" sempre surge tarde demais para alguma alteração. A paisagem em torno do lago Trasimeno, no entanto, nos convida a entrar em meandros, a não se importar se o destino acaba sendo outro. Tão perto, e ao mesmo tempo tão distante das cidades importantes do Perúgia e Assisi e das famosas cidades da Toscana, que ficam nos seus arredores, a região do lago é tranquila e verdejante, com campos de girassol e milho contornando a água. O lago, que tem um perímetro de 54 km, é a maior extensão d'água na península italiana; e suas três ilhas verdes – Maggiore, Minore e Polvese – realçam seu tamanho. Pequenas barcas em azul e branco fazem o transporte até as ilhas. O lago parece imenso. Céus turbulentos lançam sombras com movimentos dramáticos sobre a água, que é de um azul deslumbrante ao meio-dia de um dia claro e com frequência de um prateado de gelo quando o sol nasce ou se põe. Às vezes, a superfície do lago reflete um pôr do sol espalhafatoso em laranja e amarelo enquanto os montes circundantes passam para um roxo escuro. Nunca vi uma paisagem mais instável. Já ouvi falar que pilotos na Segunda Guerra Mundial confundiam o lago com um campo de pouso e que seu fundo está coberto de aviões acidentados. Os contrafortes dos Apeninos se desenrolam ao longo do horizonte; e há torres, ruínas e cidadelas muradas empoleiradas no alto de muitos morros.

Ainda não consigo resistir à atração magnética de sedes de fazendas abandonadas. De tantos em tantos quilômetros, Ed para o carro, e nós atravessamos um matagal de urzes, fazendo uma restauração imaginária e entrando na casa agradável, que muitas vezes não tem telhado. Nos lugarejos maiores, como Castiglione dei Lago, Città della Pieve e especialmente em Passignano, que fica à beira do lago, há outros turistas, mas não se vê ninguém sendo despejado de ônibus cheios ou bufando pelas ruas com aquele tipo de determinação que costumo ter. Por aqui, os viajantes preferem sentar num pátio à beira do lago, comendo pizza de pimentão vermelho assado, caminhar ao longo de uma muralha à sombra de uma porta renascentista ou dirigir pelas frescas estradas do campo, com as janelas baixas, talvez pondo no volume máximo a fita de Pavarotti em árias de partir o coração.

As aldeias serenas com vistas panorâmicas de água azul condizem tudo o que sabemos da história desta região. A história Mills antiga é romântica: o semideus Trasimeno seguiu para o Interior da Itália numa expedição de caça. Quando chegou ao lago, vislumbrou a ninfa das águas Agilla e se apaixonou. Naturalmente, mergulhou atrás dela e naturalmente, por ser parcialmente mortal, morreu afogado. O lago recebeu seu nome. Depois disso, os registros históricos dão conta de batalhas e mais batalhas: saques seguidos de pilhagens, castelos reconstruídos só para serem capturados, incendiados e ocupados novamente pelo inimigo. Mercenários, duques em guerra, reis estrangeiros e a cidadezinha no próximo monte; todos faziam constantes investidas contra os povoados, com os castelos, hoje tão encantadores, servindo como o equivalente local dos abrigos antiaéreos. Sua localização elevada era *mesmo* escolhida para proporcionar melhor visão – mas o que procuravam avistar era o próximo exército de saqueadores. Exatamente o que estava sendo disputado? Água doce é um recurso valioso, especialmente num clima seco. Os castelos e cidades desprovidas de muralhas eram, portanto, de interesse por si mesmos. Uma olhada no mapa deixa clara a importância maior dessa área. Situado bem no coração da Itália, o Trasimeno era o ponto crucial de muitas migrações e passagens. Os comandantes dessa região determinavam quem passava para o norte ou para o sul. Muitas das rotas trilhadas por peregrinos que se dirigiam a Roma margeavam o lago, seguindo antigos caminhos que levavam ao sul.

Toda aquela destruição, por agradável ironia, deixou um legado bucólico.

Adoro Castiglione del Lago, uma cidadezinha murada quase toda cercada de água. Em dias abafados de verão, na hora da sesta, costumamos trazer espreguiçadeiras e] para uma das praias do lago. Podemos atravessar o capim espinhento e ir a um bar comprar sorvete, caminhar pela praia ou simplesmente afundar num torpor de verão ao embalo do som de banhistas italianos ao longe. Entrei na água uma vez. Estava na temperatura ambiente e o fundo era lodoso. Tive de andar uma eternidade para chegar a uma profundidade adequada para nadar, enquanto pequenas criaturas com barbatanas roçavam minhas pernas.

O castelo local, digno de contos de fadas, tem passarelas ao longo das ameias e um estreito corredor de pedra talvez com dois quarteirões de comprimento com janelas recortadas para a defesa. Olhar para a frente ou para trás no corredor sugere que estamos entrando num espelho. Na loja de chás e cafés, a proprietária também tem um estoque de variedades de mel da região. Venho querendo provar o mel de castanheiro, muito escuro, e o mel de *tigli* das tílias floridas. Sentia também curiosidade acerca das tisanas, infusões homeopáticas feitas com diversas flores e ervas, com curas associadas a cada uma. Ela nos disse que também o mel tem suas virtudes específicas. Não me pareceu muito homeopático, mas ela disse que a cura garantida para enxaquecas é o mel de acácia misturado com *grappa*. Eu sempre havia associado a *grappa*, o mais forte dos destilados da uva, à causa de dores de cabeça.

Depois de uma manhã no lago e uma caminhada, seguimos de carro até a periferia da cidade para ir à Cantina Sociale, onde os lavradores da região vendem suas uvas. O vinho tinto, produzido com essas uvas, consegue ser bastante bom. Poderíamos chegar com nosso carro de ré e tirar um garrafão, que seria abastecido exatamente como se abastece um carro no posto. A bomba registra os litros, e o preço é aproximadamente um dólar por litro. O vinho engarrafado é mais caro – de dois a cinco dólares. Seus tintos e brancos, com os rótulos de Colli del Trasimeno e Duca di Corgna – um daqueles guerreiros de antigamente – são DOC (*denominazione di origine controllata*), uma comprovação de que os vinhos da região atendem a critérios de qualidade que fazem jus a essa classificação oficial.

Começamos com meu tópico preferido de conversa – onde vamos almoçar. Como a maioria das cidades em volta do lago nem chega a ser mencionada nos guias turísticos, perambulamos examinando os cardápios afixados, verificando o ambiente de cada restaurante. A culinária é robusta e tradicional em toda a região do Trasimeno, nada que de longe sugira a moda, muito embora molhos para massas preparados com coelho ou javali ainda nos pareçam exóticos. Na época mais fria, a minha escolha preferida é a *ribollita*, uma sopa tão espessa que a colher consegue ficar parada em pé na tigela. A maior parte dos pratos do dia é de peixe do lago – carpa, sável, perca, *frittura* (uma mistura frita de pequenos peixes do lago que lembram os barrigudinhos que passavam em cardume em volta das minhas pernas) e *tegamaccio*, a sopa de peixes da região que varia conforme o que for pescado. Há por aqui uma profusão de enguias amarelas, que costumam ser preparadas num molho para massa (*spaghetti al ragù d'anguilla*). Um peixe muito admirado, *lasca* (uma espécie de pardelha, cujo equivalente em inglês tem o nome pouco apetitoso de *roach* [barata]), desapareceu.

Resolvemos dar a volta ao lago, pegando aleatoriamente estradas atraentes, tomar a barca até Isola Maggiore e ir até Panicale, Paciano e Città della Pieve, lugares ligeiramente fora do circuito. Como as distâncias são muito curtas, é fácil voltar para casa ao final de um dia de passeio. É igualmente fácil, no entanto, pernoitar em algum ponto do caminho. Passignano, o principal balneário no lago, parece ser uma boa opção para uma noite, tanto quanto Isola Maggiore. Do mesmo modo que os restaurantes, os hotéis nesta região não são sofisticados, mas simpáticos e confortáveis, com a virtude suplementar dos preços módicos.

Antes de partir, paramos no *forno* para comprar dois tipos de *torte al testo* (um pão achatado, crocante, assado na chapa quente em forno a lenha), um com *pancetta* e o outro com *parmigiano*. Os balcões também exibem *serpentoni*, docinhos de amêndoas com o formato de cobras.

Tuoro é nossa primeira parada. Queremos ver mais de perto os charcos ao longo da margem do lago. E, naturalmente, estamos a par do local da famosa batalha. Um homem puxando redes de pescar do barco de proa chata nos aponta o local onde Flamínio acampou durante a noite enquanto Aníbal esperava amanhecer para atacá-lo com seu exército heterogêneo de númidas, berberes, líbios, gascões, iberos e outros dissidentes que fora amealhando no caminho. Àquela altura, só restava a Aníbal um dos 39 elefantes com os quais fizera a famosa travessia dos Alpes. Também havia perdido um olho, mas ainda exercia perfeito controle sobre seus 40 mil homens. Ele passou a perna em Flamínio e, numa manhã enevoada, empurrou os romanos direto para dentro do lago. Quinze mil romanos morreram, contra apenas 1.500 dos homens de Aníbal. Além de Ossaia (ossário), onde Anselmo mora, Sanguineto (ensanguentado) também relembra aquele dia. Em Tuoro, um busto feio e moderno de Aníbal celebra o feito.

Quando estava no segundo ano da faculdade, fiquei pasma ao saber que meu curso de História Moderna começava no ano de 1500. Para mim, 1500 não parecia nem um pouco moderno. Quando comecei a fazer viagens à Itália, comecei a entender, em termos reais, não em termos abstratos, que 1500 é bastante recente. Ainda é difícil imaginar Aníbal disputando o poder com os romanos, aqui onde o panorama tranquilo parece estar inalterado desde muito antes daquela época. Logo após o limite do charco, há postes fincados dentro da água, com redes presas a eles, um método que poderia remontar à pré-história.

Uma autoestrada com quatro pistas acompanha a margem do lago entre Tuoro e Magione. Somos fiéis ao nosso bom mapa e não entramos no movimentado *raccordo*. É um prazer dirigir pelas estradas pequenas. No percurso, observamos, atentos, as finas placas amarelas, que indicam o caminho até uma igreja do século XIII, uma *fortezza*, portões romanos ou uma torre. É também um prazer parar nas placas de *"vendita diretta"* expostas perto de fazendas ou propriedades que vendem seu vinho, azeite ou mel diretamente ao consumidor. Nos arredores de Tuoro, estradas sedutoras levam à torre inclinada de Vernazzano, a Mariotella, uma *casa* medieval fortificada, e a Bastia Corgna, um castelo abandonado, de maior tamanho, de 1300.

Castel Rigone ocupa uma das melhores posições acima do lago. Ainda existem partes substanciais das velhas muralhas da cidade. No início do século XVI, foi construída uma bela igrejinha em homenagem aos milagres que ocorriam na região, atribuídos a uma pintura da Virgem Maria. No interior da igreja de pedra cinza, pura e simples, restam afrescos maravilhosos, que incluem uma Assunção de Battista Caporali.

Descemos a estrada sinuosa até Passignano, um balneário tranquilo de ruas arborizadas com espirradeiras, com um núcleo medieval na cidade e muitos cafés e hotéis às margens do lago. Duas lojas esparramam até a calçada seu vasto estoque de maiólica pintada à mão, da cidade próxima de Deruta. Os preços estão mais baixos do que em Deruta. Como conseguem suportar levar todas essas canecas, jarros, castiçais e travessas para dentro da loja todas as noites?

Considero irresistível a estampa alegre das xícaras de café, dos pratos e das tigelas para massa, mesmo que seja inconveniente carregar esse peso até San Francisco. Nossa louça em Bramasole vai ser uma mistura enlouquecida. Manteigueiras, potes para servir *parmigiano*, bules para chá – devo agradecer aos deuses pela existência de plástico bolha. Já entrei no espírito de Natal. Ed vai ao bar vizinho tomar um expresso. Ele só aguenta até um certo limite. Guardo as sacolas no carro e vejo que ele se encaminha para uma *rosticceria* e pizzaria, o quartel-general da pizza de batatas, que é muito melhor do que parece. A pizza de cebola vem logo depois, em segundo lugar, com as cebolas cozidas lentamente, quase carameladas.

Não é necessário planejar a hora para ir a Isola Maggiore e Polvese. As barcas que saem de Passignano, Castiglione del Lago ou Tuoro são tão frequentes que se pode embarcar a qualquer hora. Vinte minutos pela água e desembarcamos em território estranho – nenhum automóvel. Como Maggiore parece estar completamente afastada no tempo, resolvemos passar a noite na única estalagem da ilha. Sentimos o isolamento especial do lugar depois da partida da última barca, quando a ilha volta a ser a aldeia de pescadores que sempre foi. Um passeio solitário pela rua principal à meia-noite pode causar a impressão de estarmos presos dentro de uma cápsula de preservação do passado. Atualmente vivem aqui cerca de sessenta pessoas. A população máxima que a ilha teve foi de seiscentos habitantes durante o século XVI. O povoado de uma única rua tem casas de pedra dourada, com olivais subindo pelas encostas nos fundos. De vez em quando vê-se uma mulher no portal de uma casa procurando uma luz melhor para fazer rendas. Redes grandes, providas de arcos, chamadas *tofi*, secam ao sol. Com o formato de cornucópias, essas redes são para a pesca de enguias. Damos a volta à ilha a pé (cerca de 1,5 km), passando por um local onde São Francisco desembarcou em 1211. São Francisco esteve por toda parte na Toscana e na Úmbria; mais ou menos como o "George-Washington-dormiu-aqui" nos Estados Unidos. Restam três igrejas abertas na ilha. Bem na rua principal, Buon Gesù lembra muitas igrejas mexicanas, com afrescos ingênuos. A espontaneidade torna o observador consciente da mão do artista. As outras duas igrejas são do século XII: San Salvatore e San Michele, que fica no ponto culminante da ilha, uma subida cansativa através de olivais.

Pergunto à zeladora da igreja de San Michele sobre o estranho castelo na extremidade da ilha. Nós passamos por ele na caminhada e tentamos entrar, mas as janelas estavam fechadas havia tanto tempo que a hera as recobriu, quebrando a madeira e se enroscando entre as pedras da parede. Sem dúvida, a Bela Adormecida está sonhando num aposento no alto. Situado numa curva do perímetro da ilha, dele descortina-se uma vista de 300° da água. A zeladora nos diz que o castelo, abandonado há anos, era um mosteiro.

– Alguma chance de se ver o interior dele? – pergunto, sem grande esperança. Mas, como acontece com tanta frequência na Itália, é possível, uma amiga toma conta de lá e, sim, ela nos mostrará o castelo. A amiga estará passando pela igreja dentro de uma hora, que voltemos então. Descemos novamente até o povoado e compramos um guia da ilha. Lemos que o castelo foi construído no fim do século XIX por cima de um mosteiro e igreja de São Francisco de 1328. Um marquês construiu essa extravagância para sua mulher, Isabella. A família restaurou a igreja, construiu o embarcadouro e trouxe da Irlanda uma mulher para ensinar às aldeãs a arte de fazer renda. Já na década de 1960, porém, esse feudo tardio estava abandonado; sua mobília luxuosa, toda vendida.

A zeladora apanha uma enorme chave de ferro e nos faz entrar na igreja do castelo, totalmente às escuras a não ser pela sua lanterna. Conseguimos discernir uma abóbada azul com estrelas douradas. Cadeiras, peças do altar e divisórias do coro estão empilhadas no chão. Logo estamos dando voltas em corredores e acompanhando sua luz por quartos cada vez mais escuros. Em alguns deles, ela de repente abre com força uma janela, deixando entrar a assombrosa paisagem azul; e vemos paredes de damasco caindo em tiras, opulentos frisos e sancas pintadas. Num pátio, vislumbramos o que deve ter sido o claustro do mosteiro, com seu enorme poço de pedra. Perco a conta dos aposentos. No círculo da sua lanterna vemos o teatro e a sala de jogos em ruínas, com cenários pintados e cortinas de veludo jogados no chão. Um castelo para gerações de camundongos. É espantoso como foi rápida a ruína do lugar. Será que alguém vai despertar a princesa? A encarregada diz que alguém de Roma planeja restaurar o castelo um dia. Esperemos que ele tenha toneladas de *lire*.

Continuando na volta ao lago, ziguezagueamos em meio a paisagens encantadoras. Gosto muito da tranquila Monte del Lago, uma cidadezinha encastelada com portão e muralhas impressionantes, logo acima do lago. O hotel ali serve uma espantosa *carpa regina in porchetta*, carpa acompanhada de ervas e pedacinhos de porco assado, e *zzurlingo al sugo di lago*. *Zzurlingo* é uma palavra do dialeto local para um macarrão fino e achatado; servido nesse caso com um delicioso molho que tem como base o peixe. Seu *filetti di persico con salsa della casa*, uma perca delicada com molho de ervas, é também fantástico, acompanhado por um copo de vinho branco frisante. Monte del Lago oferece amplas vistas do lago. Dos parapeitos, em dias nublados, a água cinzenta perto da margem ganha tons de verde-maçã, azul-piscina, azul-ultramar. Não se vê ninguém por perto, a não ser um gato de três patas, dormindo num muro.

Igualmente serenas são Antria, uma miniatura de aldeia murada, e Montecolognola, com uma entrada provida de portão duplo. Esses lugares reorganizam meu sentido do tempo. Os locais imutáveis continuam a absorver o sol como sempre fizeram. O estranho portão em Montecolognola comporta uma Moto Guzzi ensurdecedora (*por que* não exigem silenciosos?), bem como uma carroça puxada por bois em tempos passados.

Maior e menos atraente, Magione fica à sombra de uma torre muito alta, envolta no que parecem ser andaimes permanentes. Os Cavaleiros de Malta também deixaram em Mangione uma fortificação maravilhosa da época das Cruzadas, mas ela agora é propriedade particular e difícil de ver em virtude das árvores. Logo na periferia de Mangione, avistei outra Cantina Sociale e considerei seus vinhos DOC tão bons quanto os da vizinha do outro lado do lago. A cantina fica ao lado de uma grande serralheria. *Ferro battuto* é a antiga arte da região. Cortona, como muitas cidadezinhas, tem suportes para archotes e estandartes, aros para amarrar cavalos, bandeiras semicirculares no alto de portas e janelas, e lampiões. À exceção de alguns mestres, o ofício está acabando. Eis, porém, uma operação em larga escala. Eles ainda fazem tradicionais lampiões de ferro com globos transparentes, utensílios para a lareira e para a grelha, além de cães de lareira, mesas, camas e outras peças grandes. Seu depósito comprova que trabalham em quantidade, ao contrário das forjas de apenas um homem que usamos na nossa reforma. Uma das características que mais aprecio na Itália é que, mesmo num lugar tão grande, eles fazem qualquer coisa para agradar ao freguês. Não gostei da flor no guarda-fogo e perguntei se era possível ter um sem a flor. Marco reflete. Faz um gesto para que o acompanhemos. Entramos na enorme oficina com fogos em combustão lenta, fossos de tinta e pilhas de peças de ferro. Com um maçarico e um retoque, em dez minutos, ele remove a flor. Será que podemos ter os cães de lareira sem a curva? Claro, na semana que vem. Lembro-me da laje de travertino abandonada na casa e pergunto se podem fazer um pé para mesa. Claro que sim. Ele nos leva para sua casa e nos mostra a mesa que projetou para a família. A mulher nos oferece uma Coca, e nos sentamos no pátio enquanto ele esboça uma base de mesa da qual acha que vamos gostar. E gostamos. Esperando que ele diga seis semanas, pergunto quando poderemos tê-la.

– Na próxima terça-feira, seria conveniente para vocês?

Ali por perto fica Rocca Baglioni, com sua torre dupla, e Zocco, um castelo abandonado numa colina proeminente, com vista para o lago. Na aldeia de pescadores de San Feliciano, descobrimos o Museu da Pesca, onde aprendemos talvez mais do que queríamos saber sobre a história da pesca na região.

Embora pareça que estamos passando a alta velocidade pela Úmbria, as distâncias são curtas, com alguns quilômetros entre uma parada e outra. Descemos, então, para a região logo ao sul do lago, em busca do Santuario di Mongiovino. Quando estamos chegando, eram do campanário os toques estridentes do final da missa, e as portas se abrem com violência soltando dezenas de crianças e freiras para um átrio de prédios antigos desmoronados. Apenas a igreja está intacta. Sua estrutura quase quadrada não tem igual entre as igrejas que vi. Quando demos a volta para examinar o prédio, descobrimos algumas unidades móveis, moradas para os beneditinos. Mais no alto do morro, chegamos a Mongiovino Vecchio, uma fortaleza militar em eras passadas e agora habitada por algumas famílias. Não que vejamos vivalma. Muitas das cidades encasteladas têm uma calma digna de dia seguinte ao do Juízo Final. Chegamos a ver roupa batida pelo vento num varal; e de uma janela de pedra no alto ouvimos o som inconfundível de Jimi Hendrix. Sentamos na grama junto a uma parede caída e chupamos as uvas quentes que deixamos no banco traseiro do carro.

Estamos procurando a Torre d'Orlando, um castelo com uma torre construída em 917. O mapa detalhado indica sua posição numa estrada em arabesco entre Paciano e Panicale. Subimos por encostas de olivais até Paciano e atravessamos os portões medievais para entrar numa cidade totalmente fechada para a sesta. Um monte de gatos de um amarelo avermelhado, adormecidos à soleira de uma porta, não se dão ao trabalho de abrir os olhos para ver. Num belvedere com vista para o vale, alguém plantou um círculo florido de alfazema em torno de dois bancos, e nós sentamos para apreciar o jardim secreto. Abelhas e borboletas amarelas e azuis zumbem velozes – a única atividade por ali. Depois de uma leve chuva matinal, a fragrância parece subir em ondas. Lemos que Paciano tem um museu e duas igrejas construídas por volta do ano 1000, além de diversas igrejas do século XV com afrescos e portas entalhadas. Tudo fechado, naturalmente.

Não conseguimos nem mesmo encontrar um café expresso nesse sossego arrepiante, e seguimos em frente, virando para a esquerda quando deveríamos ter ido pela direita para encontrar a torre esquiva. A cada curva, a estrada se abre para mais uma ampla vista da paisagem dos vales da Úmbria. O único tráfego que encontramos é um rebanho de carneiros na estrada, pastando loucamente o capim e a rúcula silvestre do acostamento, enquanto um *spaniel* frustrado tenta arrebanhá-los para seguir morro acima. Desligamos o carro e ficamos ouvindo suas campainhas.

Logo, chegamos a Panicale, terra natal de Boldrino, famoso mercenário e um dos principais encrenqueiros do século XIV. Diversas cidadezinhas lhe pagavam um salário permanente só para garantir que ele não as atacasse. Apesar de suas pilhagens e assassinatos, ele é lembrado com uma placa. Será que a Máfia descende desses mercenários medievais? Panicale tem muito mais atrações do que a lembrança desse filho perverso. O portão impressionante conduz a uma fonte na *piazza* central, que um dia foi um poço habilmente projetado para colher a água da chuva na Idade Média. Como muitas cidadezinhas na Itália, Panicale tem uma igreja 'rgem das Neves, em homenagem a uma rara nevasca no agosto de 552. Embora Masolino tenha nascido aqui, apenas uma pintura sua está em exibição, uma anunciação na igreja de San Michele. As ruas que vão se bifurcando são um convite à perambulação, e as vistas do lago distante a partir desta posição elevada não param de fazer o observador se lembrar de pinturas. O *Martírio de São Sebastião* de Perugino, na igreja de San Sebastião, revela através dos arcos ao fundo a paisagem inalterada da Úmbria.

Há duas outras obras de Perugino na mesma igreja, *Nossa Senhora e o Menino* e *A Virgem na Glória*. O pintor está enterrado a menos de quatro quilômetros dali, perto de Fontignano, onde sucumbiu à peste negra. A igreja da Anunciação nessa cidade contém seu túmulo (moderno) e um afresco. Perugino jaz pouco adiante do local onde veio ao mundo como Pietro Vannucci.

Città della Pieve é uma das minhas cidadezinhas preferidas. Esse lugarejo estranho e animado, nossa última parada nessa excursão pela região do lago, parece ser um lugar maravilhoso para viver. Nós nos sentamos num café para absorver os ritmos da rotina diária. Grandes grupos de homens jogam cartas à sombra de um caramanchão, uma menina grita para um homem que está lá no alto na mais pitoresca das cadeias, monges passam com cestas de compras, estandartes nas cores do arco-íris estalam com o vento acima da *piazza*. Depois de todas as lindas aldeias de pedra clara da Úmbria, essa aqui causa um choque: e toda em tijolo vermelho. Com os telhados de telhas de barro e uma escala humana de arquitetura, Città della Pieve parece especialmente aconchegante e simpática. O tijolo vermelho não é a única excentricidade. A "rua mais estreita da Itália", Via Baciadonna, é estreita o suficiente para que duas pessoas se debrucem das janelas e se beijem. A *piazza* central, de desenho irregular, forma uma espécie de triângulo tendo a catedral como hipotenusa. A catedral foi construída em cima de alicerces de um templo antigo. Ela também tem sua idiossincrasia. O interior escuro é pintado com exagero em imitação de mármore: colunas em espiral, faixas, painéis e círculos em todas as cores e desenhos que o mármore pode apresentar e mais outras. Sofisticadas molduras pintadas cercam as sofisticadas molduras reais de quadros. Das muitas pinturas daqui, O *Batismo* e *Maria em sua Glória* são as mais cativantes. Para vê-las, deixamos cair *lire* na caixa de *luce:* as luzes ficam acesas por um curto período.

Eu tinha conhecimento das obras de Perugino em Città della Pieve. Mas não sabia do objeto espantoso do outro lado da rua em frente ao Palazzo della Corgna: um raro e alto obelisco etrusco do século VIII a.C. Há também sarcófagos etruscos. O outro ponto alto artístico da cidade é, indubitavelmente, a *Adoração dos Magos* de Perugino, no Oratório di Santa Maria dei Bianchi, ao lado da igreja do mesmo nome. Restaurada em 1984, a pintura é realmente esplêndida. Como ele conseguia aquelas cores? O lilás esfumado, o amarelo-açafrão, o verde-amêndoa, os azuis do mar e aquela luminosidade difusa? Como esse é o único quadro na sala, e como estamos a ponto de deixar esta cidadezinha idílica, demoro-me a examinar cada detalhe, um anjo no alto à direita, um pastor, um cão branco em movimento, árvores emplumadas, cavalos e lá ao fundo a paisagem que Perugino conhecia tão bem – os montes em descida suave na direção das águas do lago Trasimeno.

De um caderno amarelo: reflexões sobre viagens

Fiz minha primeira viagem sozinha aos seis anos de idade. Implorei que me deixassem ir a Vidalia para visitar minha tia preferida e minha avó cega. Minha mãe dirigiu quase quarenta quilômetros até Abbeville para que eu pegasse o trem. Quando estacionamos, o trem começou a sair, com seus ruídos de descarga. Não sei por que motivo isso teria sido à noite, mas na minha lembrança é nítido o trem aceso. Minha mãe salta do carro, aos gritos para que parem o trem e, não sei bem como, o trem para, sou embarcada de qualquer jeito e já estamos em movimento, enquanto o Oldsmobile azul da minha mãe arranca ruidoso, o braço dela acenando pela janela.

O vagão está vazio a não ser por mim. Trago minha pequena maleta redonda para viagens curtas e um livro da série dos Bobbsey Twins para ler. Logo estaria na casa da minha tia Mary. Amanhã, minha avó fará biscoitos, enquanto observo as mãos que tateiam fazer o trabalho pelos olhos e pelas mãos. Ela se queixará do fígado e de sinusite sem parar. Eu conto as doenças para ver quantas ela pode ter. Já chegou a 17. Ela me deixará usar o círculo de cabo verde para cortar as rodelinhas da massa macia. Vou brincar nas grutas úmidas atrás da casa, fazer cavalos e aves com o barro vermelho viscoso. O trem! Atravessando veloz a escuridão, toda essa distância – 110km – até Vidalia, estou deixando para trás meu carrinho de vime cheio de bonecas, minha *cocker spaniel* preta, Tish. Será que o condutor vai me avisar onde saltar? Minha mãe lhe pediu.

Enrosco-me junto à janela, sentindo no ombro os estalidos metálicos dos trilhos, procurando ver as janelas acesas das casas de fazenda. *Quem mora ali?* Gostaria de saber sobre essas pessoas, sobre a vida nessas casas afastadas, no campo.

Quase posso ocupar aquele corpinho resistente, quase posso sentir minha testa encostada no vidro. Todos os mistérios e atrações de viajar já estavam lá, no início, mesmo a fascinação pela vida num lugar, esse mistério comum que reconheci anos mais tarde num dos últimos *haikus* de Basho, escrito no fim do século XVII.

> Alto outono,
> Meu vizinho, como
> Viverá, me pergunto.

No final da vida, ele ainda se perguntava o que comecei a me perguntar no princípio da minha, e que ainda me deixa sem resposta.

Até mesmo antes, aos quatro ou cinco anos de idade, uma vez belisquei o braço da minha amiga Jane Walker e lhe perguntei: "Como você pode existir sem ser eu?" Uma abordagem pré-consciente ao campo metafísico. É uma busca de toda uma vida, descobrir quem "o outro" é e como a vida é vivida fora dos limites finos da própria pele.

Ao partir para outro país, parto para ver o que é "do outro" em escala ainda maior – culturas inteiras, geografias, idiomas. Quem sou eu no novo lugar? E quem são esses que moram ali?

Se o viajante se instalar, mesmo que por duas semanas, se ocupar uma casa em vez de se hospedar num hotel, se comprar figos e sabonete no comércio local, sentar em cafés e restaurantes, comparecer a um concerto ou a um serviço religioso local, não poderá deixar de se abrir para a ressonância do lugar; e, quanto mais se aprofundar, mais estranhas as pessoas se tornam porque são e não são parecidas com ele. Em Pienza, fiquei espantada naquela noite de calor, quando vi a televisão arrastada para a *piazza* para que a vizinhança reunida pudesse assistir à partida de futebol. Isso não poderia acontecer em Pacific Heights, onde moro. Mesmo os menores detalhes revelam que se trata de um mundo novo.

Participei de uma mesa-redonda na Feira do Livro de Francisco. Um dos tópicos propostos era "Agora que o mundo está igual em todos os cantos, como se encontra um lugar sobre o qual escrever? E então como se escreve sobre ele de uma forma que o diferencie dos outros lugares?"

Para a primeira pergunta, a resposta é curta: o mundo não está igual. Para a segunda, sempre penso no conselho de Gerard Manley Hopkins. Olhe bastante para um objeto até que ele comece a olhar de volta para você. Viajar pode ser perigoso. Um forte reflexo de luz é lançado de volta sobre a "vida real", o que às vezes pode ser uma experiência perturbadora. Às vezes, vai-se até os confins interiores, e quem sabe o que se poderia encontrar por lá? Leio muitas narrativas de viagens e artigos sobre viagens, publicados em revistas e jornais, que se resumem na observação. Eles nos dizem onde dormir, onde comer bem e o que é imperdível. Esses artigos podem tornar-se idílicas obras de ficção. Um artigo sobre uma cidadezinha alemã que descreve os personagens interessantes, a cerveja e os brinquedos pintados à mão atrai o leitor. Três páginas depois, na seção de notícias, sai um artigo enorme sobre o movimento neonazista que assombra a mesma cidadezinha. Dissolve-se a *Gemütlichkeit*.[1] O leitor, confuso, volta ao artigo sobre viagens. Quando escrevi artigos sobre viagens, algumas vezes me recomendaram que não mencionasse a pobreza ou traços desagradáveis. Bem, não deixa de ser justo. Numa chuvosa manhã de domingo, o leitor quer sonhar um pouco, depois de ter transposto com dificuldade as duras reportagens sobre mulheres condenadas à morte e sobre a inanição no Sudão.

No entanto, quem é apaixonado por viagens procura algo mais. O quê? Algo deve mudar a gente, algo inefável – ou nada acontece. "Mude-me", escreve Ed num poema. "Torne-me algo que sou." A mudança – a experiência transformadora – faz parte da busca nas viagens.

É comum carregarmos os Estados Unidos conosco. Como poderíamos não levar, se somos perfeitos produtos da nossa cultura? Vemos o que sabemos ver. Poderosos traços genéticos inatos que remontam a instintos territoriais da

---

1. *Gemütlichkeit* no contexto equivale a uma sensação de aconchego. (N.T.)

Idade da Pedra fazem com que no fundo acreditemos que os dinamarqueses e os húngaros voltam para casa e falam inglês à noite. Quanto é isso em dólares? Que coisa horrível esses cafés da manhã! Onde se consegue café de verdade? E o que é mais mortificante, em todos os cantos do planeta ficamos em alerta para não sermos assaltados e agredidos. Tememos a violência dos Estados Unidos por toda parte.

Não somos nós os únicos a carregar o próprio país para onde vamos. O desejo pelo que é conhecido é um impulso irresistível. Já vi japoneses em fila esperando por uma mesa no restaurante oriental em Perúgia. Com todas as maravilhas da culinária italiana ali à disposição, eles optam por alguma versão estranha da culinária da sua terra natal e depois, com grande probabilidade, vão achar que está detestável. É perfeitamente natural, até mesmo inevitável, comparar a Via Veneto com a rua principal da nossa cidadezinha. Infelizmente, se levada a extremos, essa atitude funciona como um obstáculo à experiência: o que sabemos é simplesmente confirmado. Outro poeta japonês escreveu: "Viaje nu num cavalo nu". No entanto, sentimos uma profunda sensação de deslocamento quando viajamos, e a negação desse deslocamento se instala rapidamente. Se ao menos conseguíssemos reconhecer isso – conter o ímpeto de julgar e classificar... Viajar pode reforçar o impulso primitivo de trazer o novo para dentro do círculo do que conhecemos.

Fui a Pasadena – a palavra me põe a sonhar, Pasadena – e, passeando por lá num dia perfeito, vi Starbucks, Banana Republic, Gap, Williams Sonoma, Il Fornaio – todas as cadeias de elite com produtos idênticos em dezenas de outras cidades. Onde é que estou? Nada me aconteceu. E entretanto sem dúvida, se eu tivesse ficado mais de um dia, teria visto que Pasadena tem camadas. Pasadena deve ser diferente de qualquer outro lugar. Nos Estados Unidos, com as franquias e a televisão derramando seus solventes em cima de nós a cada segundo, é preciso olhar mais demoradamente e com mais atenção.

Na Itália, é mais fácil. Cada cidadezinha, cidade, *borg* ou *fattoria* tem uma personalidade intensamente individual

Ela terá sua própria fonte de golfinhos enroscados em ninfas, sua capela de pedra com um quadro da Anunciação, seu obelisco etrusco, suas famílias com nomes nos bancos das igrejas desde 1500.

Um escritor uma vez me disse: "Cuidado com o exótico. É muito fácil ter acesso a ele". E aqui, do outro lado das águas, o exótico está ainda mais disponível. Nós vemos mas não vemos o homem lindo no seu terno Armani que toma café expresso no bar, dando uma olhada no *La Repubblica*. Na Itália, existe o conceito de *la bella figura*. O homem esplêndido no seu Armani pode muito bem morar num deprimente quarto de fundos de uma loja. Pelo menos, ele pode se vestir bem e sair para a *piazza* envolto por uma divina nuvem de água-de-colônia.

Quando comecei a escrever poesia, tinha o que chamava de banco de imagens, um álbum de fotografias que enchia com cartões-postais de quadros de museus, fotografias, listas datilografadas de palavras de que gostava, qualquer coisa que me parecesse relacionada ao processo da escrita. Com o passar do tempo, meu método mudou. Embora ainda tenha diversos tipos de cadernos, as imagens passaram a ser mais internas. Enquanto viajo pela Itália e moro por aqui, tenho muita consciência de *armazenar* o que vivencio e o que vejo. Se um dia eu acabar numa cadeira de balanço na varanda de uma casa com telheiro nos cafundós da Geórgia, planejo ter muito a visualizar. Paisagens, belas refeições, passeios solitários – é, minha mente passa por tudo isso, mas é à vida das pessoas que volto meus olhos com maior emoção. A mão que abre uma cortina de renda. O rosto que aparece à janela. Boca com os cantos voltados para baixo, olhos gélidos, inexpressivos com a decepção, olham para fora e encontram os meus. Nós nos encaramos por um instante, e a cortina cai. *Hello, good-bye.* Às sete da manhã, Niccolò, o bonito proprietário da tabacaria, está lavando as pedras em torno da sua entrada, varrendo e cantarolando. *Lembre-se dele, o cabelo ainda molhado do chuveiro, a melodia, o sorriso repentino – quem ele é quando está só.* Esses vislumbres fazem com que eu entenda aquela frase difícil de Wallace Stevens: "A beleza é efêmera na mente, mas na carne ela é imortal".

É um milagre ver Pompeia, Macchu Picchu, Mont-Saint-Michel. É também um milagre entrar a pé em Cortona, ver o casal de jovens na sua lojinha de frutas e verduras. Ela arruma uma pirâmide de limões num lugarzinho ensolarado. Limpa cada folha com um pano até que brilhe. Tem um frescor na expressão e é muito nova no seu avental listrado cor-de-rosa. É provável que seja grande seu esforço para ter a aparência de proprietária. Seu pescoço longo e delicado lhe confere o ar de ter acabado de pousar de um voo. Já o rapaz lembra o tocador de flauta na parede de um túmulo etrusco – cabelos negros e crespos, rosto de querubim. Ele põe em exposição as cestas de ervilhas que colheu pela manhã na horta da sua mãe; depois parte ao meio uma melancia e a deixa inclinada na vitrine para que qualquer um possa ver como está madura e deliciosa. Ela ajeita seu cartaz acima da caixa registradora – todos os legumes para o *minestrone* podem ser encomendados com um dia de antecedência e preparados por ela em casa. Cada freguês é recebido calorosamente. Se você quiser três peras, cada uma será escolhida e apresentada para seu exame. Entrei por um momento na rotina diária num lugar que não conheço, e a pera vermelha que a mão calejada do trabalho me oferece voltará à minha memória repetidamente. *Imortal.*

AP

A FEIRA DE AREZZO É NESTE FIM DE SEMANA.
Ed está picando salsa, manjericão, cenouras e aipo para sua versão especial do que fazer com *odori* – aquele maço de sabores que é jogado na sua sacola na *frutta e verdura*. Será que ele se emocionou? Ou será que é uma reação às cebolas que esteve cortando?

– Você quer ir? – pergunta.

– Bem, quero. Você não quer?

– Claro, se você quiser. – Ele vai rolando a lâmina da *mezzaluna* pelo aipo.

– Nós sempre descobrimos alguma coisa fantástica. – Será que ele está pensando naquela vez em que carregou o armário de cerejeira no alto da cabeça no meio da multidão por quase um quilômetro? Olho de relance para o armário pendurado na parede da cozinha, com suas portas de vidro deixadas abertas e as xícaras para café expresso de todos os cantos da Itália cobrindo as prateleiras. Muitas nos foram dadas por nossa amiga Elizabeth quando ela se mudou de volta para os Estados Unidos. Outras, fomos comprando em nossos próprios passeios. Amigos em visita trouxeram mais algumas. Estranho, muitas coisas que compramos aqui acumularam significado rapidamente como se fossem heranças de família há muito valorizadas. Isso me confunde. Eu achava que os objetos adquiriam valor simbólico somente através do tempo; ou, antes, por serem presentes significativos: as abotoaduras de ouro do meu pai, o pote de prata para servir caldas da minha avó, o anel de lápis-lazúli que foi feito a partir de um brinco velho.

Se eu olhar ao redor da casa, muitos objetos "novos" têm simplesmente o mesmo nível de proximidade comigo, ou me são até mais queridos.

– Você se lembra? Encontramos o quadro do anjo – lembro. À cabeceira da nossa cama, agora reina esse anjo do século XVIII, uma linda presença loura cujo rosto aprendi a amar. Está usando botas, e suas saias de brocado se abrem um pouco para mostrar uma nesga triangular de renda. Quem sabia que os anjos usavam renda? Ele, ou ela, é andrógino, com seu rosto espevitado olhando para o espelho que fica do outro lado do quarto. No reflexo, consigo ver o rosto duas vezes.

Ed raspa os *odori* picados para dentro da frigideira. O chiado da fritura enche o ar de um cheiro rápido de terra e chuva. São as cenouras que acrescentam esse aroma subterrâneo, ao passo que o aipo, que não tem a menor aparência de poder crescer debaixo da terra, sempre desprende uma essência fresca, nebulosa.

– Na última vez que fomos, encontramos aquelas correntes. Você vai querer *bruschette* ou pão fresco? – pergunta Ed.

Aquelas correntes, eu sei, pesavam quase dez quilos. Infelizmente nós as encontramos bem cedo, antes das três asas de anjos folheadas a ouro, do *putto*, querubim, napolitano, com a perna faltando, e dos metros e mais metros de brocado de seda que no passado cobriram um altar. As correntes feitas à mão, com lindos círculos de ferro, no passado seguravam panelas de *ribollita* e polenta acima do fogo. As nossas estão agora suspensas de cada lado da nossa lareira.

– Elas estão entre nossos objetos preferidos. *Bruschette*.

A feira de antiguidades em Arezzo se realiza no primeiro fim de semana do mês. À exceção de agosto, quando o calor é por demais apavorante, sempre compareço. A feira se espalha por toda a Piazza Grande e se derrama até o Duomo, cobre a *piazza* diante da Igreja do magnífico ciclo de afrescos de Piero della Francesca e vai seguindo por ruas laterais. Em cima de mesas, nas calçadas e nas ruas, estão em exibição mobília e arte fabulosa, assim como lixo espalhafatoso. Com cerca de oitenta lojas, em qualquer dia de semana, Arezzo é um centro de antiguidades. Por trás das belas bancas, as lojas normais margeiam as ruas. Algumas carregam sua própria mobília para a calçada para a feira. Pode-se encontrar qual quer coisa ali – um berço enfeitado, uma natureza-morta do século XIX, de tamanho suficiente para cobrir uma parede inteira, cartões-postais bordados da Primeira Guerra Mundial, urnas para jardins, instalações completas para um coro. No ano passado, comecei a ver condecorações da Segunda Guerra Mundial, camisas de prisioneiros de guerra, lembranças alemãs da guerra e uniformes endurecidos. Cheguei mesmo a ver uma braçadeira com uma estrela amarela e as letras JUDEU bordadas, por treze dólares. Toquei nos fios das hachuras em volta das bainhas. Alguém usou aquilo. Parecia imoral comprá-la ou deixá-la ali, mero objeto entre objetos. Uma abundância de vistosas peças em vidro e cálices de Veneza está em exibição sem jamais ser espatifada pelos empurrões da multidão. Parece haver um comprador para tudo, não importa até que ponto o objeto seja fantástico, insignificante ou horrendo.

Quando criança, fazia coleções. Tio Wilfred guardava para mim suas caixas de charutos Anthony and Cleopatra, e eu as deixava abertas ao sol até sumir quase todo o cheiro forte. Numa eu guardava pontas de flechas que encontrava. Em outras, botões, contas e pedrinhas bonitas. Em caixas de sapatos, guardava bonecas de papel com trajes típicos do mundo inteiro, cartões-postais, conchas e bilhetes triangulares bem dobrados que eram jogados para mim na escola por Johnny, Jeff e Monroe. Minha coleção mais estranha era a de folhetos. Eu escrevia cartas constantemente a pequenas cidades em todos os Estados Unidos, endereçadas à Câmara de Comércio, em que dizia: "Por favor, mandem-me informações sobre sua cidade", e cartas e folhetos chegavam, com notícias sobre o Museu dos Pioneiros, a associação Futuros Lavradores da América, as oportunidades de lazer proporcionadas por um lago artificial, a inauguração de uma fábrica de pneus. O anseio de *partir* me dominou cedo. Não me lembro mais por que motivo, mas eu queria ir morar em Cherry, Nebraska.

Ao abrir uma caixa, espalhando os búzios, as asas de anjos, os corrupios e as vieiras, também abria as lembranças de um lugar, uma sequência de momentos. Quando organizava as conchas no chão, um pouco de areia da praia escorria. Quando tentava escutar numa delas, o sopro do meu próprio ouvido interno trazia de volta as ondas de pequenos mariscos que batiam nos meus tornozelos em Fernandina. Formava espirais com os tons em pastel e os marrons das cracas; esfregava com o polegar o interior perolado da cor da alvorada.

Lembro das minhas coleções com tanta nitidez que acho que seria capaz de ir até meu armário, apanhar uma caixa e passar essa tarde chuvosa brincando com a boneca de papel loura, a holandesa com seu bibe florido e sapatos de madeira, ou com as gêmeas polonesas com suas saias pretas de renda irlandesa, suas fitas e aventais.

Fazer coleções, como escrever, é um *aide-mémoire*. Uma parenta velhíssima conseguia me entediar loucamente com suas colheres de prata de *souvenir*. "Bem, esta aqui comprei numas férias nas Smokies em 1950...". Mas a lembrança pode mesmo fazer com que vivamos duas vezes. À medida que as palavras vão caindo no papel, sou capaz de mais uma vez casar a gata com o cachorro.

A lembrança: as pérolas do colar arrebentado na formatura, rolando pelo piso da igreja, fora do alcance, o coro aos gritos estridentes de "Jerusalém".

A lembrança: todos aparecem, jovens de novo; consigo ver sem olhar. Imploram, estridentes, pelo ossinho da sorte; perguntam qual vai ser a sobremesa. Tampe a caixa, feche o álbum, pendure a velha cortina de renda na janela que dá para o sul, onde ela se enfune com a brisa suave, uma brisa para a viagem de um espírito.

Adulta, tenho poucas coleções. Comecei uma vez a comprar sinos antigos, mas depois de algum tempo abandonei-os. Tenho uma série de ex-votos mexicanos pintados em lata e acumulei muitos pés e mãos antigos, esculpidos em madeira ou moldados em barro, além de braços e pernas de bonecas, uma coleção que nunca planejei ter e que nem havia percebido até alguém comentar que havia uma boa quantidade de partes do corpo humano pela minha casa. Minha coleção deve estar se expandindo para outras partes do corpo porque comprei na feira de Arezzo três cabeças de santos de *biscuit*, duas carecas, uma com uma peruca dourada e tubos de vidro pintado. Quando encontro antigas fotografias de estúdio de italianos, eu as compro. Estou enchendo uma parede do meu escritório com esses retratos, para muitos dos quais inventei biografias. Minha verdadeira paixão na feira de Arezzo também nunca foi planejada, mas brotou de uma fonte remota.

Vou à feira não só pela oportunidade de encontrar mobília para os numerosos pontos vazios de Bramasole e para descobrir tesouros, mas para ver o povo, parar para tomar *gelato*, perambular invisível por esse mercado imenso, que mantém a atmosfera de uma feira medieval. Às treze horas, os feirantes cobrem suas mesas com lona ou jornal e vão embora almoçar; ou simplesmente arrumam espreguiçadeiras e uma mesa, perfeita com toalha e tudo, ali mesmo, para a família e os amigos, e servem frangos assados já cortados, vasilhas de macarrão e fatias de pão. Os bares ficam apinhados com gente que pede pequenos sanduíches, fatias de pizza ou, para a elite da gastronomia, *torte* de aspargo com linguiça.

Castiçais dourados de igrejas, potes para azeite de oliva, querubins de pedra – em meio a tudo isso, o que me leva aos vendedores de roupa de cama e mesa de segunda mão?

– Desta vez – digo a Ed – não vou nem parar. Vamos olhar portões de ferro, pias de mármore de mosteiros em ruínas, prataria com o timbre da família. Eu sem dúvida não preciso de mais nenhuma fronha ou...

De início, consigo. Com tantas coisas a ver, tendo a ficar saturada. Ed está apreciando cães de lareira e um espelho. Eu avisto uns ex-votos pintados em lata. Ele gosta de olhar as chaves, trancas e ferramentas de ferro trabalhado à mão; mas depois de duas horas apresenta uma espécie de sorriso fixo.

Nos Estados Unidos, ele tem um método eficaz para me apressar em lojas de departamentos. Outros homens esperam sentados em poltronas ali instaladas para essa finalidade, mas Ed fica em pé; e, quando me demoro na arara das blusas, tocando a seda e examinando os botões, ele começa a falar em voz alta com um manequim, gesticula, sorri e anda em volta dela. "Adorei esse conjunto", diz ele, com assombro. "Você está maravilhosa." As pessoas olham, espantadas. As vendedoras parecem nervosas.

Aqui na Itália ele se afasta para tomar café ou comprar jornal. E volta para me flagrar pesquisando pilhas brancas de roupa de cama e mesa. Não sei dizer se fica surpreso ou desanimado. Imagino que pense no seu íntimo: *Ai, não. Mais uma hora na pilha de trapos.*

Numa pilha com o preço de 5 mil *lire,* descubro um conjunto de belas toalhas de mão com o monograma AP.

Em casa na Califórnia e aqui na Itália, aos poucos acumulei uma coleção de peças antigas de cama e mesa em algodão, linho e adamascado, algumas com monogramas, outras não.

– Por que alguém iria querer as iniciais de outra pessoa? – perguntou-me uma amiga quando abriu o guardanapo num jantar. – Para mim, isso é um pouco esquisito.

– Esses guardanapos foram de Beck, avó da minha amiga Kate – respondo, consciente de que não expliquei nada. Quando teve de esvaziar a casa da mãe, Kate me cedeu uma quantidade de peças de cama e mesa. Não estava interessada em passar aquilo tudo a ferro. Eram peças enormes com 𝒞ℬ𝒢 no centro, com o calombo do bordado da espessura do dedo mínimo de uma criança. – Eu tenho uma queda por peças antigas de cama e mesa. – "Queda" é pouco. História e espirais de desdobramentos, a partir desse comentário superficial.

Não menciono minha mãe, o fato de eu ainda ter no meu baú os lençóis com monogramas nos quais dormi quando criança. Lembro-me com nitidez da minha cama branca torneada, da sensação de me enfiar debaixo dos lençóis finos e frescos, das iniciais sinuosas da minha mãe, ℱℳ𝒟, delicadas como ossinhos de pássaros. Para seu quarto, minha mãe tinha lençóis azuis com monogramas azuis; e, em semanas alternadas, lençóis brancos com monogramas azuis. Tenho alguns desses também, macios de tanto uso, mas ainda bons. Pretendo dá-los à minha filha quando ela tiver uma casa. Dúzias de toalhas, lençóis, guardanapos e fronhas comuns passaram pela minha casa sem deixar vestígios, mas ainda estão em uso as toalhas de mão que minha mãe mandou bordar com meu monograma antes do meu casamento, embora a inicial K não faça mais parte do meu nome. Quando ela me entregou as toalhas, fiquei chocada de ver a mudança nas minhas iniciais: FKM. Passei o dedo pela nova inicial; K, a letra ainda presente em peças sem uso: porta-guardanapos de prata, cálices de prata, numa bandeja de pão, num moedor de pimenta.

Os monogramas na família não se limitavam aos tecidos. Chocalhos de bebês, xícaras de prata, calçadeiras, objetos de toucador e o fundo de pratos e travessas eram sujeitos a essa mania. O impulso de aplicar monogramas sempre foi um mistério para mim, e nunca foi tão misterioso como quando eu estava com dez anos e encontrei meus vestidinhos de bebê. Eu adorava bulir nas coisas, como minha mãe dizia. "Você bole e espalha! Bole e espalha! Espalha mais rápido do que eu consigo apanhar." Em outras situações sua linguagem não era tão antiquada. Na cômoda do *hall* eu estava olhando os boletins da escola do meu pai, a escritura da casa, uma bolsinha de contas com um espelho escorregadio de prata, que minha mãe usava quando era uma beldade e dançava o *charleŝton*, naquela época remota em que havia um boá cor-de-rosa de plumas no seu armário. Eu estava procurando segredos. Minhas mãos remexiam as peças de tecido que poderiam um dia ser transformadas em saias ou robes, os sacos plásticos guardados que continham os suéteres de *cashmere* da minha mãe, lavados e escondidos em cedro, como proteção contra as traças. Puxo uma pilha achatada de camisolas de neném de cambraia azul e abro uma para olhar. Ali, no lugar onde o coração teria estado, vi o monograma MMF.

Uma criança havia morrido? Um filho secreto? Corri para o quarto da minha mãe.

Ela estava sentada recostada nos travesseiros na sua cama de dossel, lendo uma revista de moda.

– Ora, esses eram para você, se você tivesse sido menino. M do tio Mark, F de Franklin, o nome do vovô. – O pai dela, o homem de bochechas salientes no retrato, com ela no colo fazendo biquinho no meio de babados brancos, morreu quando eu tinha três anos. Eu teria sido um Mark e Franklin, nada de Frances, nem de Elizabeth. E a dedução inevitável: o que eles tinham em mente era Mark, não a mim.

– Por que mandaram bordar os monogramas antes de saber?

– Não me lembro. Achávamos que você seria um menino. – Seu cabelo está preso por grampos prateados para formar ondas. Eu quase conseguia ver o moleque. Orelhas de abano e cascas de feridas nos joelhos ossudos e idiotas. Ele olha com os meus olhos azuis.

Começam a girar pequenas engrenagens lógicas.

– E onde estão os vestidinhos com FEM?

– Não há nenhum.

Não demorou muito para eu calcular que, depois de duas meninas, eles estavam desesperados por um menino e que mandar bordar o monograma fui um ato de superstição e determinação, uma tentativa de domar a vontade do destino. Anos depois, minha mãe me contou que meu pai desapareceu e "caiu na farra" por dois dias, quando nasci. Estranho, meu pai era louco por mim; e, quando dizia que todos os seus meninos eram meninas, eu nunca detectei nenhum tom de tristeza.

E não é estranho também que, quando penso com meus botões sobre um lençol ou camisa com monograma, considero que o monograma é uma marca, *mark*?

Minha mãe bordou o monograma AMY no vestido de cambraia de uma das minhas bonecas. Amy, um nome que eu adorava desde a leitura de *Mulherzinhas*, embora o nome que eu desejasse em segredo para mim fosse Renée. Essa foi a única vez que vi minha mãe bordando. Geralmente, levávamos uma caixa de chapéu cheia de lenços e camisas do meu pai, ou de fronhas e combinações de seda da minha mãe, até a casa de Alice, uma mulher que morava numa casa estreita com um cinamomo lá fora na frente. Eu costumava subir na árvore, onde uma vez vi um enxame de abelhas, ou ficava sentada no sofá de balanço na varanda com Chap, o cachorro dela, que tinha gordos carrapatos nas orelhas. Às vezes, esperava à mesa de Alice comendo biscoitinhos salgados e observando minha mãe e Alice, que era alta e angulosa, com mãos enormes que pareciam ter sido feitas para amassar grandes quantidades de massa de pão. Como é que ela conseguia enfiar a linha naquelas agulhas finíssimas? Alice tinha gengivas de um rosa forte que desciam até os dentes curtos. Ela era mulata e morava no bairro "de cor". Pode não ter ocorrido a nenhuma das duas que ela e minha mãe fossem amigas. Elas batiam papo e tomavam café, que Alice fazia num bule azul salpicado de branco.

Minha mãe esticava o lábio inferior quando concentrava a atenção. Elas recortavam cuidadosamente iniciais impressas; com alfinetes, prendiam no tecido moldes feitos em papel de seda e passavam a ferro o desenho em anil deixando a marca indelével no bolso da camisa ou no lençol, restando o contorno das iniciais e o cheiro de papel chamuscado. Mamãe deixava então as roupas marcadas com Alice. O fio preferido era de um branco acetinado, meadas flácidas em forma de oito, presas no centro por uma etiqueta preta e dourada. Algumas semanas depois, Alice caminhava o quilômetro e meio até nossa casa; e ela e mamãe abriam os bordados de Alice em cima da cama, fazendo comentários sobre como tudo havia saído perfeito.

A feira de junho em Arezzo é ainda maior do que as de abril e maio. Encontro o torso de um santo, perdido do resto do corpo esculpido em madeira. Encontro uma cruz de madeira folheada a ouro e um belo retrato feito em estúdio de uma jovem, com a data aproximada de 1910. Ela está sentada na beira de uma cadeira, mas irradia uma serenidade interior. Algumas mulheres se reúnem em torno de uma barraca que exibe cortinas transparentes de renda e de linho. A encarregada engomou e passou por dias a fio. Ela tem uma pilha das minhas fronhas preferidas, quadradas, com a barra em renda feita à mão e fechadas com botões de madrepérola nas costas.

Tenho esses travesseiros de quase um metro quadrado em todos os quartos – belos substitutos para as cabeceiras que nossas camas não têm e confortáveis também para a leitura. A maior parte está muito cheia de aplicações em renda para se preocupar com monogramas, mas eis que surge *RNP* em arabescos brancos. Em casa, na Califórnia, tenho uma fronha de cambraia de linho com as mesmas iniciais. Pertenceu à tia da minha amiga Josephine, tia que morava numa casa esplêndida em Palm Beach. Josephine também me deu os lençóis de linho cor-de-rosa clarinho, com labirintos em bordado aberto acima e abaixo das iniciais. Josephine os guardou por cinquenta anos; sua tia, por trinta ou quarenta. Estão em perfeito estado. Por que as peças com monogramas duram, enquanto outras são jogadas fora? Trouxe os lençóis para a Itália porque, no calor do verão, nada é mais fresco do que lençóis de linho. Na feira, adquiri mais alguns. Também adoro os pesados lençóis brancos com bainhas de rede de crochê branco, assim como os simples de algodão áspero, pesados como velas de barco. Quando lavados e postos a secar ao ar livre, não precisam ser passados a ferro. Basta que eu os alise com minha própria mão espalmada à medida que os dobro.

Dormir em linho ou em densos tecidos de algodão está me estragando. De vez em quando, encontro uma colcha, de algodão branco, naturalmente, com o desenho em relevo em matelassê e com a bainha bordada em ponto festonê. Elas são curtas para as camas modernas, mas comprei uma assim mesmo e deixo de fora as fronhas. Adormeço pensando em antigos solares e sedes de fazenda enfurnadas no campo, onde esses lençóis foram usados para o nascimento, a morte, o amor e o puro sono exausto depois de um dia a lavrar a terra. Eles foram lavados em tanques de pedra, voaram com os ventos da primavera e foram trazidos às pressas para dentro de casa quando a chuva começava a cruzar os montes. Os elaborados *DM* e SLC foram feitos à luz da lareira para alguma noiva. Talvez alguns fossem "bons demais" e tenham ficado guardados (para quê?) nas prateleiras do *armadio* com folhas de louro e de alfazema para mantê-los perfumados.

Todas as barracas de cama e mesa na feira têm também rolos de renda, anáguas, camisolas de batismo, blusas e camisolas de dormir. Não me sinto tentada. Uma vez na França comprei uma camisola de mangas compridas, abotoada até o pescoço em virtude do pudor ou do frio, bordada em vermelho com as iniciais da minha filha Ashley. Isso é mesmo um pouco esquisito: usar a camisola de outra pessoa, alguma francesa com as mesmas iniciais. Ela agradeceu, mas de algum modo a camisola acabou indo parar no baú, junto com outras peças antigas. Talvez a mania da família esteja se extinguindo ou tenha tomado outro rumo. Seus projetos de arte envolveram guardanapos de damasco com escritos seus e ambientes fluidos feitos de gaze com poemas pintados nos painéis suspensos.

Minha irmã descobriu um lugar em Florença que ainda faz monogramas a mão. Eles têm um álbum de estilos, alguns simples, outros elaborados como um teto barroco. Ela lhes levou um monte de guardanapos de linho para sua nova nora, e três meses depois eles chegaram a Atlanta. Nas feiras, venho adquirindo para minha filha belas toalhas de linho com círculos para monogramas inseridos na trama. Para minha filha, que ainda não possui um ferro. Espero que ela goste.

Quando estão quase secas – ligeiramente úmidas, mas quentes com o calor do sol – eu tiro do varal as seis toalhas de mão que comprei na feira por impulso. Exatamente como imaginei, depois de lavadas, elas saem brancas como sal. Examino o monograma contra o sol, AP. Percebo que essas toalhas de linho com a bainha feita à mão dispõem de uma alça para pendurar num gancho. Nunca vi isso antes. No verão passado, quando viajei até o sul da Itália, vi o túmulo de uma certa Assunta Primavera no cemitério perto de Tricarico. Gladíolos amarelos recém-cortados e flores cor-de-rosa de plástico adornam sua lápide, ao lado de uma foto sua tirada na meia-idade. Em vez de alguma criatura etérea prestes a ser alçada aos céus na primavera, como seu nome me sugeriu, ela parecia simpática e de forte presença. Os cabelos negros estavam puxados para trás num coque frouxo, e seu rosto era iluminado por um largo sorriso. Aparentava ser alguém que poderia decapitar uma galinha, sem nenhum problema, ou ajudar no parto de uma criança com apresentação de nádegas. Parecia impossível que ela pudesse estar ali debaixo da pedra tumular. Sem dúvida, estava em alguma cozinha, com o aroma saboroso dos seus *tortellini in brodo* subindo escada acima.

Minhas toalhas de mão não poderiam ter pertencido a ela, mas seu rosto forte me ocorreu de imediato quando vi as iniciais. E o mesmo acontece com todas essas peças de cama e mesa. Gosto de abrir a tampa do meu *cassone*, tirar uma pilha e imaginar os coquetéis da tia deslumbrante em Palm Beach, pôr um *jazz* no toca-discos, o champanhe, os pequenos guardanapos, as bandejas de canapés – o que eles serviam em festas elegantes na década de 1920 – as ondas do oceano Atlântico espumando sobre o quebra-mar. Imagino a casa de pedra de Assunta, a cama de nogueira de cabeceira e pés abaulados, onde o jovem marido está deitado, nu, esperando que ela lhe esfregue as costas; e onde mais tarde o velho marido roncava enquanto ela não conseguia dormir, querendo saber se o filho voltaria da frente de batalha na Rússia, se o cordeiro mamão estaria bom para a festa, se o frio havia matado suas favas. AP, bordado pela mãe, um presente no dia da santa do seu nome.

Imagino, também, as camisolas brancas que não comprei na feira, mas para as quais olhei pasma. Eram grandes como tendas, todas as três com monogramas de letras adequadamente enormes: TCC. Uma montanha de carne dormia nelas. TCC precisava rolar para sair da cama, com os pés rosados no frio do piso de ladrilho, gêmeos berrando juntos no meio da noite, uma veloz mensageira branca voando pelo corredor escuro para acalmá-los.

O monograma é uma demarcação de território. Ele afirma que este objeto é indubitavelmente *meu*. Nesse sentido, o monograma é um fixador da memória. A xícara de prata remonta ao momento do batismo da criança. A dúzia de guardanapos de linho para a noiva prenunciam todos os jantares do dia de Ação de Graças que mesmo agora estão se arrumando no futuro para vir até sua mesa.

Ubi sunt está entalhado em pedras antigas, uma forma abreviada da mais torturante das perguntas, *Ubi sunt qui ante nos fuerunt*, Onde estão os que viveram antes de nós? Dar um nome é algo profundamente instintivo, um movimento contrário ao tempo que devora tudo o que existe. Aos dezoito, prestes a ir para a faculdade, ganhei um grande enxoval de toalhas de banho, de mão e esfregões de banho verdes, todos com o devido monograma. Verde não era uma cor de que eu gostasse, mas aquelas toalhas foram comigo para a faculdade, duraram anos e, mesmo agora, duas moram na mala do meu carro. Décadas depois, graças ao presente de formatura da tia Emmy, eu enxugo o banco do carro onde a Coca-Cola derramou, com a mão em torno das iniciais protuberantes de uma caloura muito distante, que secava o cabelo com essa toalha. *Um toque fugaz de cabelo molhado, não, um refrigerante derramado.*

Carolyn, Assunta, Mary, Flavia, Donatella, Altrude, Frankye, Luisa, Barbara, Kate, Almeda, Dorothea, Anne, Rena, Robin, Nancy, Susan, Giusi, Patrizia – todas nós estamos jantando na minha casa.

Os que respiram a arte

Do outro lado da *piazza*, três meninos brincam com uma bola de futebol, fazendo com que rebata na parede lateral da catedral de Orvieto. O sol atinge a imponente fachada dourada desse prédio estupendo, deslumbrante, arrogante. Estou só, imersa na luz refletida, bebericando um *cappuccino* no meio da tarde. Este mês estamos livres para passear. Primo restaurou a muralha desmoronada e até mesmo a aprimorou com duas colunas de pedra para plantas. Ele e seus homens "rejuntaram" as paredes de pedra da cantina, também, fechando todas as frestas por onde a poeira e os camundongos pudessem entrar. Os projetos planejados começam em julho.

Embora Cortona esteja a apenas uma hora de distância, Orvieto parece longe. É um mistério como minha noção de distâncias californianas se expande aqui. Cem ou 130 quilômetros costumam não parecer quase nada; mas, dentro de cada quilômetro na Toscana e fora dela, algo a descobrir, estudar, comer ou beber é uma distração em potencial a nos afastar do objetivo. A Califórnia, com seus 414.000km^2, é de algum modo menor do que a Toscana, de 23.000km^2.

Dentro da catedral, já vi o estonteante afresco de Signorelli do dia do juízo final – no qual esqueletos que acabam de se erguer dos mortos são flagrados pelo pintor no instante em que estão prestes a voltar a se fundir em seus corpos restaurados, alguns tendo acabado de passar pelo processo – corpos restaurados no apogeu da sua saúde. Fiquei feliz – ver o que não pode ser visto, e também a concretização da expressão, a *ressurreição do corpo e a vida eterna*. Algo que se sabe, que é alvo de esperanças ou de descrença – mas na realidade algo não imaginado – e que de repente adquire plena verossimilhança.

Fiquei olhando para cima até meu pescoço doer. Quando me voltei para examinar o resto da catedral, passei por uma mulher a rezar. Sua bolsa de feira encostada ao lado estava cheia de hortaliças. Ela havia tirado os sapatos e refrescava os pés no piso. Uma garotinha ali perto trançava o cabelo da amiga. Suas bonecas estavam sentadas com boa postura num banco. Um jovem padre virava preguiçoso as páginas de uma revista sentado a uma mesa coberta de publicações para a família católica.

Essas pessoas estão conhecendo esse lugar esplêndido através dos poros, absorvendo o lugar de modo tão íntimo e completo que não precisam de modo algum conhecê-lo.

Eu também me lembro de cada centímetro desprovido de adornos da Igreja Metodista em Fitzgerald, na Geórgia. Ainda vejo o tapete desgastado, de cor vinho, uma luz branca embaçada, ainda sinto o fascínio pelos suportes de madeira para as minúsculas xícaras de suco de uva Welch, que, de modo mágico e assustador, se transformaria no sangue de Jesus no momento em que passasse pela minha boca.

Sentada sob o magnífico sol mediterrâneo, em pleno solstício, faço uma observação duvidosa. "A vida seria diferente se tivesse crescido rebatendo a bola na parede da catedral de Orvieto." Só que Ed está tentando decifrar algum artigo do *La Repubblica* a respeito do último imbróglio na política, e por isso tiro o leite espumante da minha xícara. Se a ressurreição da carne tivesse sido pintada acima das cabeças do nosso coro de túnicas brancas, que entoava a plenos pulmões "Venho sozinho ao jardim enquanto o orvalho ainda está nas rosas...", então eu teria sete, 37, 77 anos – passaria por todos os estágios da vida, contemplando aquela visão. Se revejo com os olhos da minha imaginação o interior da igreja da minha cidadezinha natal, não vejo absolutamente nenhum tipo de arte.

Na minha infância, um livro da minha mãe do seu tempo na Geórgia State College for Women ficava na estante da sala de estar: *Art in Everyday Life* (A arte no dia a dia). Lembro-me de fotos granuladas de fruteiras em cima de mesas. Deveriam ter sido sugestões de arranjos para naturezas-mortas. Aos sete anos de idade, eu não percebia que tivessem relação com o ato de pintar. Achava que as fotografias estavam relacionadas a modos de pôr a mesa porque via minha mãe dedicar sua atenção interminavelmente a toalhas de mesa, prataria polida e arranjos de flores.

A arte significava a cena inglesa de caça pendurada acima do sofá, as bailarinas cor-de-rosa no meu quarto e o retrato a óleo que fizeram de mim e que me deixava assustada com sua semelhança e tosca vivacidade. Ali estava eu sentada, no detestável vestido azul de gola festonada, os lábios finos separados revelando dentes minúsculos, os dois incisivos pontudos como os de um bichinho. Uma mulher na cidade dava aulas de arte fora do horário escolar no alpendre da sua casa às quartas. Obediente, eu fazia moldes em gesso de pastoras e palhaços. Na semana seguinte, depois que estavam duros e se os filhos e cachorros da professora não tivessem quebrado o cordeiro ou o narigão, eu os pintava com cores brilhantes em esmalte, que de algum modo era absorvido e deixava manchas decepcionantes.

Quando fui para a faculdade na Virgínia, muitas das minhas colegas de turma tinham uma sofisticação incrível em comparação com minha formação de caipira. Elas batiam papos inteligentes sobre o cubismo, o expressionismo e a Escola de Nova York. Logo eu estava mergulhando com elas nas delícias da National Gallery e fazendo incursões mais avançadas ao Museum of Modern Art. Comecei a acumular contas de livros de arte na livraria, o que enfureceu meu avô, que acreditava no máximo na Biblioteca Pública. Lautrec, Dufy, Nolde, Manet – era exatamente como estar apaixonada. Minha ligação com a arte passou a ser forte. E assim continua.

Enquanto observo o movimento da luz encolhendo sobre a fachada da catedral de Orvieto, começo a respirar devagar, absorvendo os gritos dos meninos, o homem à mesa ao lado, que está completando suas palavras cruzadas, duas freiras em longos hábitos brancos, a sombra inclinada da catedral atravessando a *piazza* como o ponteiro de um relógio de sol. Sinto uma mudança excruciante nas placas tectônicas do meu cérebro. Na Itália seria curioso *não* ter intimidade com a arte. Aqui as pessoas crescem rodeadas pela beleza, acreditando que a beleza é natural.

A arte sempre esteve *do lado de fora*, algo que eu apreciava; adorava, procurava, mas não era exatamente algo natural. As pequenas cidades dos Estados Unidos costumam ser desprovidas de arte e muitas vezes fazem esforço para ser feias. Nas escolas, a arte é geralmente um luxo que não provoca nenhum ruído com sua queda quando os cortes no orçamento a atingem. A arte, a música, a poesia – prazeres naturais que nascemos para amar – são dispensáveis, belos artigos supérfluos, exageradamente não binários. Essa falta de naturalidade vem também da atmosfera contida dos museus, nos quais a maioria de nós vivencia a arte. Na Itália, uma parte enorme da arte está nas igrejas. E os italianos são só um pouco menos sociáveis na igreja do que são na *piazza*. A arte e a missa não vêm do alto, mas brotam de uma atitude familiar.

Cortona tem uma galeria de arte cuja porta dá para a Piazza Signorelli – seu busto, exposto no alto, domina a cena. A mostra muda todas as semanas, com exposições que vão do excelente ao ridículo. Mas lá está, a galeria, integrada, bem ao lado das lojas de vestuário, da tabacaria e da floricultura. O artista acompanha a exposição, e desse modo entra em contato direto com as pessoas que param para olhar. No verão, o bar Signorelli, ali perto, serve em mesas ao ar livre, e o artista pode tomar um *caffè* quando não há ninguém por ali. Mais adiante na rua, mostras de fotografia se alternam num *palazzo*, que também está aberto a qualquer um que se interesse em sair da rua para entrar nele. As paredes do Caffè degli Artisti fornecem um local informal para a exibição de obras de jovens artistas.

Essas galerias estão a anos-luz dos espaços fechados e frios para mostras de arte no Soho, em Chelsea ou em San Francisco, onde quem somente entra para olhar costuma ter a sensação de ser um intruso. Naturalmente há diferença entre a metrópole e o interior; mas em pequenas cidades do interior nos Estados Unidos nunca vi uma vibrante galeria de arte como elemento forte na rua principal. Uma atmosfera intimidante é triste. Estou generalizando – mas não é verdade?

As placas de Cortona dizem Città d'Arte, cidade da arte, e isso ela sempre foi. Cortona foi uma das doze cidades etruscas originais e, desde o século XVII, tem um movimentado museu etrusco. Sua atração principal foi encontrada numa vala no século XIX – um pesado candelabro de bronze moldado em formas intricadas de figuras agachadas, representadas com erotismo. Há alguns anos, arqueólogos fizeram uma importante descoberta de túmulos novos, e o museu agora possui uma grande figura de animal em repouso e um acervo sempre crescente de delicadas joias de ouro, entalhes e panelas. No ano passado um pedreiro encontrou uma placa de bronze gravada com escrita em etrusco.

Consegui, não por descoberta mas por presente, uma peça de arte antiga, um pé etrusco. O toque do criador aparece nítido na dobra do barro junto ao calcanhar. Sinto as reentrâncias para as unhas, o osso comprido do dedão, a protuberância do tornozelo. Quebrado abaixo da canela, o tornozelo é oco a não ser por alguma terra que se acumulou ali dentro. O pé faz com que me lembre de todos os séculos de pessoas que pisaram na nossa terra. Muita, muita gente tem esse tipo de fragmento. Nas casas dos vizinhos, já vi pelo menos uma vela votiva romana, um frasco de vidro etrusco, uma cabeça de mármore, uma porta medieval entalhada. Os italianos dão pouca atenção a esses objetos antigos. Muitas garagens são antigas capelas domiciliares, pintadas com afrescos sobre os quais o proprietário silencia, por não querer que o comitê de *Belle Arti* os faça ceder sua preciosa garagem, abrigo da preciosíssima *macchina*.

Mesmo nos museus italianos, a maioria dos guardas está louca para falar. Lembro-me do guarda em Siracusa que deu uma palestra espontânea sobre o *Enterro de Santa Lúcia* de Caravaggio. Em úmidos corredores de pedra, no inverno, eles costumam se reunir a outros guardas em torno dos aquecedores de ambiente de ar. Mesmo nesses casos, porém, qualquer pergunta faz com que um deles se afaste do círculo aquecido e enverede numa conversa sobre a restauração em andamento ou o questionamento da autoria de alguma obra.

Diz-se que Cimabue descobriu o jovem Giotto desenhando um carneiro numa pedra em Vicchio, onde Giotto pastoreava ovelhas. Sem dúvida, o relato é apócrifo, mas ele indica um momento espantoso na história, quando pastores – assim como aprendizes, balconistas e criados de nobres – pegaram no pincel ou no cinzel em todos os cantos da Itália. A classe média estava em ascensão. O vernáculo toscano começou a ser usado em obras literárias. Os temas dos pintores eram principalmente religiosos. Encomendas para igrejas eram abundantes como *vino da tavola*. E, embora o tema pudesse ser estabelecido – a Anunciação, sem dúvida, ou a vida de um santo – os pintores começavam a trazer aos seus "sermões" na arte do afresco um delicado ar doméstico e uma noção de *campanilismo*, palavra que está relacionada à sensação de comunidade entre as pessoas que moram ao alcance do som do sino da paróquia local, o *campanile*.

Percebe-se que esse novo toque familiar tem início no século XIII, quando Duccio (1278-1318) permitiu que um lampejo de emoção perturbasse o rosto da Virgem Maria enquanto Cristo é retirado da cruz, o que abriu uma brecha no estilo de pintura estática, iconográfica e formalizada, dominada pela influência dos mosaicos bizantinos. Provavelmente seria possível detectar o desenvolvimento dessa nova abordagem mais expressiva, mês a mês. Imagine andar por aqueles ateliês, quando novas técnicas eram transmitidas de boca em boca, de um lugarejo a outro. Do nosso tempo, é difícil avaliar a surpresa dos contemporâneos de Duccio. Giotto (1267-1337) codificou a nova abordagem na pintura; e Nicola Pisano (1258?-1284), e posteriormente seu filho, Giovanni (1265-1314) fizeram o mesmo pela escultura. A partir daí a lista se expande: Masaccio (1401-1428?), Fra Filippo Lippi (1406-1469), Fra Angelico (14??-1455), Andrea Mantegna (1430-1506), Domenico Ghirlandaio (1449-1494), entre muitos outros.

Ao debater essa disseminação do realismo na arte italiana, os historiadores da arte costumam falar em termos da nova emoção e da nova perspectiva, mas esses dois aspectos são apenas uma parte do que aconteceu. Quando o cachorrinho bobo invadiu sem querer o primeiro plano de um quadro, o suposto balançar do seu rabo fez com que a pintura e a escultura atingissem a imaginação do observador num nível mais direto. Em 1430, quando o David de Donatello, com seu chapéu atrevido, requebrou o quadril de bronze, ninguém deixou de perceber a sensualidade fluida do corpo adolescente.

Pintores recebiam encomendas para pintar igrejas, capelas, mercados de cereais, bancos, claustros, prefeituras, salões de fraternidades leigas, quartos, memoriais em cemitérios e estandartes a serem levados pelas ruas. Escultores glorificavam os ricos com estátuas e as *piazze* locais com fontes alegres e brincalhonas. O povo começou a respirar arte todos os dias. *A arte no dia a dia*. Não apenas um ato sobre-humano a ser adorado. Não apenas uma fruteira sobre a mesa.

Deve haver umas 10 mil Anunciações. O anjo testemunha o raio *laser* do Espírito Santo descendo em ângulo na direção de uma Maria assustada (quem não ficaria?). Não há como entender mal a mensagem. Mas a moradora do local – com sua cesta de legumes em pé ao seu lado enquanto faz preces pelo filho que partiu na guerra contra os guelfos – tem o olhar perdido no lago ao fundo, onde seu marido pesca, no contorno dos montes que lhe são tão familiares quanto as curvas dos seus próprios quadris.

Na versão de Crivelli (1435?-1495) da Anunciação, a própria Virgem é o foco principal. O fecundo raio de luz dos céus, tão parecido com a esteira deixada por um avião, ilumina suas mãos cruzadas e sua larga testa. Mas nossa observadora com a cesta de legumes fica olhando muito tempo. O que é aquilo ao lado da porta da casa da Virgem? Uma maçã e uma abóbora, perfeitamente nítidas. E acima da sua cabeça, numa prateleira, seus seis pratos brancos para massa. Uma queijeira. Uma garrafa de azeite – extravirgem, naturalmente – e um castiçal. Na janela do andar superior, está pendurada uma gaiola de madeira com um pássaro canoro. Um tapete persa está jogado sobre um gradil de ferro, com um vaso de planta tomando ar em cima dele. De repente, estamos em casa. Em toda a Itália, as pessoas ajoelham-se ou refrescam os pés nos pisos da igreja. Num painel lateral, um cavalo escorrega e cai numa ravina, um homem despenca de uma escada, uma muralha de pedra desmorona em cima de um monge. O menino Jesus é parecido com o filhinho do vizinho, não tendo nascido com nenhum sinal de seu pai. *Bambino* feioso segurando na mão um passarinho quase sufocado. Ou em outro lugar, São Jerônimo, homem importante, no escritório com a figura sombria do companheiro, um leão. E lá está sua toalha de banho pendurada num prego, um bilhete preso à escrivaninha, um pequeno gato. *A minha casa é a sua casa.*

Um imponente *palazzo* de Cortona foi dividido em treze apartamentos. Por trás da fachada do Renascimento, permanece a casa medieval. Recortar e colar essas passagens labirínticas e os aposentos, unidos sem o uso de corredores, de modo a criar apartamentos, deve ter sido um pesadelo para o arquiteto. Estamos jantando na cozinha de Célia e Vittorio. Anteriormente, deveria ter sido uma sala de estar. Vittorio e Célia descobriram por baixo da caiação uma velha cena de jardim de uns duzentos anos, cobrindo as quatro paredes. A cerca de ferro em *trompe-l'oeil* separa o observador das flores e das colinas distantes. Admiramos a vista enquanto mergulhamos fatias de funcho no azeite de oliva dos pais de Vittorio.

— Ah, todos os apartamentos do prédio têm afrescos em todos os cômodos — conta-nos ele. — Mas a maioria das pessoas nunca se deu ao trabalho de remover a tinta que os cobre. — Ele nos mostra os outros cômodos, os sedutores vislumbres de cores de melão e água-marinha, onde os afrescos ainda não foram restaurados. Como conseguem aguentar não ver? Acho que eu ficaria a noite inteira sem dormir, aplicando água com uma esponja e esfregando uma escova de dentes na caiação farelenta. Quando descobrimos um afresco na nossa sala de jantar, achamos que fosse quase um milagre.

Um afresco! Desde então, aprendemos que se descobre um afresco quase sempre que se começa a esfregar paredes em Cortona.

Antonio, que também mora nesse *palazzo*, passa por lá para um copo de vinho. Ele nos leva ao misterioso apartamento onde passou a infância. Entramos num aposento espaçoso, depois em outro. Os quadros da sua mãe, já falecida – retratos e paisagens – cobrem as paredes. Permanecem ali seu piano, sua mobília, suas fotografias no consolo da lareira. Há uma foto de Antonio, com quatro anos de idade, no colo do Papai Noel. Alguém há muitos anos tentou limpar um pouco da parte inferior da parede, o suficiente para revelar que ali embaixo há alguma coisa castanha e verde, mas o que será? Creio ver a curva rápida das ancas de um cavalo. Está óbvio que esse cômodo não é usado. Seguimos por um corredor baixo e apertado para chegar a uma ampla sala sob as abas do telhado, com uma vista pitoresca da *piazza* lá embaixo. Antonio me leva a uma sala lateral apinhada dos seus quadros. A sala principal tem uma mesa comprida coberta com esboços e tubos espremidos de tinta. Dois gatos correm de um lado da sala para o outro e depois se enrodilham numa lareira descomunal, onde as pessoas se aquecem desde o século XVI. Todo esse tempo, quem levou o pincel a essas paredes? E o que foi pintado? E quem se cansou delas, resolveu que branco era melhor e simplesmente apagou tudo? Antonio senta com seus gatos ariscos junto à lareira, que forma correntes de ar, a bebericar o café e desenhar. De vez em quando, vai até a janela e olha para a *piazza*.

Ele tem outros aposentos que não vemos, aposentos que fechou. Por trás da tinta e da fumaça, imagino outras cenas de jardins, Anunciações, encontros mitológicos, Europas, castelos distantes, cenas das vidas dos santos. Mas Antonio está me mostrando a barra decorativa que criou para a casa de alguém, uma casa restaurada com paredes recém-emboçadas, para as quais ele vai transferir com moldes as folhas de acanto em dourado com as linhas de contorno em vermelho de Pompeia. Daqui a cem anos, uma mulher vai acordar um dia, com o olhar passeando pelo alto da parede do quarto, e vai pensar, *não*, vai pensar *flores, eu queria ver flores*, e a barra de Antonio será coberta por uma barra de rosas.

Pergunto a Antonio se ele e a amiga Flavia querem pintar uma barra no banheiro que estamos a ponto de reformar. Adoro a onda etrusca estilizada contínua. Ele faz alguns esboços. Optamos pelo azul leitoso, com duas linhas em abricó nas margens.

No dia seguinte, flagro-me na loja de artigos de desenho e pintura, com os olhos fixos no imaculado papel para aquarela, nos tubos com nomes deliciosos, nos grossos blocos para esboço e nas caixas de lápis de cor. Quando minha filha era pequena, nós duas costumávamos instalar uma mesa no quintal dos fundos e pintar a manhã inteira. Sua noção de cor era vigorosa e, mesmo naquela época, ela pensava grande. Pintava enormes elefantes roxos tendo como pano de fundo borrões loucamente coloridos e princesas em turbilhões cor-de-rosa. Suas casas quadradas, com o sol e seus raios lá no alto, sempre tinham pessoas no quintal e gatos nas janelas. E o que é isso ali do lado? Um conversível amarelo. Minhas aquarelas eram enroladas e escondidas debaixo da cama. A natureza-morta de uma fruteira azul com laranjas nasceu sem vida. A frágil *heuchera sanguinea* diante de uma parede de pedra não transmitia nenhuma noção de contraste na textura. O prazer imenso de sentar ao sol observando minha filha, que diluía o carmim para obter o rosa claro e mergulhava a ponta delicada do pincel, criando alguma coisa onde antes não havia nada – Ashley tinha o ímpeto da liberdade. Em termos espontâneos, eu não chegava a fazer um *bom* trabalho.

Na loja de artigos de pintura, estendo a mão para apanhar os pastéis, a pilha de papel feito à mão. A vaga suspeita que comecei a ter em Orvieto passa para o nível do consciente. Vou desenhar o *prazer* de orquídeas silvestres roxas que se abrem todos os dias, a escandalosa *upupa*, poupa, que pousa na minha aveleira todas as manhãs; e as linhas dos montes que vejo do meu escritório, como cada uma se sobrepõe à outra, como pregas numa saia de veludo verde. Venho respirando essas imagens. E, se eu conseguisse respirar a arte *profundamente*, tentaria pintar a *sensação* de todos os pássaros cantando a cada manhã, alardeando todos os seus megahertz para o alvorecer.

Sempre amei esse ponto de colisão da natureza com o desejo de criar arte. Para mim, a forma está nas palavras. Como fazer passar o perfume de silindras molhadas pelas paredes da casa? Através da pena no papel, das teclas no computador. O escuro, quando os pássaros começam – seus cantos tão emaranhados que não se pode isolar nenhum deles – acessíveis de modo tão impuro à música, à arte, às palavras. O canto como uma *cascata*, um banco de areia logo abaixo da água, o sol empurrado pela maré. Como eles sabem e por que cantam? Como dizer que, embora tudo esteja em jogo quando se vivencia ou se cria a arte, ela ao mesmo tempo é uma alegria a que temos um direito inato? Como pintar ou escrever a verde explosão diária do canto dos pássaros? A levitação, o fio traçado pela ponta prateada ao longo dos montes negros, a lenta fusão do rosa, do azul opalescente, e o pulsar crescente dos pássaros?

Estou deitada, meio acordada, perguntando a mim mesma se morri e se isso é o que foi prometido. A dor no traseiro, decorrente de arrancar pedras dos canteiros de flores ontem, me faz lembrar que ainda sou mortal e que a terra simplesmente voltou a cores áureas, à diluição e depois os pássaros se dispersaram do coro conjunto para exibições solo de árvore em árvore. Anseio pela criação.

Esse é o dia a dia; é assim que a arte entra e sai.

Um louco mês de julho:
a urna que zumbe

Trinta e um dias a fio com hóspedes em casa. Um sétimo grupo ameaça chegar. Quando Primo Bianchi passa por aqui e informa que está pronto para começar a trabalhar, ligamos para esses conhecidos, que anteriormente haviam sido avisados de que poderíamos não ter como recebê-los em decorrência da reforma.

– Mas nós adoraríamos ver a obra em andamento – diz meu ex-colega. – Não vamos atrapalhar.

Eu raramente o vejo em San Francisco e não me lembro do tipo de conversa que tivemos na noite de autógrafos de um amigo comum, e que agora o leva a querer nos visitar com sua namorada.

– É uma pena, mas não vai dar certo. O pessoal vai quebrar dois banheiros. Acho que vocês teriam mais conforto num hotel.

Silêncio do outro lado do Atlântico.

– Mas vocês não têm três banheiros?

– Temos, mas vocês precisariam passar pelo nosso quarto para chegar ao outro banheiro. – Momentaneamente perplexo, ele aceita que eu procure um hotel para eles.

Quando eu estava na faculdade, costumava imaginar uma casa amarela numa rua sombreada. A localização indefinida poderia ter sido Princeton, Gainesville, Palo Alto, Evanston, San Luis Obispo, Boulder, Chapel Hill – alguma cidadezinha universitária na qual houvesse uma preferência por bicicletas, tomates fossem plantados no quintal dos fundos e os amigos aparecessem para visitar sem avisar. Minha mesa de trabalho daria para uma janela no andar de cima, de onde eu poderia vigiar as crianças brincando ou descer correndo para ver como estava o assado. Eu imaginava quartos de hóspedes com papel de parede com paisagens monocromáticas em azul, um quarto de água-furtada com camas torneadas para crianças e uma sala de jantar com uma parede inteira de portas envidraçadas. Os amigos poderiam ficar quanto tempo quisessem, seus filhos fazendo amizade com os meus à grande mesa redonda. Essa fantasia alternava com outra em que eu morava sozinha numa cidade fabulosa, Paris, San Francisco ou Roma, onde usava um vestido preto justo de malha, sandálias e óculos escuros e fumava cigarrilhas num café enquanto escrevia poemas num caderno de couro.

Ao longo dos anos, fragmentos desses sonhos chegaram a tornar-se realidade. Mas nunca até agora tive mais do que um quarto de hóspedes. Com três quartos de reserva, meu sonho da mesa farta e das portas abertas agora se concretizou.

Portas giratórias seria mais adequado. Os sonhos às vezes precisam ser revistos. Durante as visitas de seis grupos de hóspedes, precisei de uma esteira transportadora trazendo carne e pão da cidade para cá. Arranco os lençóis, e a máquina de lavar treme e sacode por horas a fio. Acabei me fixando num cardápio único para o almoço: *caprese* (mozarela, manjericão, salada de tomate), *focaccia*, uma variedade de salames e presuntos, salada verde, queijos e frutas.

– De novo? – pergunta Ed.

– Isso mesmo! Eles não sabem que estamos comendo isso há quatro dias seguidos. Decididamente vamos jantar fora hoje.

Estou disposta a desenhar mapas que os levem aos antiquários de Monte San Savino ou ao túmulo etrusco perto de Perúgia, mas com frequência eles dizem que querem ficar por aqui mesmo, que os quatro dias em Roma os deixaram exaustos.

A que altura eu passo de *Feliz em ver vocês* para *Quanto tempo, ai, meu Deus, quanto tempo vocês vão querer ficar?* Deve ser por volta do décimo dia. Para Ed, por volta do quinto. Ele aprecia a solidão mais do que eu. Ed precisa ter suas horas de privacidade para escrever e trabalhar na terra. Excesso de atividades sociais aciona seu disjuntor, e ele cai de cama com enxaqueca. Na terceira investida de hóspedes, já estávamos cansados do som das nossas próprias vozes. Na quarta, já estávamos em piloto automático, quase apontando em vez de falar.

– Saída do ônibus para Siena – sussurrei junto à porta deles. Humor medíocre. Concordamos em sair antes das oito para evitar o calor. Ed abasteceu o carro para podermos sair mais rápido. Estamos de banho tomado e prontos às 7h30, pratos de melão na mesa, a Moka assobiando no fogão. Eles ainda estão dormindo às 9h30. Se conseguirmos sair antes das dez horas, chegamos lá cerca de uma hora antes que a cidade feche para a tarde. Nossos hóspedes ficarão seriamente irritados com esse costume retrógrado. Parece impossível captar o ritmo do dia italiano.

– Estamos de férias. Nada de programação. Vamos improvisando – diz ele.

– Isso mesmo – concorda ela. – Além do mais, muitos lugares ficam abertos durante a sesta. – Não ficam, não, penso, mas não digo nada.

Quando eles foram embora, não consegui nem cumprimentar o gato cinzento do vizinho, que às vezes vem pedir um pires de leite.

– Será que dez dias seria demais?

– Os amigos que estão viajando conosco ouviram falar tanto de vocês. Tudo bem se nós seis fôssemos almoçar aí?

– O colega de quarto do meu filho e o primo dele vão passar por aí, e nós achamos que vocês poderiam gostar de conhecer um par de garotos em sua primeira viagem à Itália.

Minha boca tem uma enorme dificuldade para formar a palavra "não", mas estou aprendendo.

– É que estou trabalhando num projeto – digo só para ouvir que não preciso me preocupar com eles. Que não vão me atrapalhar nem um pouco. Que eu continue escrevendo, e eles passarão o dia fora em passeios. Se eu disser que é uma pena, mas a casa está cheia nos dias propostos por eles, a resposta costuma ser: "Basta nos dizer quando, e nós planejamos as férias em torno dessa data".

Primo, seja bem-vindo. Você nem sabe o quanto é bem-vindo. Quisemos reformar os dois banheiros originais desde o instante em que pusemos os olhos neles. Como estavam funcionando, outros projetos mais cruciais tiveram precedência. Ignoramos a porcelana lascada das pias e os chuveiros malucos que respingavam por todo o chão; simplesmente acrescentamos porta-toalhas de latão e espelhos antigos da feira de Arezzo, para dedicar nossa energia e dinheiro ao aquecimento central e a desenredar a fiação elétrica. Ao contrário dessas tarefas monstruosas, reformar os banheiros proporciona prazer instantâneo.

Enquanto nossos primeiros hóspedes besuntavam as costas uns dos outros com óleo de bronzear, nós saímos correndo para encomendar vasos sanitários e luminárias. Durante a estada dos seguintes, estávamos olhando azulejos. Era a hora da escolha: a encomenda precisava seguir. Karen e Michael acenaram do terraço superior, onde deixei uma tigela de frutas e uma jarra de chá gelado de canela para sustentá-los até nossa volta.

Escolher azulejos na Itália provocaria desânimo até nas minhas duas irmãs, que conseguem passar dias inteiros examinando tecidos, luminárias ou papéis de parede. As bonitas instalações dos fornecedores de material de construção têm nos fundos depósitos empoeirados. Se você não encontrar o que quer ali na frente nos mostruários de banheiros com boxes de cápsula espacial e banheiras de hidromassagem cheias de dispositivos, vão soltá-lo no *magazzino* para se virar sozinho em meio às prateleiras, pilhas e caixas de pedras para calçamento em tons de mel rosado, elegantes quadrados de pedra calcária, milhares de versões de flores e pássaros pintados à mão em azul e branco, vistosas cores primárias e – ai, não! – a borboleta rosa e azul que estamos a ponto de exorcizar da casa. Descobri de imediato que prefiro azulejos com algum toque do seu criador, a superfície mais áspera e os desenhos mais tradicionais. A variedade de revestimentos de mármore e de pedra natural também é estarrecedora. Pela primeira vez na minha vida, achei que não conseguiria escolher. Quando construímos o primeiro banheiro, eu sabia o que queria – grandes quadrados de mármore – e, felizmente, não procurei mais nada.

Afinal, concentramos nossa faixa de escolha e resolvemos voltar daqui a alguns dias. Quando chegamos de volta a Bramasole, Karen e Michael estão radiantes e imaculados em roupas novas de linho que compraram para a viagem. Ed e eu estamos encardidos dos depósitos, e minha alergia à poeira começa a se manifestar. No entanto – almoço dentro de alguns minutos! E à tarde, o museu etrusco, as igrejas da parte alta de Cortona, o mosteiro em que a cama estreita de São Francisco ainda está em exposição.

– *La dolce vita* – dizem eles, reclinando-se para bebericar a *grappa* ao longo entardecer, enquanto passo os olhos de relance pelas pilhas de panelas na cozinha. – Humm, acho que vou subir. Aqui é tão relaxante. Vocês dois têm uma sorte e tanto... o dia inteiro sem nada para fazer a não ser apreciar essa beleza. – Os simpáticos hóspedes sobem a escada, esquecendo-se de perceber que Ed e eu estamos arregaçando as mangas para um *round* com a gordura e o detergente. Enquanto varremos e esfregamos, ouvimos as batidas ritmadas da cama contra a parede, lá em cima.

Quando eles vão embora, já mudamos de ideia quanto aos azulejos. Finalmente, podemos passar a manhã inteira só olhando, sem pensar em voltar correndo para casa para alimentar hóspedes esfaimados. Para o banheiro original da casa, chamado de *"il brutto"*, o feio, por minha filha, escolhemos uma pedra natural rosada, com a mesma pedra em creme para a barra. Para o pesadelo que é o banheiro das borboletas, optamos por um azulejo siciliano feito à mão num padrão azul e amarelo sobre branco.

A fantasia da casa amarela ainda é real. Adoro receber parentes e amigos aqui. Num país estrangeiro, vemo-nos uns aos outros de uma perspectiva inusitada, que pode aumentar e enriquecer a intimidade que já temos. Bons amigos entram direto no ritmo e gostam de andar até a feira para comprar morangos. Eles voltam para casa com ideias para o jantar, e nos divertimos a valer fritando flores de abobrinha e fazendo *sorbetto* de melancia. Estão dispostos a sair à procura de uma estrada romana da qual ouvimos falar, fazer o café ou mesmo capinar o canteiro de aspargos. O hóspede desagradável poderia estar em qualquer lugar do mundo. O bom hóspede parece saber que os lugares são singulares nas suas características e se entrega a essa nova pulsação, deixando que o lugar decida por eles.

Agora chegam de San Francisco Toni e Shotsy, com uma lista de lugares que querem ver; alguns são novidade para nós. Ficam encantados na primeira noite quando os pirilampos ocupam a alameda. Até mesmo uma caminhada até a cidade com eles traz novas aventuras. Estamos passando por San Francesco, uma igreja que está perpetuamente fechada para restauração. Shotsy vê um padre numa porta lateral e lhe pergunta se podemos dar uma olhada. Ele parece feliz com nosso interesse. Uma marca de nascença da cor de suco de uva cobre metade do seu rosto. Seu olhar é franco, e ele balança a cabeça de um lado para o outro enquanto anda, com a batina preta levantando espirais de poeira. Passamos uma hora visitando a igreja sombria e cheia de arcos, que teve a simplicidade da sua arquitetura original reformulada de modo a apresentar um interior barroco. O padre então nos leva a um aposento com armários fechados. Ele quer nos mostrar algo especial, mas antes vemos os crânios de diversos mártires romanos, alguns de onze ou doze anos. As prateleiras estão cheias de madeixas de cabelo e pedaços de ossos. Reverente, ele exibe uma tira de tecido.

– A última faixa de Santa Margherita, relíquia rara e preciosa. – Depois, ele nos mostra um fragmento de uma peça de vestuário de São Francisco. Esta igreja, que tem seu nome, foi construída por seu amigo, o irmão Elias, sobre quem pouco se sabe além de que outrora foi eremita nos montes acima da nossa casa. O padre se despede com apertos de mãos e nos diz que ele provavelmente irá para o inferno, mas que todos nós vamos para o paraíso.

Perto da Piazza San Cristoforo, um homem que está colhendo cerejas no pé grita *"Buon giorno"* e joga algumas para nós provarmos. Tudo isso, e ainda não são dez horas.

Eles saem para passar o dia fora e voltam com histórias a contar. Ficamos tristes quando vão embora.

Minhas duas irmãs vieram passar duas semanas no início do último verão, quando Ed estava terminando o bimestre da primavera. Como nossa mãe está numa casa de idosos há muitos e muitos anos, a maioria das nossas visitas gira em torno dos seus achaques, das suas emergências ou simplesmente das dolorosas visitas que lhe fazemos regularmente. Pela primeira vez em muito tempo, conversamos sobre todos os assuntos, menos mamãe. Viajamos por toda a Toscana, cozinhamos massa e trabalhamos no jardim.

Nossa tia Hazel havia falecido recentemente e deixado uma pequena herança para cada uma de nós. Decidimos esbanjar. Afinal de contas, nunca esperamos que nos caísse do céu essa quantia. Eu pelo menos nunca esperei. Qualquer ato egoísta, quando era criança, era censurado com a seguinte pergunta: "Você não quer crescer e ficar igual a Hazel, quer?". Quando minha avó morreu, Hazel ficou perturbada demais para comparecer ao funeral. Depois, quando entramos em fila na casa dos meus avós, descobrimos que ela havia carregado o carro com todos os melhores objetos de Vovó Mayes. Por causa de outra lembrança dolorosa sobre a qual não me disporia a escrever, eu não falava com Hazel desde o tempo da faculdade.

Minhas irmãs e eu comíamos nos melhores restaurantes e terminávamos cada refeição com um "Obrigada, Hazel. Estava excelente". Passamos a sentir alguma simpatia por ela. Comprávamos sapatos, bandejas e echarpes, dizendo: "Hazel, quanta gentileza sua", quando íamos saindo de cada loja. Por mais que não gostasse dela, descobri que seu último gesto na minha direção despertava em mim algo, meio crença, meio lembrança, que é forte na minha família, o antigo impulso, *o sangue fala mais forte*, e que começou a se esboçar num perdão tardio.

Um dia nós nos descobrimos nas profundezas de um prédio medieval em Florença, sendo conduzidas por salas com bolsas e joias de *griffe* em exposição. Minhas irmãs estavam empolgadas com os preços e começaram a escolher

⌐ pulseiras de ouro, carteiras, bolsas de verão. De repente, ocorreu-me que aquela era mercadoria roubada, mas eu não podia dizer nada porque a *signora* que nos levou da sua loja até lá compreendia inglês o suficiente para me entender. Eu esperava que elas terminassem antes que os *carabinieri* invadissem o local.

– Tivemos sorte de não sermos presas – disse-lhes eu no táxi. Por estranho que pareça, elas pagaram com cheques pessoais que nunca foram descontados.

Apenas um comentário nos lançou de volta ao terreno conhecido. No café da manhã no pátio do hotel, com um chafariz em funcionamento, serviram-nos cantalupos perfeitos. Qual de nós disse: "Mamãe teria adorado isso"? Profundo alívio de refazer a ligação a partir de uma nova base. Agora, quando mandamos um presente inesperado umas às outras, anexamos um cartão: *Com amor, Hazel.*

Banheiros. Os romanos adoravam banheiros. Nunca houve como aperfeiçoar suas piscinas para banho com golfinhos e seres marinhos estilizados em mosaico branco e negro. Seus projetos fantasiosos não influenciaram de modo algum os criadores da decoração dos banheiros em Bramasole. No início dessa aventura, percebemos que os velhos banheiros não eram somente feios, mas que nossa estação de tratamento do esgoto – uma fossa de cimento – não dava conta do recado quando a casa recebia vários hóspedes. Escorpiões e odores repugnantes subiam pelos ralos. Lemos livros sobre encanamentos domésticos, sobre o tratamento de esgoto no campo; fizemos fotocópias de diagramas para fossas sépticas. Depois de algumas horas cavando por trás da casa, Primo revelou que a água do chuveiro escoava direto na fossa, algo totalmente desaconselhável em termos ambientais. Mais escavações demonstraram que todos os três chuveiros e pias derramavam litros e mais litros de água limpa ali também, forçando a saída do esgoto antes que pudesse ocorrer a purificação biológica. Estamos poluindo nossa própria terra. Ou foi o que achamos, com base no conhecimento adquirido nos livros.

— É assim que se faz – garantem os bombeiros. – Seu sistema está certo. – Nós achamos que não. Insistimos com Primo, dizendo que temos uma ideia melhor. Queremos que os chuveiros e pias sejam desviados do sistema da fossa. Queremos longos canos na saída da fossa séptica, com buracos cheios de pedra ao longo para uma filtragem melhor.

Quando Primo e os homens chegam, saímos para debater com eles o plano de ataque. Ed e eu já passamos dias a fio, trabalhando dez horas na limpeza de resíduos da obra de pisos, na retirada do verniz de portas; mas encarar o verdadeiro amor de gente olhando para uma fossa aberta pode ser uma das maiores provas. Primo quer explicar os compartimentos. Como eles purificam os dejetos, e onde é a saída.

— Essa fossa está perfeita – insiste ele. – Só preciso construir mais uma divisão aqui dentro. Estão vendo? Entrada da *acqua nera* – ele aponta para um cano que vem do banheiro. Ele raspa um pouco de areia da tampa da fossa e a abre com uma alavanca. Isso é demais para mim. Eu preferia estar em qualquer lugar que não fosse aqui. Imperturbável, ele continua. – *Acqua chiara* na saída. – A água suja entra, a água limpa sai. Toda a água me parece *nera*. Primo salta de um lado para o outro com o entusiasmo de um gato numa mesa de jantar. Ed recuou, tapando o nariz com a mão. – Entra por ali, passa para lá e sai. Tudo limpo.

De repente, Primo faz um pequeno ruído engasgado enquanto devolve a tampa ao lugar e dá um pulo para o lado. Todos saímos correndo dali, rindo.

Como a inclinação do nosso terreno torna impossível a entrega de uma fossa enorme sem um guindaste para içá-la por cima do muro de contenção, Primo sugere duas fossas, com a manutenção da velha atrás da casa e a instalação de uma nova no caramanchão das tílias. Ele abana a cabeça e dá de ombros.

— De tamanho suficiente para um prédio de apartamentos. Para um hospital. Chamem o serviço de limpeza de fossas. Que venham hoje.

Ele sai para comprar material. Os homens sobem. O banheiro minúsculo é o primeiro, e a demolição é rápida.

Franco e Emílio – como os dois conseguem trabalhar ali dentro? – carregam baldes e mais baldes de entulho. Não sei como o Ape não foi esmagado, mas Primo subiu lentamente pela alameda dos buxos e atravessou o terraço da frente com uma gigantesca fossa de cimento, que precisa ser enterrada. O vaso sanitário velho é carregado no Ape. Zeno, um polonês, começa a cavar uma trincheira, e Ed carrega pedras para nossa pilha, com a qual a essa altura poderíamos construir uma pequena casa.

O serviço de limpeza de fossas buzina na estrada lá embaixo. Olho pela janela e vejo um homem accnando e um trator com um tanque enferrujado a reboque. Ed sai correndo. O motorista joga uma corda para ele, e Ed puxa a mangueira cá para cima. Secondo sobe, deixando o trator a arquejar na estrada. Ele tem o cabelo fofo como algodão e o passo saltitante. Cumprimenta Ed como um velho amigo. Depois da minha rápida visão das entranhas, por assim dizer, do sistema, não quero nem olhar. Ouço os ruídos de sucção e de jorro de líquidos. Pouco depois, ouço Ed no chuveiro. Está rindo.

– Qual é a graça?

– Foi inacreditável. É que nunca me vi nessa atividade, sabe? Correndo para todos os lados ajudando a tirar a sujeira de uma fossa. O sistema está vazio e foi enxaguado. Gostei de Secondo. Ele quis ver as oliveiras e me disse que mandaria o filho vir arar os terraços.

Apesar de eu enfrentar dificuldade para escrever, estudar italiano ou ler quando recebemos hóspedes aqui, não tenho absolutamente problema algum quando há obra em andamento. Os homens de Primo trabalham; eu trabalho; Ed também. Ele acorda duas horas antes da chegada dos operários, para escrever à luz fraca do início do dia, seu momento preferido. Na série de poemas nos quais está trabalhando agora, cada um começa e termina com uma palavra em italiano, frequentemente uma palavra que tenha significado também em inglês, como por exemplo *ago* [atrás, como noção de tempo, em inglês], agulha em italiano, e *dove* [pomba, em inglês], onde, em italiano. Um dos seus prazeres no aprendizado do italiano foi perceber a invasão desse idioma em sua escrita. Ed passa horas estudando etimologias.

Começo todos os dias com uma caminhada até a cidade. Meu ritual consiste em tomar meu *cappuccino* num bar no qual a "Mulher Maravilha" está ligada a todo o volume em italiano dublado. Ela é hilariante e oferece um excelente acompanhamento para as notícias. A manchete de ontem era "Lagarto encontrado em espinafre congelado". Um homem muito baixo com a cabeça parecida com a de um *schnauzer* vem ao bar todos os dias pela manhã. Em vez de pedir um *caffè macchiato*, um expresso "pingado" com leite, ele sempre diz: *"Macchiame, Maria"*, pinga-me, Maria. Ela nem pestaneja.

Quando os homens chegam às oito, Ed já acabou de escrever o que tinha para escrever no dia. Ele aparece de botas e *shorts*, com a intenção de atacar o mato no terraço de cima, mas em vez disso vai para a horta arrancar ervas daninhas. De repente, o *orto* é nosso. Anselmo está no hospital com pneumonia, o que é estranho para o mês de julho. Ele nos liga pelo *telefonino* para dizer que devemos regar pela manhã, que arranquemos todas as batatas e as deixemos secar por dois dias numa camada única antes de armazená-las no escuro. Quando lhe levamos umas flores, nós o encontramos numa enfermaria deprimente com outros sete homens em camas de ferro. Está de roupão, sentado na beirada da cama. Geralmente cheio de opiniões e piadas, de repente ele parece frágil e vulnerável, com a barriga redonda aparecendo saliente por baixo da faixa. Faz todo tipo de pergunta sobre o *orto*. Quantos melões? Estamos apanhando abobrinhas todos os dias? Nós sabemos que ele acha que nós não regamos nem cortamos as alfaces direito. Pomos junto à cama a begônia amarela que trouxemos. Quando estamos saindo, ouvimos sua voz falando ao telefone.

– Escute, aquele apartamento na estrada para Dogana, posso conseguir as chaves até a semana que vem...

Os homens de Primo são *muratori*, pedreiros. Ficamos surpresos ao ver que eles mesmos instalam o encanamento.

Esperávamos que essa tarefa coubesse aos bombeiros. Para a instalação da fiação e das lâmpadas, Mario e Ettore, bombeiros/eletricistas, assumem. São do tipo que aparece e desaparece de repente – rápidos e de uma eficiência incrível. Mario grita. Ettore é calado. Eles correm, fazem tudo num passe de mágica, são *bravissimi*.

– *Squilla il telefono* – grita Mario, pela janela. Ele tem o tom de voz mais alto do universo. *Squillare* – tocar, e o som estridente da campainha do telefone sempre irrita os ouvidos. Paolo tem más notícias.

– Os azulejos da Sicília... uma escolha tão linda, na realidade, o vendedor ficou feliz por alguém ter tido o bom gosto de escolher aquele desenho... Infelizmente, os azulejos sofreram, um acidente, um desastre com o caminhão do transporte, que caiu no mar. O motorista não se feriu, mas os azulejos...

Por um instante, não compreendo.

– Você quer dizer que meus azulejos estão debaixo d'água?

– *Sì, mi dispiace; è vero.* – É uma pena, mas é verdade. É tão inacreditável que nós dois rimos. Peixinhos bisbilhotando as caixas? O caminhão capotou e se alojou na areia. – Vamos ter de começar de novo. E logo vão começar as férias de agosto. Não vai ter ninguém fazendo azulejos.

Amigos muito íntimos estão chegando. A hora é inconveniente, mas eles são bem-vindos em qualquer ocasião. Esperamos que não se importem com um pouco de caos. Saímos correndo até a loja de Paolo e esperamos enquanto ele grita ao telefone, a respeito dos azulejos. Daria para pensar que ele está falando com Marte. Desliga com violência.

– Não prometeram nada, mas vão tentar fazer com que cheguem aqui a tempo.

– Se não estiverem aqui em duas semanas, não poderemos acabar a obra.

– *Boh* – Paolo passa por diversos gestos de "o-que-se-há-de-fazer?" – Sicilianos – explica.

Felizmente, os operários não começaram a demolir o banheiro das borboletas. Para compensar, Paolo nos mostra seu caminhão, carregado com os acessórios que encomendamos para os dois banheiros e caixas de torneiras. Saímos para comprar comida. Queremos fazer ravióli de peito de pato com molho de azeitonas para Sheila e Rob, nossos amigos de Washington.

Quando chegamos em casa, eles já estão esperando, com seis garrafas de Brunello enfileiradas em cima do muro como boas-vindas para nós; e bem no meio do pátio da frente, dois vasos sanitários, duas pias, uma banheira, um piso pré-moldado para chuveiro e uma pilha de mais de um metro de altura de caixas. A banheira riscada do *ibrutto* foi trazida para fora, e alguém pôs nela um grande jabuti. Ele sobe pela parede e cai de volta escorregando, com as garras se arrastando frenéticas na porcelana. Entendo perfeitamente como ele se sente. Depois do canto da casa, no caramanchão das tílias, ouvimos o som inconfundível de pás que atingem pedras e a voz de Franco e de Emilio começando sua ladainha de imprecações com a Virgem Maria. Parece que estão cavando um túmulo para um mostrengo. Já afundaram o buraco até a altura da cintura. Ainda faltam quilômetros na vala de Zeno. Ed põe o jabuti no canteiro de morangos, Sheila e eu debulhamos ervilhas, Rob põe para tocar um CD dos Righteous Brothers e aumenta o volume em "Unchained Melody". Os operários acendem seu fogareiro portátil para esquentar a massa que trouxeram para o almoço. Zeno lava as pernas imundas com a mangueira. Minha felicidade é total. Estamos sentados na muralha de pedra ao sol. Nosso vizinho, Plácido, grita da estrada.

– Edward, Frances, descobri um nome novo para sua casa. Vocês deveriam trocar para Villa delle Farfalle [Casa das Borboletas] porque é um milagre a quantidade de borboletas em volta da alfazema. Parecem confetes. É uma grande festa todos os dias.

Algumas vespas instalaram residência na velha urna de terracota ao meu lado. Falta-lhe uma alça, e ela foi cimentada à parede há séculos para que o vento não a derrube. As vespas ocupadíssimas saem por uma pequena abertura como helicópteros decolando meio inclinados de uma plataforma. Rob saca a rolha de um Brunello. Eu ouço o zumbido da urna. Rob serve o vinho enquanto nos conta ter contornado Roma duas vezes no anel viário. Ed, o poeta, fala com sinceridade no meu ouvido: *Você não adora isso aqui? Essa urna é como nossa casa.* Ele leva minha mão à lateral da urna, e eu sinto a vibração.

Cynthia, uma amiga inglesa que mora na Toscana há quarenta anos, nos convidou para jantar na noite em que Sheila e Rob, nossos últimos convidados do verão, foram embora. Neste exato momento, estou aguardando a chegada do meu ex-colega que ficará no hotel na semana que vem. Hoje nossa casa está tão cheia de poeira da obra que ela se instala também entre os dedos dos pés e nas nossas pálpebras. Nenhum sinal de chegada do azulejo, mas sob todos os outros aspectos a obra está prosseguindo sem contratempos.

Encontramos à mesa outros *stranieri*, todos ingleses. Quando Ed menciona que não estivemos convidando ninguém para nossa casa porque tivemos hóspedes seguidos, a conversa deslancha.

– Os hóspedes são de dois tipos: excelentes e terríveis. A maioria pertence ao segundo grupo. Vocês conhecem aquela expressão de que os hóspedes, como o pescado, não prestam depois do terceiro dia? Ela existe em todas as línguas, em remotas ilhas do Pacífico, na Sibéria, por toda parte. – Max sempre tem hóspedes.

Cynthia está por acaso servindo um grande peixe todo decorado com azeitonas fatiadas, arrumadas como escamas.

– Vocês sabem que o filho do meu padrasto chegou com dois filhos resfriados e teve problemas com o carro? Jogou a mala suja em cima da colcha branca e começou a jogar as roupas de baixo, formando uma pilha. Vejam bem, eu não o via há 15 anos. Ele ficou dez dias. Nunca trouxe para casa uma flor, uma garrafa de vinho, um pedaço de queijo; e não chegou nem mesmo a enviar um cartão de agradecimento. Deixou uma nota de cem mil *lire* [cerca de sessenta dólares] na geladeira com um bilhete que dizia "pela comida". Não é o cúmulo? Pior do que isso não pode existir. – Seus olhos faíscam. – E eu receava ter sido injusta na minha avaliação do coitadinho todos aqueles anos. – Ela corta fora a cabeça do peixe e a descarta. Seu amigo Quinton, um escritor de histórias de suspense, serve o vinho.

– Nunca recebo hóspedes. Eles perturbam demais.

– Não é que é verdade? – concorda Peter. – Uns amigos iam chegar de trem e eu desci para recebê-los no trem que vinha de Florença à 1h05. Eles não saltaram. Esperei o das 2h14. Desisti. Finalmente, por volta das quatro, morrendo de calor e de irritação, eles ligaram da estação.

– Uma hóspede chegou trazendo todos os potinhos de geleia, toucas de banho e flanelas para sapatos dos hotéis por onde havia passado e os deu de presente para mim – conto eu. – Alguns dos potinhos já estavam abertos e tinham um pouquinho de manteiga sujando a tampa.

– Quanta delicadeza! – comenta Cynthia.

– Besteira – diz Quinton, rindo. – Essas pessoas nunca se comportariam dessa forma na terra natal.

– Ela ainda escolheu para ele os bons sabonetes – acrescento.

– É como se alguma coisa se soltasse quando as pessoas viajam para outro país – diz Ed. – As palavras "Vamos ficar na Itália..." liberam suas restrições. É como se por algum milagre fosse criado um laço entre nós só por estarmos nesse lugar estrangeiro ao mesmo tempo.

– Nós cuidamos do acampamento – concorda Quinton. – E eles são os que perambulam pelos ermos e conseguem chegar em segurança.

– O conceito de que se está com algum trabalho em andamento não é captado. Se você está na Itália, é porque está de férias. Ponto final. – Peter dá uma olhada no relógio de pulso. – E a verdade é que amanhã vai chegar um velho amigo meu.

Nosso vizinho Placido vem perguntar se queremos receber água tratada. Poderíamos dividir os custos de trazer o encanamento desde Torreone. No início do verão suas reservas de água já estão baixas, e ele acabou de plantar um gramado novo que não quer perder. Nós investigamos a possibilidade de trazer água tratada para cá quando compramos a casa, e consideramos o preço escandalosamente alto. Anselmo mandou cavar um poço novo, com mais de 90 metros de profundidade, que nunca secará, garante ele. Mas Placido tem um amigo. O orçamento que nos deram agora está reduzido a um quarto. Parece uma atitude de boa vizinhança; e, se houver uma seca rigorosa, nós estaríamos protegidos. Por que não? Podemos simplesmente trazer o encanamento até aqui, fechá-lo e deixá-lo para lá até precisarmos. É uma coincidência que estejamos cavando uma vala.

Quando percebemos, estamos no meio de mais um projeto imenso, adjacente ao nosso outro projeto imenso. Uma retroescavadeira monstruosa cava uma vala de Torreone, a um quilômetro de distância, até nossa casa. O dia inteiro, ela raspa e joga terra na estrada. Homens sem camisa instalam a tubulação e gritam. O calor se abate sobre nós como o hálito quente de um cachorro que correu desde muito longe para chegar em casa. Os homens carregam entulho, cavam a terra, talham a rocha. Lembramos de relance as camadas que eles arrancaram do piso da sala de estar dois anos atrás; mas aqui eles estão atingindo a rocha sólida da montanha. No buraco da fossa nova poderia caber um Fiat 500. A fossa é enlaçada, e quatro homens a levam para perto do buraco para depois baixá-la, deixando-a cair de modo controlado. Daí em diante, é rápida a ligação do encanamento. Todos os operários se unem a Zeno para cavar a trincheira. Estão a ponto de derreter. Os canos do esgoto e da água são instalados a partir da casa. Os eletricistas acrescentam conduítes para fiação, caso um dia venhamos a querer eletricidade mais longe. Instalam-se outros canos para o gás, de modo que podemos tirar o enorme cilindro de dentro da *limonaia* e recuperar o espaço para os limoeiros.

No terceiro dia de trabalho ao longo da estrada, a retroescavadeira chega ao nosso terreno, abre uma trilha morro acima, e a tubulação de água, também, é assentada na trincheira. Nós nos limitamos a ficar parados, olhando com assombro. Será que algum dia imaginamos que cavaríamos uma vala de oitocentos metros?

Este é o primeiro dia da volta de Anselmo ao trabalho. Está pálido com sua boina vermelha e sobe com cuidado a escada até os terraços da horta. Ele examina a devastação sofrida por sua horta. Nós não direcionamos a expansão dos pés de melão, e eles estão emaranhados. Não eliminamos direito os ramos laterais dos tomateiros. Está óbvio que as cenouras não foram regadas o suficiente porque o solo está duro como pedra, o que prejudica seu crescimento. Sou a boa aluna, concordando com ele e fazendo perguntas. Chegamos à conclusão de que ele sempre tem razão. Ele remexe no mato em volta das alcachofras, arranca os cardos azuis daquelas que deixaram semente. Anselmo concorda com Primo – é tolice nossa instalar outra fossa completa; e evidentemente o escoamento deveria ter sido para outro lado.

Nove homens estão trabalhando aqui. Nossa professora, Amalia, vem nos dar a aula de italiano porque não podemos ir até Cortona. É gratificante quando ela se debruça no terraço de cima para ouvir a conversa dos operários.

– Não sei como vocês conseguem. Não dá para eu entender metade do que eles dizem. Vocês se dão conta de que ali embaixo estão falando em quatro dialetos?

Enquanto isso, o reboco está secando no banheirinho. A iluminação embutida e a banheira já estão instaladas. O azulejador de Primo chega amanhã.

Em julho, o jardim está esplêndido. Tudo o que plantamos assume sua identidade ideal. Vita Sackville-West falou do seu jardim em "plena profusão". Este nosso também transborda sua abundância. Somente as dálias sofrem. O míldio pulverulento mancha as folhas, e as flores apodrecem antes de abrir. Tudo o mais se espalhou ou brotou, e floresce com exagero. Da janela do andar de cima, olho lá para fora e penso em Humphrey Repton, que poderia aprovar essa união do italiano com um esquema inglês básico. Até mesmo os vasos que transbordam com gerânios em todas as muralhas têm um toque de Humphrey. Na esquina de cada uma, plantei uma semente de ipomeia. As trepadeiras agora se espalham pela muralha abaixo, enroscam-se nas luminárias externas ou rastejam ao longo das pedras. Elas abrem o puro rosto rosado para o sol da manhã. Encontrei uma velha estátua de pedra, de uma mulher segurando um feixe de trigo. Ela está agora em meio a vasos de hortênsias, uma reverência à tradição italiana de adornos no jardim. Egisto, *fabbro* mestre em Ossaia, não só consertou o portão original da casa; ele também está fazendo arcos de ferro para uma pérgula para parreiras na entrada do caminho do lago. Ainda estamos à procura da nossa inspiração para a água – um laguinho, um chafariz? Num depósito de antiguidades na Úmbria, avistei um banco de ferro, todo curvilíneo e enferrujado, encostado numa cerca com alguns portões e camas igualmente enferrujados. Quando perguntamos o preço, o proprietário ficou nitidamente perplexo. Nunca esperava vender aquele caco velho. Voltamos pelos caminhos sinuosos das montanhas, com o banco amarrado no alto do carro. Com meu braço passando pela janela, eu segurava uma perna. Se ele começasse a escorregar, pelo menos poderíamos parar.

No jardim, os vasos de limoeiros de Anselmo dão um toque puramente italiano. Ele conduziu sua forma por meio de apoios de bambu.

– Colham os limões, colham – insiste. Eu espero porque adoro ver os frutos amarelos pendurados em meio às folhas.

Depois do ímpeto inicial, as duas Mermaids se acalmaram e agora nos brindam com algumas rosas abertas de um amarelo quase creme. Cada roseira Sally Holmes que plantamos entre as alfazemas, animadas como são, constantemente nos dão braçadas de pompons brancos. Elas sufocaram a decadente rosa lilás, que era mesmo uma irmã mais fraca. Ed depara com uma foto do jardim coberto de mato, tirada quando compramos a casa; e com outra de uns dois anos depois, quando não havia nada a não ser um trecho vazio de terra cercada pela sebe de buxo. Se naquela época eu pudesse ter vislumbrado o que poderíamos fazer, minhas noites insones de ansiedade teriam sido reduzidas. Adoro a transformação do jardim tanto quanto a restauração da casa. Essa faixa verde e florida é onde a casa entra em delicada harmonia com a natureza. Depois dela, o cultivo de oliveiras, parreiras, ciprestes e alfazema cria um elo mais leve com a natureza, antes do mato espontâneo e da giesta, das rosas e dos aspargos silvestres. Adoro o espaço para esses níveis de ligação, esses pontos cruciais entre a casa e o mundo lá fora.

– Toda oliveira tem sua própria história – diz-nos Anselmo. – As roseiras também. Elas falam comigo o tempo todo – respondo, brincando. Mas ele não liga para rosas.

– *Mah* – retruca e se volta para o *orto*.

Os quadrados de 12cm de lado dão a impressão de terem sempre pertencido a *il brutto*. Foi-se o piso de quadrados de concreto em branco e marrom acinzentado. A pia foi embutida na parede de pedra. A reentrância acima dela revelava a altura do primeiro proprietário. Até mesmo eu, com 1,60m, precisava me abaixar um pouco para olhar no espelho. Primo aumentou a altura da reentrância e formou um arco. Comprei um espelho antigo manchado que coube perfeitamente ali. Apenas essa mudança já fez desaparecer a sensação de confinamento num espaço exíguo. Antonio chega com sua sócia, Flavia. Fazer molduras é o feijão com arroz da sua loja, mas o que eles mais gostam é dos padrões e acabamentos decorativos. Fizeram uma simulação da onda etrusca azul que vai circundar o cômodo. Sentamos lá fora, bebendo chá e testando as tintas para chegar ao exato azul leitoso, ao exato tom rosado para a barra. Deveriam pintar um retrato de Flavia, com os expressivos olhos castanhos e a pele da cor de amêndoa. Ela prende o cabelo no alto e o cobre com uma echarpe, parecendo-se ainda mais com a Virgem Maria pronta para montar no burro para a longa viagem. Ainda assim, um fio escapa e cai na tinta azul. Antonio não tem absolutamente nada de José. Tem ironia e graça em demasia. Depois de uma acalorada discussão sobre proporções, eles preparam um molde plástico para a onda. A execução é rápida. Desenham o contorno a lápis e depois pintam à mão livre. Mantivemos a janela de madeira original, com um peitoril largo onde tordos fizeram ninho em junho. Mantivemos a banheira que só dá para um banho de assento, embora tivéssemos de substituir a original.

– Quem iria comprar uma coisa dessas? – perguntou Paolo, em tom de desprezo quando quisemos saber se elas ainda eram fabricadas.

– Eu – respondi. – Ela parece fazer parte da casa.

Antonio vem me chamar a toda hora.

– Você está gostando? Gosta mesmo? – Ele acende o cigarro, e Flavia e eu começamos a abanar a fumaça diante do nosso rosto com gestos exagerados, o que faz com que ele apague o cigarro numa lata de tinta.

– Gosto. Vocês querem pintar alguma coisa em todos os cômodos da casa?

– Quando subo, abro a porta só para olhar. "Querida Ashley", escrevo. "*Il brutto* passou a ser *il carino*, o queridinho. O menor banheiro possível, mas equipado com sais de mimosa, com toalhas americanas fofíssimas, sabonete de angélica e um ninho abandonado no peitoril. Quando você vem tomar banho aqui?" Ela é tão esguia que cabe no fundo da banheirinha.

Enquanto Antonio está aqui, faço o esboço de uma prateleira que gostaria de ter na cozinha, uma que fosse de um lado a outro acima do ressalto de tijolos, onde deixaria em exposição todas as travessas que acumulei. Uma segunda fileira, e assim posso simplesmente apanhar uma para qualquer prato que eu esteja a ponto de servir. Ele tira as medidas. Andamos pela casa até eu identificar a cor exata do corante que prefiro.

– *Ecco fatto* – diz ele. Feito.

O que não está feito, quando termina o mês de julho, é o banheiro das borboletas. Os azulejos estão a caminho, mas só chegarão depois que os homens de Primo tiverem saído de férias, em agosto. Como precisamos ir embora no final de agosto, guardamos os acessórios na *limonaia* e abrimos espaço para as caixas de azulejos.

– *Pazienza, signora* – diz Primo. – No ano que vem, outro monte de problemas novos.

Zeno cobre a trincheira. As ferramentas são limpas e carregadas no Ape. Meu colega não chega, mas explica que volta quando puder se hospedar conosco. Anselmo pendura tranças de cebola e alho na cantina. Antonio instala a linda prateleira – algumas coisas acontecem como mágica. Eu mergulho meu corpo cansado na banheira nova, batizando-me na água fria que escoará para a terra por canos, pedras e areia, inofensiva, inofensiva.

Perdas na tradução

Num estágio inicial do embrião humano, resquícios de fendas branquiais aparecem perto da garganta, discretos lembretes de que um dia tivemos nadadeiras e nadamos em liberdade pelos rios e mares. Com frequência, sinto em mim mesma outra característica vestigial – a de estar presa a um idioma. Amigos poliglotas garantem que uma nova personalidade surge quando se aprende uma nova língua. Isso é algo a almejar. Eu gostaria de uma personalidade que incluísse uma cabeleira ondulante a ser balançada em pausas sintáticas adequadas, talvez aqueles óculos escuros italianos, que conseguem conferir uma aparência *sexy* e intelectual. Gostaria que meu retraimento natural desaparecesse quando a fluência me permitisse todos os gestos e ritmos do italiano. Por enquanto, posso dizer: "Você se lavou direito?" e "O senhor me insultou! Exijo desculpas"; "Mais cedo ou mais tarde, vou ter um colapso nervoso"; "Catherine, você já foi ver se o barômetro caiu?"; "Lá onde eu nasci, não se faz festa quando alguém morre", e muitas outras frases úteis que meus livros me ensinaram. Essas frases não são respostas pertinentes para Primo Bianchi quando examina conosco os aspectos intricados de uma *fossa biológica*, também conhecida como fossa séptica.

Duas vezes por semana por duas horas, eu enfrento uma sala branca num *palazzo* em Cortona. Vou cheia de expectativa e pavor. No caminho, passo por Caruso, o mainá que mora numa gaiola do lado de fora da loja de antiguidades. "*Ciao*", diz a ave, e eu ouço a inflexão exata, mastigada, do *ciao* da região. Até a ave tem o ouvido melhor do que o meu. Amalia está esperando com uma pilha de exercícios fotocopiados para eu completar diante dela. Seu plano é esclarecer de uma vez por todas as diferenças entre o passado simples, o imperfeito e o passado perfeito. Creio que é mais ou menos assim: eu fiz compras; eu fiz compras e continuei a fazer compras; e eu fiz compras até cair. As três enormes janelas da sala dão para os telhados de Cortona. Nós nos sentamos a uma mesa comprida, de frente para um quadro-negro. Não há nada para distrair a atenção do intenso estudo do italiano. Começamos a conversar. Com a metade da velocidade de costume, ela fala com clareza de um filme de Benigni, do julgamento de um político, de um costume local. Conversamos sobre onde estivemos e o que fizemos desde a última aula.

Hesito, sou corrigida com frequência, não percebo a diferença entre seu jeito de dizer *oggi* e meu jeito de dizer a mesma palavra. Como o pé-direito é tão alto, tudo o que ela diz provoca um leve eco, amplificando o trauma. Com os verbos, percebo meu próprio erro assim que o cometo. Estranho – às vezes compreendo quase tudo o que ela diz. Debatemos a pena de morte, os raviólis ou a máfia. Eu me dou os parabéns por uma pergunta inteligente – talvez ela possa ver que não sou tão estúpida quanto devo parecer. Outras vezes, sinto que meu cérebro é um grande *gnocco* de batata ou uma bola de *mozzarella di bufala*, e que não estou escutando a metade. Pior, às vezes simplesmente me desligo. Ela poderia estar despejando uma algaravia. Sinto vontade de chorar ou sair correndo da sala.

Mesmo assim, absorver um novo idioma é muito divertido. Se estou aguardando alguma transação no banco ou se estou sentada diante do posto enquanto lavam meu carro, apanho minha lista de particípios passados. Durante o *riposo* da tarde, às vezes fecho as venezianas e ouço fitas de conversação. As minhas se concentram na culinária. No calor, com as cigarras ruidosas lá fora, deito-me de costas e ouço instruções detalhadas de como fazer bolinhos fritos de arroz e sopa de cerejas. Ouvir é empolgante porque começo a achar que falei italiano em outra vida. Bem no fundo, eu conheço esse idioma. Em seu belo romance da Segunda Guerra Mundial, *The Gallery*, John Home Burns parecia saber das coisas quando disse: "pode-se logo compreender o italiano porque ele parece dizer o que quer dizer. O italiano é um idioma tão natural quanto a respiração humana... Ele se mantém em movimento por sua própria energia inerente... É cheio de riso borbulhante. E no entanto é capaz de prepotência e rancor. Ele possui palavras que qualificam uma personalidade com tanta precisão quanto uma piada inteligente. É uma língua na qual a voz percorre todos os níveis. Quase que se canta, e a emoção tem no gesto seu canal de expressão".

Uma dessas palavras sugestivas nos fascina. *Galleggiante*. Adoramos sua sonoridade – uma mistura de "galante", "gigante" e "elegante". Ed diz: "Você está tão, como direi? Tão *galleggiante* hoje". Eu digo: "Adoro Parma. É tão *galleggiante*". Nós admiramos o banco antigo de ferro que compramos; ficou realmente *galleggiante* no jardim. O verdadeiro *galleggiante* entrou no nosso vocabulário de modo mais prático. Quando a água não parava de correr no vaso sanitário, Ed subiu numa escada e olhou na caixa de descarga. Ao levantar a bola flutuante, o barulho parou. Não há como procurar num dicionário "bola que flutua dentro da caixa d'água"; por isso, Ed foi a uma loja de material de construção para comprar a tal peça e passou pela tortura de gestos e desenhos esboçados.

– Ah – compreendeu afinal o vendedor. – Vocês querem um *galleggiante*. – Queríamos, sim.

Como estou aprendendo italiano enquanto moro aqui, minha instrução se dá em público. Num bar, uma vez pedi uma granada (*granata*) em vez de um suco de limão servido com gelo moído (*granita*). Já fiz comentários sobre a beleza de uma cesta de peixes (*pesce*) quando estava admirando belíssimos pêssegos (*pesche*) maduros. Imagine alguém apontando para um repolho negro (*cavolo nero*) e pedindo um cavalo preto (*cavallo nero*). Diferenças sutis porém enormes. O pior foi num enterro, quando me referi ao falecido não como um *scapolo* (solteirão), como pretendia, mas como um *sbaglio*, um erro.

Isso foi no início. Agora que minha compreensão do italiano é maior, tenho ainda mais oportunidades de fazer papel de boba. Como meus conhecimentos aumentaram, tenho maior propensão a me lançar numa descrição de uma visita a um fabricante de vinagre balsâmico, esquecendo-me mais uma vez de que perguntas complexas se seguirão, e de que vou precisar extrair da minha cabeça verbos em tempos que ainda não encarei. Será que eu conseguiria fazer tudo parecer algum tipo de dialeto novo? Hoje, eu estava contando a Matteo na *frutta* e *verdura* que durante a noite alguma coisa comeu os pequenos melões e o milho novo na horta. Talvez um javali ou um porco-espinho – conheço as palavras para esses dois – e de repente, ai, ui, eu acabo percebendo o que está por vir. Quero dizer "roeu o caule para fazer o milho tombar".

Roeu – "comeu" *não* serve. A palavra para "caule" – não, nem a menor ideia. Tombar – pode esquecer. O mais perto que consigo chegar é "cortar", e não é o termo correto. Todos os sinônimos que já sei não transmitem a sensação de algo roendo o caule para fazer tombar o milho. Chego a pensar em fazer a mímica de toda a cena usando um talo de aipo para representar o milho e me colocando no papel do porco-espinho, mas – graças a Deus – uma certa noção de decoro me poupa.

No entanto, isso é bom, não é? Saber o suficiente para desenvolver a precisão. Sou salva por outras três pessoas na loja que resolvem entrar na conversa, cada uma com uma opinião quanto à identidade do verdadeiro culpado. Debate-se a possibilidade de terem sido ouriços-cacheiros e ratões-do-banhado, mas o consenso é o porco-espinho, com um homem defendendo os javalis até o fim porque os tomates estão intactos. Se tivesse sido um porco-espinho, é óbvio que os tomateiros também teriam sido destroçados. Compro meus pêssegos, não tendo nunca mais repetido *aquele* outro erro, e saio da loja, com a percepção de que entendi tudo, muito embora fosse prejudicada pelo meu próprio vocabulário.

Às vezes, não traduzo. *Arancia* é *arancia*, e eu estou só escutando, com a imagem de uma laranja, não a palavra, surgindo de relance na minha mente. É um mistério para mim: esses momentos em que o inglês se funde entre o italiano e o significado. Percorro feliz a cidadezinha, entabulando pequenas conversas nas lojas. Um turista italiano me pergunta (a *mim!*) como chegar a algum lugar, e eu respondo com total segurança. Apesar de provavelmente tê-lo despachado para a igreja errada, tenho confiança de que ele vai apreciá-la do mesmo jeito.

Europeus da cultura do Velho Mundo e os milhões de desenraizados que migraram nos últimos cinquenta anos representam meios opostos, com idênticos resultados – eles transitam entre idiomas – ao passo que a maioria de nós que ficamos isolados em termos culturais na imensa massa continental da América do Norte no máximo fala inglês. E já somos uma minoria com tendência a diminuir cada vez mais. Daqui a gerações, nossos descendentes dirão aos filhos: "No passado havia gente que falava só uma língua", e as crianças ficarão pasmas. Eu, porém, estou determinada a sobreviver com os mais aptos.

Tendo dito muitas bobagens e voltado para casa furiosa, acabei tendo tempo mais do que suficiente para analisar meus problemas. Descobri por que tornei o aprendizado do italiano mais difícil do que precisaria ser. Talvez tenha descoberto por que todas as línguas que estudei sempre foram tão difíceis de captar.

Tenho o hábito de traduzir tudo à força para o inglês. Embora tenhamos as mesmas estruturas – todos os idiomas em essência apresentam as mesmas categorias gramaticais – não há meios de avançar *racionalmente* diante da omissão do pronome em italiano, da colocação do verbo em primeiro plano e do gênero dos substantivos. As idiossincrasias das expressões idiomáticas, dotadas do mesmo nível de irracionalidade, saltam aos meus olhos por funcionarem com metáforas. Adoro a nítida imagem figurada *acqua in bocca* (água na boca), que significa "Não vou contar para ninguém". Algo que fica entre nós dois é algo para *quattr'occhi*, quatro olhos. "Estou me sentindo oprimido" ou "deprimido" traduz-se como *sotto una cappa di piombo*, sob uma capa de chumbo. Não é só a imagem que é invocada, mas a palavra *piombo* parece opressiva, como três notas graves tocadas no contrabaixo. Todas as conotações da expressão inglesa "rolando em dinheiro" não são absolutamente comparáveis às da expressão em italiano "nadando em dinheiro".

De modo involuntário o som muitas vezes confere significado ali onde não deveria. *Stinco*[1], um saboroso corte de carne e também um tipo fino de pão, parece pouco apetitoso aos ouvidos dos que falam inglês, mesmo quando se sabe que *stinco* significa tíbia. E como soa *exótico* o ditado: "*Non è uno stinco di santo*", "Ele não é a tíbia de um santo", não tem nada de santo. *Bar* invoca figuras solitárias debruçadas tomando coquetéis ou cenas mais sofisticadas, mas não a versão italiana que se concentra no café e lanches rápidos. Com toda a certeza, um "bar" italiano não é um "*pub*".

A simples palavra *più*[2], "mais", e difícil de ser pronunciada por um falante do inglês sem que ele imagine um odor desagradável. Por isso, contraio os lábios e digo que hoje à noite vamos comer no Amico Più, uma *trattoria* nos limites do vale, onde, para satisfação do meu ouvido interior, às vezes passa pelas mesas ao ar livre dispostas sobre um gramado o cheiro de porcos de fazendas próximas.

– Sem dúvida seu amigo é bonito, mas é tão cruel com o cachorro – comentou minha amiga Deb a respeito de Silvano, lindo de parar o trânsito. – Ele não parava de mandar o coitadinho morrer.

– Silvano estava tentando conversar com ela, e seu *pastore tedesco*, pastor alemão, brincalhão, o importunava pedindo repetidamente que jogasse um pedaço de pau.

– *Dai, Ugo, dai* – disse ele ao cão quando jogou o pedaço de pau ainda mais uma vez. *Dai* é semelhante a "die"[3], mas Silvano só queria dizer "dá" – *basta*, chega, para com isso, Ugo.

Com o francês aprendi que quando se está faminto ou sedento, diz-se que se *tem* fome, que se tem sede. Isso ficou gravado na minha cabeça desde minha primeira visita à França. Fui sozinha a um restaurante e estava sentada perto de uma porta através da qual soprava um vento encanado

---

[1]. A palavra *stinco* em italiano tem o som parecido com *stink* em inglês, que significa "cheirar mal". (N.T.)

[2]. *Più* em italiano tem o mesmo som de uma interjeição em inglês usada como reação ao mau cheiro. (N.T.)

[3]. *Die* em inglês significa "morra". (N.T.)

no meu rosto. Pedi outra mesa ao garçom, explicando que eu estava com frio. De volta ao hotel, percebi que não lhe dissera *j'ai froid*, mas em vez disso *je suis fraise*, sou morango. Cortês, o garçom me conduzira a uma mesa aconchegante perto da lareira.

Estranho que um gato ronrone diferente em italiano. Os gatos "fazem ronrons". *Ha sonno?*, Você tem sono?, agora me ocorre naturalmente. Algumas expressões podem nunca chegar lá. Se me esqueço e me prendo ao literal, costumo acabar com "Agora preciso me ir disso", em vez de "Agora preciso ir embora". Ou "Eu me estava esquecida disso" em vez de "Eu tinha me esquecido disso". A tradução é uma aproximação. O original não diz aquilo de modo algum.

Mark Twain, que evidentemente tinha um bom ouvido para línguas, divertiu-se com uma tradução literal do seu próprio discurso, proferido no Clube da Imprensa em Viena.

> Sou de fato o mais fiel amigo da língua alemã – não só agora, mas desde há muito – sim, há pelo menos vinte anos. ...Eu efetuaria apenas algumas mudanças. O método da língua – a construção exuberante e elaborada – iria comprimir, as eternas digressões suprimir, eliminar, aniquilar; a introdução de mais de 13 sujeitos numa única frase proibir; o verbo tão para a frente puxar que sem um telescópio ele descoberto não poderia ser. Numa palavra, senhores, eu sua amada língua simplificaria para que, meus senhores, quando ela para orações necessária fosse, Ele lá em cima a pudesse compreender...
> Eu poderia com prazer o verbo separável também reformar um pouco. A ninguém permitiria o que Schiller fez: ele toda a história da Guerra dos Trinta Anos entre as duas partes de um verbo separável inseriu. Isso a própria Alemanha perturbou, e a Schiller a permissão recusada foi de a História da Guerra dos Cem Anos compor – Deus louvado seja! Depois que todas essas reformas estabelecidas estiverem, a língua alemã a mais nobre e a mais bonita do mundo será.

Cheguei à conclusão tardia de que o inglês é uma língua falada ao passo que o italiano é cantado. Uma professora de canto lírico em Spoleto me disse que faz seus alunos americanos escutarem em sala de aula alguém que fale italiano normal enquanto acompanham os tons com sua própria voz, fazendo lá-lá-lá. Depois, ela passa o mesmo exercício com alguém falando em inglês. O registro fonográfico do inglês segue uma modulação suave e regular para baixo e para cima enquanto o do italiano passa com rapidez dramática de um ponto a outro. Percebi isso instintivamente. Quando vem gente na minha direção, muito antes de poder ouvir as palavras, já sei dizer se estão falando inglês, alemão ou italiano. Percebo a diferença também na comparação entre meu *buon giorno* muito simples e a resposta exuberante dos italianos, com diversas subidas e descidas no som. O italiano falado por alguém que tem o inglês como língua materna é muito mais fácil de entender – a entoação ainda está em inglês, mesmo quando as palavras em italiano seguem a gramática com perfeição. Captar o ritmo – essa é a parte mais difícil. Os poucos sortudos que têm um domínio natural da cadência conseguem fazer-se entender pelos italianos mesmo que sua gramática não seja assim tão boa.

Pena que não se possa aprender um idioma numa série de injeções rotuladas "pronomes indiretos", "a pronúncia de *glielo*" e "terminologia para assentamento de ladrilhos". Mas eu digo a mim mesma, *Roma non tu fatta in un giorno*. Dante, o filho de cinco anos de mãe americana e pai italiano, transita com facilidade, sem pensar, de um lado para o outro, entre o inglês e o italiano. Ao telefone, não consigo enganá-lo para que pense que sou italiana. Quando digo: *"Posso parlare con la tua mamma"*, Posso falar com a sua mãe, ele responde em inglês: "Claro, ela está aqui pertinho".

Recentemente li no jornal que aqueles que aprendem muitas línguas quando novos usam para isso a mesma região do tamanho de um dedal, no cérebro. Aqueles que tentam aprender mais tarde precisam situar a nova língua num território totalmente diferente. A nova área deve ser algo parecido com a tundra congelada. À medida que vou estudando italiano, posso sentir essa viagem. As novas palavras seguem correndo para o ponto verdadeiro da linguagem – no alto e no centro – para a tradução e então escorregam de volta para o novo ponto, que está sendo desbravado em algum local na intratável região inferior direita. No caminho, muitas palavras caem em precipícios e canais esquecidos. Algumas de fato conseguem chegar até o novo manancial. Tornam-se naturais. *Gioia* já não é mais alegria; é a sensação eufórica de *gioia*. Centenas de outras palavras são agora elas mesmas. Ainda assim, apanho um romance de Pavese e já me sinto arrasada no terceiro parágrafo. *Piano*, devagar, *piano*, digo a mim mesma, não está chegando a hora de nenhuma prova. Como se fosse haver algum exame final, concentro-me compulsivamente naquilo que não entendo. Faço listas de *todos* os casos em que se usa o imperfeito. Passo horas escrevendo exemplos para cada um dos casos que não entendo e deixo de reforçar exemplos dos que entendo.

Além do prazer – e da necessidade – de poder conversar com facilidade, sinto o desejo de conhecer outra literatura. Meu antigo hábito de folhear obras em livrarias e sair com uma bela sacola de livros foi cortado na Itália. Tornei-me grande apreciadora de desenhos de capa.

Em viagem ou morando aqui como estrangeira, entro em contato com a força vital dos italianos em expressão todos os dias nas ruas, nos cafés e nas estradas. Quando passo por janelas abertas, fico fascinada pelo aroma de *ragù* e pela concorrência das vozes cascateantes. Com enorme frequência, testemunho a rica vida *exterior* dos italianos, sabendo que a trilha direta para a vida interior sempre é a literatura. Romances, ensaios, livros sobre lugares, tratados filosóficos, poesia – é neles que estão as grandes verdades do país, o território mais oculto aos meus olhos nas minhas amizades e breves temporadas neste *bel paese*.

Aos poucos, minhas leituras de verão foram passando para autores italianos de nascimento: Eugênio Montale, Umberto Eco, Italo Calvino, Natalia Ginzburg, Primo Levi – todos os pesos-pesados cuja obra está publicada em inglês. Às vezes compro um livro difícil em italiano, como se poderia comprar uma saia muito apertada, na esperança de perder cinco quilos no verão.

Em primeiro lugar, os guias. Todos os livros da Arcigola Editore sobre gastronomia, especialmente o guia anual *Vini d'Italia*, rapidamente convenceram Ed de que o ponto de vista dos italianos quanto à culinária e aos vinhos era o que queríamos. Os guias Gambero Rosso de restaurantes e hotéis nos levaram a lugares de pouco movimento e com uma personalidade intrínseca. São fáceis de acompanhar graças a um sistema claro de símbolos de classificação.

Depois, começamos a apanhar poesia, pelo simples prazer de ler em voz alta, mesmo se pronunciássemos errado o nome do autor, como fizemos por muito tempo com Quasimodo. Cesare Pavese revelou todas as camadas escuras e melancólicas do interior, que eu deixava passar no meu enlevo com as paisagens saídas direto de Piero della Francesca e Perugino. Os contos de Leonardo Sciascia trouxeram para mim a essência da Sicília, que, se não fosse por ele, eu teria encarado com medo e preconceitos. "Antigamente havia um cômodo especial em velhas casas sicilianas que era chamado de 'quarto do *scirocco*'. Ele não tinha janelas, nem nenhuma outra comunicação com o exterior, a não ser por uma porta estreita que dava para um corredor interno; e era ali que a família se abrigava do vento." É assim que quero entrar na Sicília – uma ilha na qual as intempéries mandam e o isolamento da geografia se reflete no microcosmo da família. Obrigado, Leonardo. Não me concentrei demais na máfia quando estive lá; mas sim no vento e nos milhares e milhares de palmeiras.

O exuberante sentido de *design* dos italianos aplica-se aos livros com a mesma facilidade que a sapatos e automóveis. Considero irresistíveis os livros de arte; as cores bem definidas e nítidas tanto em livretos baratos sobre artistas individuais quanto nos grandes tomos da Galeria Uffizi e das coleções do Vaticano. Livros de bolso são os que mais me atraem. Eu os apanho um a um, com os olhos fixos nas capas da cor de cobalto, cada uma com a pequena reprodução de um quadro aplicada na capa. Esses livros fazem com que eu avance mais no idioma. Sentar num café com um *cappuccino*, um livro e um dicionário não é uma forma desagradável de passar uma hora ou duas de manhã. É claro que comprei Dante. Como se pode não comprar Dante na Itália? Eu tinha um segredo sinistro – o de nunca ter lido Dante, a não ser em fragmentos. Traduzir algumas estrofes proporciona uma cura instantânea para o tédio dos livros didáticos. A maré estava baixa. Ela morria de medo de cobras e aranhas. Os recrutas estão de licença. A chuva acabou com a feira. Seu comportamento vai melhorar. Ela parecia muito recatada. Eu fui boba desde o início. Exatamente!

Como passei tantos verões na Itália, meus amigos supõem que meu italiano seja totalmente fluente. "Ora, a gente aprende italiano de ouvido", dizem, despreocupados. "É tão parecido com o espanhol." Bem, eu nunca aprendi espanhol com tanta facilidade assim. De todo um verão de estudos em San Miguel de Allende, o que me lembro principalmente é de sair por estradas intransitáveis num táxi com meu professor, que tinha um interesse apaixonado pela cerâmica chichimeca. Ele era mais sensível ao meu interesse pela cultura do que à minha necessidade de traduzir a história do camundongo. Procurávamos em monturos por fragmentos de cerâmica pintada de preto, e eu voltei para casa com mais cacos do que palavras.

Mas meus amigos não deixam de ter razão. A gente viaja à Itália e aprende algumas expressões. Os italianos são tão corteses e simpáticos que a pessoa é induzida a pensar: *Isso é moleza*. Há muito tempo eu falo italiano de restaurante, italiano de viagem, italiano de compras e um pouco de italiano de reformas de casas. Mas nunca "aprendi de ouvido" o imperfeito do subjuntivo ou o passado perfeito. Não aprendi a entender os diversos dialetos falados em volta da Toscana, para não mencionar no resto da Itália. Li em *Italian Cultural Studies* [Estudos da cultura italiana] que os dialetos são usados por 60% dos italianos e são a única língua de 14%. Como fomos aprendendo às pressas, nosso vocabulário é uma tremenda mixórdia de palavras dialetais e do italiano que aprendemos em aulas. O dialeto local com frequência muda o som do "ah" para "eh", o que produz uma vogal mais áspera. Nem sempre ouvimos a diferença. Nosso repertório de imprecações é bastante amplo, já que içar pedras, cavar trincheiras e abrir poços provoca esse tipo de palavreado nos operários. *Madonna cane, Madonna diavola,* Virgem-cão, Virgem-diaba, são dois xingamentos gravíssimos. Ainda nos escapa o uso de algumas expressões que aprendemos de ouvido. *Non mi importa una sega*, Estou me lixando, acompanhado de um movimento de serrar, que tem algo a ver com a masturbação.

Alguns aspectos dessa língua espantosa me confundem. Admiti recentemente que vou desistir do uso idiomático e incompreensível do pronome invariável "*ne*". Qualquer tipo de italiano que eu venha a falar dispensará essa palavra multifacetada. Ainda não confessei isso a Amalia.

Amigos americanos dizem com modéstia: "Até que me saí bem na Espanha" ou "É incrível como tudo parece voltar". Voltar de onde? Já viajei com alguns desses mesmos amigos. Já os vi apontar para o menu. Já os vi estender as mãos com humildade para que o vendedor retire o custo de alguma compra das suas palmas, uma vez que ficam tontos quando *duemilaquattrocentosettanta lire* (2470 *lire*) jorram em espirais da boca do vendedor. Um amigo pertence à escola do fale-alto-e-com-clareza-que-eles-entenderão-inglês. Outro, que me visitou na Itália, ficou irritado com o fato de os comerciantes da região não terem feito "nenhum esforço para aprender frases básicas em inglês que lhes seriam úteis nos negócios", sem se dar conta de que estamos no país *deles*, e ainda por cima numa região rural.

Apesar de ter "estudado" francês no ensino médio e na faculdade, nunca cheguei a me afeiçoar à língua. Não conheci ninguém que fosse da França, e na escola minha professora acreditava no método de um livro de exercícios de verbos, com espaços minúsculos para escrever todas as conjugações. Mesmo que não fizéssemos nenhuma ideia do que aqueles tempos verbais significavam, precisávamos escrever o *passé composé* de centenas de verbos. Durante a última meia hora da aula, ela tocava discos arranhados com sons das ruas de Paris e ficava parada, com as mãos unidas, olhando pela janela. Saíamos em fila ao som de "Under the Bridges of Paris", com o Carl Twiggs dando um tapinha no traseiro da Mary Keith Duffy, que usava cinta, enquanto gritava "Monobunda", de longe o momento linguístico de maior criatividade da hora inteira.

Na faculdade, a aula era voltada para o "laboratório audiovisual" – fitas sobre *mon moulin*, cartas num francês obscuro, que eu tinha de escutar num cubículo na quadra de esportes às sete da manhã. Notícias de um longínquo moinho francês, acompanhadas do som da bola de basquete batendo no piso da quadra e um cheiro de desinfetante com perfume de pinho. Quando eu era chamada para fazer a leitura em sala de *Les Misérables*, nosso texto interminável, o professor dizia com um sorriso de desdém: "A srta. Mayes fala francês com sotaque sulista". Eu fechava o livro com violência e me sentava. Seu sotaque do Meio-Oeste também não era nada *magnifique*.

Mais tarde, tive aulas de espanhol e de alemão. Todos esses idiomas pareciam de certo modo *falsos*. Sem dúvida, essas pessoas voltavam para casa à noite e falavam inglês. Uma amiga que teve experiências semelhantes diz que gostaria de ter as palavras "Eu estudei línguas" gravadas na sua lápide. Suportei as aulas de alemão até mesmo durante uma explosiva crise de flatulência do professor. "*Pflaumenkuchen*", bolo de ameixas, explicou ele, e continuou com seu *Es war einmal ein junger Bauer*, Era uma vez um jovem lavrador. O dia em que abandonei o alemão de vez foi quando deparei com a palavra usada para mamilo: *Brustwarze*. Um relance e até eu mesma traduzi "verruga do peito".

Algumas pessoas daqui falam muitos idiomas. Isabella, uma vizinha, fala oito; seu filho, um jornalista, também fala oito, mas não exatamente os mesmos oito. Ela está com seus setenta e poucos anos.

– Tentei aprender grego há uns dois anos – diz-me Isabella – mas está ficando difícil. Eu costumava aprender uma língua em três semanas. Quando se sabe russo, polonês é fácil. Inglês e francês eu falava quando era criança...

Volto para casa de mau humor depois dessa conversa. Ainda estou enfrentando problemas com os usos da simples palavra "*ci*", uma espécie de palavra camaleão que muda de significado despudoradamente, enquanto ela aprendeu francês como quem compra um *croissant* quentinho. Ela chega para jantar e dá uma olhada geral nos convidados.

– Que língua estamos falando hoje? – pergunta, animada.

Numa festa, ela e seus amigos dinamarqueses, holandeses e húngaros começaram a recitar poesia em francês. Todos sabiam os mesmos poemas de cor. Depois passaram para poemas em latim.

Num sonho, estou sentada junto a uma janela, escrevendo em papel azul bem claro. Ao ler a tinta ainda úmida enquanto escrevo, vejo que estou criando um poema em italiano. Mas talvez eu não seja essa pessoa. Será que poderia ser? A tinta de um preto azulado transforma-se com fluidez em palavras, expressões, versos – no sonho, até minha caligrafia é melhor – e a mulher que eu sou ou não sou está usando um suéter de lã, um vestido escuro. O cabelo está preso, torcido para o alto, como o de Maria, de Anna, de Isabella, como o das mulheres mais velhas que conheço aqui, todas elas familiarizadas com mundos mais vastos do que os que conheci. Posso adiantar que esse será um poema a ser cantado, a tinta brilhante, o vento erguendo a borda do papel, minha mão movendo-se rapidamente, é mesmo, minha mão.

Bergson diz que o presente não existe. Que está sempre desaparecendo à medida que o passado vai roendo o futuro. Na minha própria língua e agora com essa enorme navegação pelo italiano adentro, isso me parece verdadeiro também. *O passado rói o futuro*. O que dizer sempre desaparece no ato de dizer, deixando-me com a vontade de dizer mais. *Roer*, essa palavra mais uma vez. Roer o caule para derrubar o milho. Roer: *rosicchiare*. A língua: o docinho que estava aqui.

Como a língua sempre foi o ponto crucial e mais essencial para mim, fiquei feliz ao descobrir que poderíamos fazer amigos mesmo sabendo muito pouco. Minha mãe sempre achou que a atração se baseasse no cheiro. Esses bons lampejos de energia entre as pessoas podem sobrepujar as palavras. Na *frutta* e *verdura*, Rita já me recebia com um abraço antes que eu soubesse conversar com ela. Ao mesmo tempo, nossos vizinhos nos convidavam para jantar. Quisemos recusar. Imaginávamos três horas de palavras hesitantes e silêncios constrangedores.

– *Grazie, mille grazie, ma non parliamo bene italiano.* – Obrigada, mas não falamos bem o italiano, dissemos em tom de desculpa. – Mais tarde, quando falarmos melhor...

O vizinho pareceu não acreditar. Suas sobrancelhas demonstraram a surpresa.

– Vocês comem, não comem?

A ideia que Anselmo faz dos tomates

— Vocês têm vagens de Sant'anna?
— Não, a estação dessas vagens foi na semana passada. – Matteo aponta para os *cannellini* frescos. – Agora é a época dessas. De todos os lugares, de Roma, de Milão, as pessoas vêm à Toscana em busca dessas vagens. – Conheço os *cannellini*. Num tempero simples de azeite, sálvia, sal e pimenta, elas têm poderes restauradores maiores do que qualquer outra qualidade de vagem. Já vi Ed comê-los no café da manhã. São um prato substancial da Toscana.

Quando saio da *frutta e verdura*, estou perplexa. Ele disse que a estação das Sant'Annas foi na semana passada. Comi essas vagens fininhas uma vez. Agora vão ficar um ano sumidas. Com a horta de Anselmo cada vez maior, quase não faço compras. O lema dos livros de culinária, "o que está na estação", adquire uma urgência que nunca sonhei ser possível. Ed e eu levamos as cestas para os terraços no final do dia e colhemos o jantar. Anselmo semeou fileiras ondulantes de alfaces todo o verão, o que nos proporciona saladas tenras o tempo todo. Não damos conta. Quando elas apendoam, Beppe chega com seu alfanje e faz amarrados de verduras para seus coelhos. Quando cortamos a *bietole*, acelga, ela rebrota. Gosto da palavra em italiano para isso, *ricrescere*. O som dá a impressão de que os caules estão crescendo e rachando o chão para sair. Damos sacos e mais sacos. Felizmente, Anselmo plantou muitos pés de melão e de cantalupo. Mesmo com as investidas dos roedores, que são capazes de tirar um pedaço de um melão, ainda temos uma boa quantidade. Tento dá-los a Giusi, mas ela tem sua própria horta. Quando a colheita termina, Anselmo derruba as plantas e os talos que restam e os deixa entrar em decomposição no solo. Fico maravilhada de colher berinjelas e abobrinhas enquanto estão pequenas. Seu único fracasso foi o nipo. As plantas nunca se desenvolveram.

Na primavera, estávamos convencidos de que ele estava plantando demais; e tínhamos razão. É divino. Nunca na nossa vida comemos tão bem. Ou com tanta simplicidade. Acabamos descobrindo que a ideia que Anselmo faz dos tomates é a ideia que eu faço deles. Estou atolada em tomates e estou adorando. Todos os dias, uma cesta bem cheia de tomates vermelhos perfeitos, absolutamente perfeitos. Olho para essas cestas abarrotadas com mais prazer do que senti quando vi meu carro novo no ano passado. Nenhum inseto; nenhuma doença. Anselmo plantou três variedades. Um tomate redondo simples que ele chama de *locale*. Esse preferido da região e daqueles que se pode comer enquanto se colhe – um tomate doce, suculento, crocante, padrão. Para molhos, ele plantou o ovalado San Marzano, com uma textura mais carnuda e menos suco. Para saladas, temos tomates-cereja, pequenas bolinhas que explodem com sabor.

Antigamente, não havia tomates na Itália, imaginem os coitados dos etruscos e dos romanos, pessoas que viveram nos séculos anteriores à descoberta do Novo Mundo. Alho e manjericão, para eles, não era acompanhado de tomates. Hoje em dia, tanta gente cresce pensando que aquelas bolhas pálidas que chegam aos supermercados o ano inteiro são tomates. Deveriam ter outro nome. Ou talvez um número. Eu tinha esperanças de combinar nossos tomates italianos com o milho-doce americano. O que poderia ser melhor? Desde que os bichos descobriram essa lavoura nova-na-montanha, os dois pacotes de sementes que semeei produziram apenas três espigas mirradas. Anselmo não deu atenção ao canteiro de milho.

– Comida para porco – declarou ele.

Os girassóis gigantes que plantei ao longo da borda de alguns terraços estão em flor. Estou cortando um buquê cedo, antes que eles acabem sofrendo com o sol. De repente, por trás da minha "sala" circular de girassóis, surge uma mulher pequena. Imediatamente reconheço, pela descrição de Ed, que é ela quem furta nossos narcisos e aspargos.

– *Buon giorno, signora* – eu a cumprimentei e me apresento. Mesmo no verão, ela está usando um casaco de lã.

– *Venga* – diz ela, como um convite. Sua cesta está lotada de flores amarelas do funcho silvestre. Ela me conduz a um terraço mais acima até um lugar por trás de uma moita de giesta. Cerca de uma dúzia de plantas altas de funcho estão intactas. Ela veio preparada, com tesoura. Corta as flores e me diz para espalhá-las ao sol para secar. Depois devo esfregá-las com as mãos para soltar as flores das hastes. Ela tira um saco plástico do bolso e começa a cortar algumas para mim. Aponta para a fileira de acácias-brancas e carvalhos. – No outono, encontrará *porcini* ali.

– E trufas?

– Nunca. Mas pode encontrar outros cogumelos também. Eu lhe mostro depois das chuvas.

– Já teremos ido embora, infelizmente.

– *Peccato* – que pena. – Vai voltar para a Suíça?

– Não, para os Estados Unidos. Nós moramos na Califórnia. – Lembro-me de que ela pareceu não acreditar em Ed quando ele lhe disse que não era um professor suíço. Ela abana a cabeça.

– *ArrivederLa, signora.* O funcho pode ser usado com todas as carnes. Com coelho é muito bom, e sempre com batatas assadas. – Ela começa a descer pelo caminho do terraço e então olha para trás. – Agora estou gostando da casa.

Voltei a uma antiga preferência. Poderia comer tomates fritos no café da manhã, no almoço e no jantar. Creme de leite, agora um ingrediente quase proibido, é tão bom com eles que eu arrisco um traço a mais na próxima contagem de colesterol. Heresia para alguns cozinheiros sulistas, prefiro tomates vermelhos fritos em vez de verdes. Gosto de fatiá-los com um centímetro e meio de espessura. Ponho um pouco de farinha de trigo numa folha de papel manteiga, passo as fatias de tomates até cobri-las ligeiramente e levo-as a fritar dos dois lados numa frigideira com três ou quatro colheres de sopa de óleo de girassol ou de amendoim. E então, como minha mãe antes de mim, e minha avó antes dela, abaixo o fogo e acrescento creme de leite integral de modo a cobrir o fundo da frigideira. Sacudo para misturar bem, ralo bastante pimenta-do-reino por cima dos tomates, sal a gosto e um pouco de tomilho ou orégano. Para mim, são mais gostosos comidos sem acompanhamento. Willie Bell às vezes empanava as fatias de tomate em fubá e as fritava em óleo quentíssimo, de modo que elas ficassem mais crocantes. Com uma travessa de tomates fritos diante de mim, sinto desejo de comer o frango frito de Willie Bell, especialmente pelo molho cremoso derramado sobre o purê de batatas e pelo creme de milho. Por que não ficávamos imensos com todos os litros de creme de leite que faziam parte da maioria de nossas refeições? Ela sempre cortava os grãos da espiga e os preparava com cebola e pimentões picados, para só depois incorporar o creme. A saudade desses pratos traz também de volta a lembrança do seu assado de abóbora amarela. A culinária de verão no sul dos Estados Unidos desperta em mim o mesmo nível de afeto que a culinária italiana. Willie Bell e minha mãe costumavam ficar sentadas a manhã inteira debulhando as deliciosas e minúsculas ervilhas, que nunca encontrei em parte alguma fora do estado da Geórgia.

Quando faz grelhados, Ed costuma jogar na grelha algumas fatias grossas de tomates, só para ganharem um pouco de sabor defumado. Nada é melhor do que um simples sanduíche de tomate se a *focaccia* for feita no céu, como aqui em Cortona. O pão chato e de textura consistente com a sálvia quebradiça e o sal marinho por cima eleva o tomate em fatias aos píncaros da gastronomia. Quanto tempo levará para nos cansarmos de tomates frescos? Tomates recheados, o que pode ser melhor do que isso? Só um detalhe – o acréscimo de avelãs picadas. Anselmo nos avisou que as nossas estão prontas para a colheita. Quebramos e tostamos cerca de uma xícara, misturamos em partes iguais com migalhas de pão, picamos um pouco de salsa e recheamos quatro tomates grandes. Por cima, uma rodela de manteiga e um quadrado de queijo, como o *tallegio*, que derrete no forno. Para o jantar, uma *frittata* de abobrinha e esses tomates, acompanhados de um toque do sul, uma jarra de chá gelado temperado com um pouquinho de suco de pêssego.

Numa terça-feira depois da sesta, o calor ofuscante da manhã cede um pouco. Resolvo que deveríamos ir a Deruta, o *paradiso* da maiólica. Um guia inglês para a Úmbria descarta Deruta: "É provável que você não queira se demorar em Deruta, centro da indústria de maiólica da Úmbria, cujas estradas de acesso são margeadas por lojas que vendem todos os tipos de objetos horrorosos de cerâmica". Será que o autor é louco? Minha nova prateleira da cozinha foi construída especialmente para expor todas as travessas que considerei irresistíveis. Algumas cerâmicas de Deruta são horrendas, mas grande parte é baseada em desenhos tradicionais da região e é um prazer para os olhos. Eu me pergunto como deve ser a louça do café da manhã desse escritor inglês. A minha, de Deruta, tem frutas toscanas pintadas à mão e uma borda amarela, algo que sem dúvida alegraria uma tristonha manhã inglesa.

Na Itália, aprendi a arte de servir em travessas. Ao longo da muralha de pedra, disponho de uma para legumes assados, uma para queijos, outra para pães, outra ainda para o prato principal. Todas as noites durante esta estação, servimos uma travessa simples de tomates fatiados. Elas podem ser passadas de um para o outro no melhor estilo de uma mesa de família ou os convidados podem se levantar da mesa à sombra das árvores e se servir – repetidamente. Jarras também, jarras para chá gelado, vinho, água. A maiólica pintada à mão combina com o estilo informal e generoso de jantar na Toscana. Adoro as cores. Algumas fortes; outras ligeiramente pálidas e suaves, como cores de afrescos. Se arrumo a mesa amarela ao ar livre, ou minha mesa redonda de jantar em San Francisco, a mesa ganha vida instantaneamente. Pode ser verdade ou não, mas a impressão é que uma refeição maravilhosa vai ser servida.

Comprei xícaras com flores cor-de-rosa para *cappuccino* no Natal, e agora espero encontrar pratos de sobremesa que combinem. Deruta deve ter umas cem lojas que vendem maiólica feita à mão, pintada em cores alegres com motivos tradicionais.

– Qual foi a loja? – pergunta Ed. – Como você consegue se lembrar? São tantas. – Seu entusiasmo por Deruta é limitado.

– A loja da esquina, bem onde a rua termina. – Nenhuma outra cidade é parecida com Deruta. A igreja, a fonte, as fachadas são decoradas com azulejos. Ela é centro dessa antiga arte há séculos.

– Ah, *sì, signora* – naturalmente. O dono da loja liga para um amigo que vai trazer do ateliê os pratos que eu quero. Enquanto esperamos, perambulamos por outras três lojas na rua principal, e numa eu compro um abajur para a escrivaninha de Ed. Deve haver outras lojas em Deruta: de ferragens, quitandas, sapatarias, mas nunca percebi nenhuma. Paramos para ver uma mulher que pinta desenhos geométricos em pequenos pires. No bar, um senhor idoso com suspensórios largos, que lhe seguram as calças até quase a altura das axilas, pergunta de onde somos. San Francisco faz com que fique enlevado – ele esteve lá em 1950. Lembra-se da *strada del mercato*. Market Street. Insiste em pagar nosso café. É verdade! A água ficava bem no fim da rua. Quando um amigo seu chega, ele nos apresenta como se fôssemos parentes em visita. O vínculo instantâneo de San Francisco, um lugar que os italianos adoram.

Muitas das lojas de cerâmica são situadas bem na periferia da cidade na Via Tiberina. Minha irmã e eu despachamos para os Estados Unidos aparelhos de jantar inteiros para nós mesmas e para minha filha, Ashley. Só uma xícara quebrou. Eles não embalam em plástico bolha, mas em palha molhada. O frete é caro, mas não sai tão caro quanto comprar cerâmica italiana nos Estados Unidos, mesmo que se encontrasse lá a variedade que está disponível aqui. A quantidade de opções é espantosa. Popularíssimo é o motivo de Rafael, em azul e amarelo ensolarado: um dragão estilizado no centro de cada peça. Não me agrada ver um dragão enquanto como, mesmo que seja um simpático como o de Rafael.

Divididas pelos Apeninos, muitas áreas da Itália desenvolveram seus próprios desenhos, bem como seus próprios dialetos e hábitos. Em Deruta, eles fazem o galo de Orvieto, o pássaro azul de Amalfi, o padrão preto de Siena, extraído dos mosaicos do piso da catedral. Há também um esforço voltado para os desenhos contemporâneos. Alguns são berrantes. Outros são alegres e ousados: um prazer segurar, pendurar numa parede ou enfeitar uma mesinha de centro. É possível até mesmo desenhar nosso aparelho de jantar exclusivo, com nosso monograma ou com flores que nos agradem. Minha irmã escolheu um modelo com a borda em azul e amarelo; e Ashley adorou o aparelho branco com a borda estampada com videiras e uvas. Quando escolhi o meu, com uma romã, cerejas ou arandos pintados no centro de cada prato, quis saber o nome do motivo. O homem encolheu os ombros.

– *Frutta*. – Foi bom eu perguntar. Três meses depois (meu pedido foi feito e pintado individualmente) os pratos chegaram a San Francisco. Foi perfeita sua adequação à minha cozinha americana.

Hoje estou procurando um presente de aniversário para o filho de uma amiga. Xícaras de cafezinho? Um bule para chá? Uma linda saladeira? Ed parece bastante desnorteado depois de três ou quatro paradas em lojas de maiólica.

– Todo mundo gosta de bules de chá – insiste. – Vamos levar um.

– Qual você prefere? – Eu gosto de um cheio de flores minúsculas e folhinhas verdes. Também gosto de um bule branco salpicado com raminhos de flores da primavera.

Ele apanha o branco.

– Vamos embora.

Lanço olhares compridos para minhas outras lojas favoritas no caminho até a rodovia; mas Ed está com o pé firme no acelerador.

– Um dia desses podíamos dar uma volta para olhar as cerâmicas em Gubbio e Gualdo Tadino. Daria para ir aos dois lugares no mesmo dia. – Será que ele só está querendo me agradar?

A caminho de casa, paramos em Assis, apesar da enxurrada de turistas. Minha papelaria preferida fica na *piazza* principal, em frente àquela igreja misteriosa que começou como um templo a Minerva. Preciso de um novo estoque de presentes de papel de carta impresso à mão, de belos blocos, fichas para anotações e cadernos de capa dura para levar para casa. Em San Francisco, quase nunca tenho tempo para fazer compras. Essas investidas para comprar *coisas* são uma delícia. Ed quer comprar algumas garrafas de Sagrantino, seu vinho preferido da Úmbria, que geralmente não conseguimos encontrar em Cortona.

Passamos pela delicada igreja rosada de Santa Chiara, pelas casas de pedra âmbar ou cor de pérola, com venezianas azuis desbotadas. Como sempre, dois cachorros estão dormindo de cada lado da porta da papelaria. Depois que refaço meu estoque, andamos, como sempre, até a Chiesa di San Rufino – na direção oposta à da corrente de turistas que se dirigem para os famosos afrescos de Giotto (ou, segundo muitos, da escola de Giotto) na igreja de San Francesco – para olhar sua fachada romanesca quase primitiva, com gárgulas e animais da imaginação. Ela dá para uma *piazza* abençoadamente vazia, com uma fonte. Nenhuma quantidade de turistas consegue destruir totalmente o encanto de Assis. Já que nos demoramos até as sete e meia, melhor jantar num de nossos restaurantes prediletos onde o coelho assado é divino.

Eu me esqueço do calor que chega com o mês de agosto. Quando acabo de limpar um cômodo, fecho as janelas e as venezianas internas apenas parcialmente. O ar ainda pode entrar, se houver a menor aragem, mas o golpe direto do sol fica lá fora. Meu vestido mais fresco de linho branco toca meu corpo somente nos ombros. Tem o caimento de uma camisola. Emily Dickinson só usava branco. Dá para entender. Às vezes até o branco é quente demais, e eu desaboto a frente toda. Depois, quando o calor parece colidir comigo no final da tarde, tiro o vestido e fico lendo só de roupa de baixo, com o ventilador soprando direto em cima de mim.

O dia em que fazemos molho de tomate deve ser o mais quente do verão. Depois de diversas caminhadas até o orto, enchemos a pia e uma cesta de lavanderia com tomates maduros. Ed corta, eu tiro as sementes. Não descascamos porque a casca é fina, ao contrário dos tomates comerciais que parecem estar envoltos em borracha. Quando o suco respinga na minha blusa, eu a tiro e jogo na máquina de lavar roupa. Ed já está só de *shorts*. Logo o suco está escorrendo das tábuas de corte para o chão. Picamos cabeças de alho, tranças inteiras de cebolas, desfolhamos o tomilho, arrancamos o manjericão e jogamos um punhado de sal no caldeirão. A cozinha transpira com o aroma de cebolas cozinhando. Nós suamos com o aroma de cebolas cozinhando. E já acrescentamos os baldes de tomates picados. Ed despeja uma garrafa de vinho tinto da região. Tudo é daqui mesmo. Durante o ano inteiro, nós, e nossos convidados quando estivermos na Califórnia, sentiremos o sol de julho em cada colherada. Pomos o panelão em fogo baixo e começamos a limpeza.

– Estou sentindo um gosto na boca, um gosto maravilhoso.
– Do que é? É o cheiro do molho de tomate? Talvez seja isso. – Mas não sinto cheiro algum. Estamos aqui fora no caramanchão das tílias, procurando recuperar-nos, lendo depois do almoço e tentando ver se apanhamos uma brisa.
– É um gosto que não consigo descrever. É como uma melodia que não se consegue tirar da cabeça. Sinto esse gosto há dois dias.
– É como hortelã, mel, ferro ou sal?
Ele abana a cabeça. Está observando uma formiga que transporta uma pétala de rosa, um cobertor para sua companheira trabalhadora. A formiga titubeia e segue em frente com esforço.
– Acho que o gosto é de felicidade.
Subimos dois terraços até a árvore carregada de maçãs Golden Delicious. Nenhuma textura. Deliciosas elas não são, valem por sua cor suave.
– No ano que vem, vamos plantar mais maçãs. – Eu atiro a minha no meio de arbustos.
– Essas dariam uma boa pasta de maçãs. – Depois do trabalho frenético com os tomates, acho que não vou querer fazer pasta de maçã.

— Já posso imaginar toda uma fileira ao longo desse terraço, companheiras para essa pobre Golden Delicious mirrada.

— Ela não é mirrada. É anã. — Ed está enchendo a frente da camiseta com maçãs. — De repente só um pouco para pasta de maçã. — Ele adora maçãs. Uma das suas recordações preferidas é de um emprego na colheita de maçãs num outono no Iowa. — Li algo sobre um homem perto de Rimini que cultiva a *limoncella*, uma maçã pequena com o sabor de limão, e uma chamada *pum sunaja*. As sementes são soltas dentro da fruta e chocalham como maracas. Esse homem tem 300 variedades de maçãs, variedades perdidas que ele está recuperando. — Pelo tom da sua voz, sei que ele vai fazer uma viagem para conhecer essa pessoa fascinante.

Meu desejo inicial de vir morar aqui derivou em parte da crença de que a Itália é infinita e jamais poderia ser esgotada — a arte, as paisagens, a culinária, a língua, a história. Mudar a direção da minha vida com a compra e restauração dessa casa abandonada, dedicar uma parte de cada ano à vida num país estrangeiro, pareciam atos de alto risco, de loucura. Naquela época, eu queria realizar algo que não sabia fazer. Eu achava — e agora sei — que os italianos exigem mais tempo para a própria vida. Depois de um longo casamento e de um divórcio horrendo, pensei que a Itália seria sem dúvida uma substituição mais do que adequada para apenas um homem. Eu queria uma grande mudança.

Não fazia ideia de como meu instinto básico havia sido feliz na escolha. Em casa na Califórnia, o tempo costuma parecer um bambolê, um girar incessante em torno de um corpo fixo porém oscilante no seu lugar. Aqui eu poderia beijar o chão, só de não me sentir presa naquele espaço apertado em que o passado rói o futuro, mas passear pela liberdade exuberante de um longo dia para sair para colher uma cesta de ameixas sob o maravilhoso sol do Mediterrâneo. Às portas do final do século, temos choques contínuos com o novo: oito verões aqui, e ainda somos criancinhas. Que sorte.

Encho duas sacolas de compras com batatas, cebolas,

acelga, melão, tomates e levo tudo de carro até a casa de Donatella, no vale. No início deste verão, os javalis destruíram sua horta durante uma orgia na lua cheia. Ela não está, e eu deixo as sacolas debaixo do seu caramanchão de videira virgem, junto aos limites de um olival muito bem cuidado. Enquanto atravesso o fundo do vale, ao sair da sua casa, olho para cima e vejo Bramasole de relance. Paro, maravilhada, ao ver a casa como um borrão da cor de pêssego em contraste com a encosta íngreme, com a muralha etrusca e a dos Médici mais acima. Ao longe, ela está plenamente inserida na sua paisagem verde de terraços e árvores, nuvens e céu. Absolutamente nenhum sinal de que estivemos ou de que estaremos por lá. À medida que prossigo, um contraforte de morro de repente me obstrui a visão.

O FRIO

Um início de manhã de outubro em San Francisco, Ed põe de lado uma pilha de trabalho de alunos e começa a folhear um guia da Itália. Estou ocupada, superocupada, no meu escritório: onze teses de pós-graduação, memorandos, cartas de recomendação e um monte de correspondência atrasada. Amanhã, reuniões do tipo trabalhoso e compromissos em três cantos da cidade. Essas semanas de louco parecem prolongar-se interminavelmente tanto quanto parecem voar. Ed liga a máquina de café expresso, ainda lendo. Meu escritório fica do outro lado do corredor da cozinha, motivo pelo qual não rendo tanto no trabalho quanto poderia. Qualquer um que esteja cozinhando ou entrando na cozinha para um lanche rápido naturalmente me faz uma visita. As cozinhas geram poderosos campos magnéticos ao seu redor e atraem para elas todos os seres humanos e animais que estiverem na casa. Minha teoria é comprovada pela gata preta, Sister, que fica perpetuamente deitada nos ladrilhos pretos e brancos bem no centro do piso da cozinha.

– Você não acha que seria um presente perfeito voltar a Veneza para o Natal? – Há alguns anos, desde que compramos Bramasole, aguentamos a viagem de vinte horas desde a Califórnia, por cima das águas, para a breve estação de inverno em Bramasole, quando colhemos nossas azeitonas, comemoramos com nossos amigos e escapamos do ritmo frenético habitual das festas de Natal.

– Humm, é, boa ideia – respondo. Logo, eu o ouço discar um longo número de telefone e pedir um apartamento com sacada para o Grande Canal para os dias 23, 24 e 25 de dezembro. As montanhas de papel começam a parecer menos assustadoras.

Chegamos a Cortona de manhã cedo, vindos de Roma. Vamos passar aqui uma semana, tempo que mal chega a ser suficiente para nossas atividades preferidas de dezembro. Depois, iremos de carro até Veneza. A chegada a Bramasole é fácil agora. Que maravilha, tudo funciona (por enquanto): o aquecimento, a água quente, que luxo! Temos até mesmo lenha empilhada com capricho: uma das vantagens de podar oliveiras.

Enquanto desfaço as malas, Ed começa a colher azeitonas, com uma cesta de vime amarrada em volta do pulôver vermelho de lã. Depois que o sol se põe atrás de um monte por volta das quatro da tarde, sopra um vento gelado. Ed arrasta um saco até a *cantina* e deixa as mãos debaixo de água quente um bom tempo para aquecê-las.

– Faltam mais dois dias – diz ele – com nós dois trabalhando. Temos muita azeitona.

Fazemos um jantar rápido de *tagliatelle com funghi porcini*, um macarrão fino com cogumelos refogados no nosso azeite. Ed acende a lareira, e nós nos sentamos diante dela, comendo em bandejas. Amanhã vamos colher o dia inteiro e depois subir a montanha até nossa *trattoria* preferida, para comer massa com molho de javali. No dia em que levarmos as azeitonas para o lagar, vamos celebrar o azeite novo com uma festa para os amigos. Sentimos uma compulsão de ir até Assis para descobrir como o violento terremoto afetou aquele local de paz. Depois, estará na hora de nos aprontarmos para Veneza, onde pode estar mais frio. Temos casacos, botas, luvas; e eu comprei um delicioso cachecol de veludo frisado de um verde muito escuro, escuro como uma lagoa de Veneza. Espero ver neve na Piazza San Marco. Ed tem um vinho especial para levar. Eu trouxe sabonete de gengibre e velas com perfume de lilases para acender no nosso quarto. Prometemos comprar somente um presente um para o outro, já que o presente principal será Veneza. O meu para Ed é um luxuoso pulôver amarelo de *cashmere* com um volume de poemas de W. S. Merwin, enfiado debaixo da manga. A caixa dele para mim, que vi de relance na bagagem, parece curiosamente pequena.

Por volta das onze, o telefone toca. Desde que compramos esta casa, detesto o som do telefone. Ele me faz lembrar operários ligando para dizer que uma bomba não chegou, ou que o encarregado do jato de areia vai ficar mais uma semana de férias na praia. Na cama, no aconchego de lençóis de flanela, com a diferença do fuso horário começando a me fazer cochilar, estou terminando o romance que comecei a ler no avião. Ouço Ed atender.

– Oi, como vai? – com entusiasmo, depois sua voz cai de tom. – Quando? Não. Não. Há quanto tempo?

Ele senta na ponta da cama, preocupado, com os ombros encurvados. A mãe foi levada para o hospital, e seu estado é grave.

– Não consigo entender. Há duas semanas ela estava fazendo pão. Ela é forte. Minha irmã disse mio-alguma-coisa. Uma doença do sangue. Fiquei com o telefone do médico.

Pela manhã, refazemos as malas e pegamos o trem de volta a Roma. Beppe e Francesco apanharão as azeitonas para nós e as levarão ao lagar. O médico foi mais incisivo do que a irmã de Ed.

– Venha imediatamente – disse ele, quando Ed ligou. – Pode ser a qualquer momento. Hoje, daqui a uma semana, talvez um mês.

Embarcar de novo e voar, praticamente cruzando com nós mesmos na vinda, parece surrealista. Às vezes o tempo tem seu jeito de refletir os estados emocionais. Quando os céus expressam com nitidez as emoções nos poemas dos meus alunos, eu sempre escrevo *Cuidado com a antropopatia; é um recurso fraco*. Mas cá estamos nós atravessando o Atlântico aos sacolejos, com o aviso de usar os cintos aceso. A tempestade acaba por nos deter na Filadélfia. Todos os voos de conexão para Minnesota estão cancelados. Pomos nossa bagagem num carrinho e passamos por *shopping malls* para chegar a um hotel do aeroporto. Passamos uma longa noite vendo a tempestade se agravar no canal de informações meteorológicas da televisão. Por que as pessoas morrem na época do Natal? Uma estranha convocação com intuito de atrair as pessoas de volta para casa? Meu pai morreu no dia 23 de dezembro, quando eu estava com 14 anos. O vestido cor-de-rosa de filó que eu deveria ter usado para o baile naquela noite ficou pendurado atrás da porta do *closet* até perder a goma. A árvore de Natal foi desmontada.

Durante uma estiagem na tempestade, conseguimos sair e somos recebidos em Minneapolis pela temperatura mais fria já registrada para aquele dia. No balcão da locadora de automóveis, damos com Sharon, irmã de Ed, o marido e a filha, que acabam de chegar do sul da Califórnia. Eles também estão indo direto para o hospital. O irmão, Robert, e as duas outras irmãs, Anne e Mary Jo, já estão lá. Saímos do aeroporto para uma neve endurecida e um vento feroz a reduzir ainda mais a temperatura, um ar cortante. Minhas botas finas parecem não ser mais do que meias. Ed tem de quebrar o gelo que se formou em torno do carro. Partimos para Winona, duas horas na direção sul, por estradas abertas em meio a campos de neve, que aos meus olhos surpresos parecem ser a ausência de tudo. Não conheço bem a mãe de Ed, só de uma visita e bate-papos dominicais ao telefone. Sei que ela criou Ed para ser a pessoa que ele é e, por isso, sou-lhe imensamente grata.

Ela melhorou um pouco com a empolgação de ver todos os filhos voltarem ao mesmo tempo. Mary Jo passou-lhe batom nos lábios, e ela está sentada numa poltrona. Vê-la é fácil; o inacreditável é saber que ela corre perigo. Mas logo se cansa. E, de volta na cama, sua longa estrutura parece emaciada; sua respiração, assustadora. Os filhos estabelecem um rodízio para que sempre alguém esteja com ela. As irmãs estão ficando na casa da mãe, e nós vamos para um motel impessoal. Ed não para de ter relances de como Veneza deixou de ser real – como esperávamos, neste exato momento, estar lendo em voz alta a obra de Shelley ou de Mann, numa cama imensa acima das águas imortais. Agora, sua mãe, que ele ama de modo tão fácil e inequívoco, se afasta a cada instante dele.

Os dias são longos. O hospital, idas e vindas. Visitas nas pontas dos pés, os tubos da medicação intravenosa, as majestosas aparições do médico, as pequenas tarefas. As irmãs estão ocupadas com a casa, tentando dar objetos, selecioná-los e lidar com eles de modo a não deixar que tudo caia sobre os ombros de Mary Jo e Robert, que moram aqui. Não que haja muita coisa. Ao abrir gavetas e armários, vejo com nitidez como a vida da mãe dele não girou em torno da aquisição de coisas. Seu nome é Altrude, nome que nunca ouvi. As conotações de altruísmo combinam bem. Ela é uma mulher dedicada aos cinco filhos. À tarde, saímos para longos passeios de automóvel. Ed conhece o clima intimamente, por ter crescido com o amor pelos acampamentos de inverno, por esquiar em estilo *cross-country* e por andar com raquetas de neve, essas atividades estranhas – para mim – típicas de um clima frio. Com extremo assombro, não paro de lhe fazer a mesma pergunta.

– Por que alguém iria escolher morar aqui? Tudo dói.

– Não, você só precisa entrar no ritmo. Veja só, se um dia a temperatura sobe acima de zero, existe uma obrigação entre os moradores de Minnesota de vestir *shorts* e camiseta e fingir que está calor.

Ed está dirigindo, com o aquecedor de tamanho médio na potência máxima. Eu olho pela janela. *Em Veneza, o aroma das lulas fritas saindo de uma janela, uma levíssima camada de neve sobre os leões de San Marco, um chocolate quente e espesso na Florian, onde estão tocando música melosa.* Mas não, aqui temos a pureza de uma paisagem mais vazia. Um celeiro vermelho-ferrugem em contraste com o céu pálido, uma floresta de bétulas cobertas de gelo, em cintilações fantásticas, um cervo atravessando um lago congelado, com os cascos fazendo saltar pequenas nuvens de neve. Passamos por cidadezinhas apertadas, pelas fazendas onde seus pais cresceram. *Pela casa da sua família, pelo lugar que o formou. Ele via peixes nadando debaixo do gelo transparente. Sua vida antes que ele soubesse quem era. Um lugar com um inverno arrasador, um abraço mortal que libera uma primavera intensa impressionante.*

– O que vão fazer no Natal? – pergunta a mãe. – Vocês estão todos juntos. – Ela não diz *provavelmente pela última* vez, mas todos sabem. Mary Jo, freira durante trinta anos dá-lhe a comunhão todos os dias, e as duas falam sem rodeios sobre a morte. Ver Ed à sua cabeceira dá novos relances da ternura da sua personalidade. Ele simplesmente está à disposição. Dá-lhe alimento, lava-lhe o rosto, conversa com ela sobre sua torta de *cracker* integral, seu ritual de conservas de beterrabas, a garagem feia do vizinho e sobre o pai, que morreu há dois anos.

Do armário do antigo quarto de Ed, as irmãs puxam uma caixa de livros e Anne exibe um exemplar empoeirado de Morte em Veneza, de Mann.

– Como é? – pergunta ela. A Itália tornou-se interessante para elas por osmose. E, ao ler o que escrevi sobre nossas vidas lá, elas aprenderam coisas que nunca souberam. Por morarem cada um no seu canto, levando vidas muito diferentes, esses cinco se afastaram depois de uma infância de grande intimidade nessa casa pouco espaçosa. Agora as paredes ganham vida; sinapses se refazem; todo mundo conta suas histórias. Mary Jo e sua reinvenção de uma vida fora da ordem, a complicada família de Sharon, a transferência de Anne para Stillwater e seu malabarismo para dar conta do trabalho e de dois garotos vestidos em estilo *grunge* com fones de ouvido num batuque eterno na cabeça; a vida nada convencional de Robert com sua recusa "a trabalhar para O Homem". Os sussurros: *Ela foi rainha do baile; ele azulejou o banheiro com peças fora de linha de todas as cores; ela quer o sofá, mas ele não quer que ela fique com ele; olhe como mamãe está majestosa no vestido de noiva; nós só ganhávamos um jogo no Natal; como você pôde se casar com aquele cara desagradável; não me lembro que tenha sido desse jeito de modo algum.*

Ed vai ao hospital às seis e meia da manhã, todos os dias, para aproveitar as horas tranquilas com a mãe. E ela, preocupada com o que íamos fazer no Natal. Quando em dúvida, cozinhe. Na manhã da véspera de Natal, Ed e eu saímos a limpar os mercados de Winona. Compramos azeite de oliva e vinho, alho, um carrinho abarrotado que empurramos pelas trilhas congeladas do estacionamento. A mãe está distante hoje, avançando mais para a morte. Consultamos o advogado. A família põe a casa à venda. Entramos correndo na floricultura, atordoados com o calor úmido e o perfume de rosas e lírios. Velas e flores para seu quarto. Há tão pouco que se possa *fazer*. A temperatura cai. Até onde pode continuar caindo? Mais um recorde? Damos uma caminhada de dois quarteirões, e eu tenho medo de não conseguir voltar sem perda de dedos das mãos e dos pés.

O único luxo no motel simples é a banheira jacuzzi. *Ya-cut-si*, dizem os italianos. De volta ao quarto, depois de uma última visita ao hospital tarde da noite, despejamos na água o frasco de cortesia de sais de banho, acendemos uma vela e ficamos no turbilhão de água quente, afinal aquecidos.

Na manhã de Natal, a mãe de Ed sente-se bem o suficiente para ser levada de cadeira de rodas até o saguão do hospital para ver os pequenos pássaros amarelos, do tamanho de um dedo polegar, no viveiro. Eu me pergunto como será para ela ver reunidos em volta da cama os cinco filhos que criou, todos agora entre os quarenta e os cinquenta anos de idade, cada um vivendo sua vida, reluzentes de saúde todos eles, fortes de físico e de bela aparência.

Frio demais para ir a qualquer lugar. A maioria de nós passa a tarde inteira na casa. Ao examinar as gavetas da cozinha, as irmãs encontram a famosa receita de torta de *cracker* integral e as três – todas não cozinheiras declaradas – começam a preparar a torta, consultando umas às outras a respeito da consistência do creme e sobre quando parar de bater as claras em neve. Enquanto isso, Ed e eu fazemos pequenos rolinhos de massa recheados com espinafre e queijo, um imponente ensopado de carne com cenouras, batatas e vinho tinto. Fazemos purê de brócolis (um dos poucos legumes frescos que conseguimos encontrar) e, para dar um toque italiano, resolvemos servir *bruschette*, fatias grelhadas de pão em que esfregamos alho.

Quando anoitece, levamos o jantar da mãe de Ed até o hospital numa bandeja. Ela come a maior parte da fatia de torta de *cracker* integral, tecendo-lhe grandes elogios, muito embora todos nós saibamos que o creme poderia ter ficado um pouco mais firme. Quando voltamos, começa de novo a cair neve, produzindo seu silêncio deslumbrante.

Durante o jantar, Ed põe para tocar uma fita de árias de Puccini. Todos se reúnem em torno da mesa de Altrude. Vejo pelas janelas as luzes da casa, caindo em quadrados amarelos sobre a neve, uma cena repetida em toda a brancura da cidade. Servimos vinho. "Tin-tin!" "À mamãe!" "*Salute.*" Os pais estão ausentes, e a casa está em suspenso, pronta para resvalar memória adentro. O jantar está pronto. Estamos com fome e comemos.

Torta de cracker integral

Esta torta predileta da família de Ed é um clássico de meados do século. Na minha família, fazia-se a mesma torta com o sabor de limão.

Esmague 12 bolachas de *cracker* integral em migalhas finas com um rolo de pastel. Acrescente 1 colher de chá de farinha de trigo, 1 colher de chá de canela e 1/3 de xícara de açúcar. Derreta 1/3 de xícara de manteiga e misture às migalhas. Ponha na forma de torta e aperte bem.

Para o creme, misture ½ xícara de açúcar a 2 colheres de sopa de maizena. A 2 xícaras de leite, acrescente 3 gemas de ovo batidas. Misture ao açúcar e cozinhe em fogo moderado, mexendo constantemente até que o creme engrosse. Incorpore rapidamente 2 colheres de chá de baunilha. Bata 3 claras de ovo em neve. Incorpore 1 colher de sopa de açúcar. Despeje o creme sobre a massa da torta, cubra com o merengue e leve ao forno a 175° até que o merengue esteja dourado.

O RITMO

No meio do torrencial inverno do El Nino em San Francisco, decidimos nos mudar. Eu estava lendo o jornal um domingo e vi um pequeno desenho de uma casa em estilo espanhol/mediterrâneo com duas sacadas e o que parecia uma palmeira alta na frente.

– Veja só essa casa... Ela não faz lembrar Bramasole? Ed arregalou os olhos.

– Gostei. Onde é que fica?

– Não diz. A sacada não é bonita? A gente podia pendurar aquelas orquídeas amarelas que parecem crescer por toda parte em San Francisco.

Ed ligou para o agente imobiliário e descobriu que a casa estava vendida.

Morar em Bramasole faz com que nós queiramos importar para nossa vida nos Estados Unidos o máximo possível de elementos italianos. Com uma noção maior de urgência, a morte da mãe de Ed em janeiro exacerbou nosso sentido de *carpe diem*. Nosso apartamento, que comprei quando meu casamento anterior ia lentamente se dissolvendo, é no terceiro andar de uma grande casa vitoriana. Adorei as sancas e cornijas, além de toda a luz que entrava abundante pelas claraboias e trinta janelas. A sala de jantar dá para copas de árvores, depois uma vista da cidade, com um pequeno trecho de baía ao longe. Depois de anos morando ali, cada cômodo refletia nosso modo de viver. Reformei a cozinha no ano em que compramos Bramasole. Piso preto e branco, espelhos entre os armários e balcões envidraçados e um fogão industrial de seis bocas com um forno no qual eu poderia facilmente assar dois gansos e um peru. Começamos a sentir falta da vida ao ar livre. Sair da casa como se estivéssemos entrando, entrar como se estivéssemos saindo. De repente, eu precisava de ervas plantadas no chão e de uma mesa à sombra de uma árvore. Além disso, mudar é bom. Jogo fora todo o lixo acumulado – potes, jornais, sapatos nos fundos do *closet*, formas de biscoito salpicadas de manchas pretas, toalhas puídas. Recordando cada mudança, percebo que um novo período da minha vida começou a cada troca de casa. Será que o impulso irracional de mudar agora (o apartamento é espaçoso, bonito e tem ótima localização) é também uma presciência da mudança, ou uma disposição para o novo?

Começamos a marcar com círculos anúncios de casas no jornal, a passear de carro nos domingos à tarde para ver casas à venda, a examinar bairros que mal conhecíamos, já que nossa própria vizinhança de Pacific Heights não estava nem de longe ao nosso alcance, tendo em vista o que queríamos. O mercado imobiliário estava enlouquecido. O preço pedido revelava ser uma base para aquilo que logo se transformava num leilão. Casas eram vendidas por até cem mil dólares acima do preço anunciado. Uma confusão. John, nosso corretor, concordava. E nós não estávamos achando nada que nos agradasse especialmente. Eu queria aquela sensação de *a casa é essa* que tive quando vi Bramasole pela primeira vez.

Desistíamos por uma semana ou duas, e então John ligava dizendo que poderíamos passar de carro por um certo endereço, que poderíamos gostar de uma casa térrea com um amplo jardim com sequoias e uma estufa. Um dia, quando estávamos indo na direção da península para ver um chalé típico de Carmel, seguimos um cartaz de casa à venda e entramos numa área arborizada de San Francisco, cujo paisagismo havia sido originalmente projetado pela firma Olmstead, a que criou o Central Park. As casas respiram em meio a árvores e gramados. A casa no estilo Tudor à venda estava no seu estado "original", o que significa que cada tábua e painel de madeira exigia atenção. Começamos a conversar com o corretor e lhe dissemos que estávamos a ponto de desistir por um ano mais ou menos, até que o mercado se acalmasse.

– Tenho uma casa que talvez seja do seu agrado. Venham me encontrar às quatro, e eu lhes mostro.

Seguimos em frente para ver o chalé excessivamente encantador, onde múltiplas ofertas foram feitas durante a primeira hora.

Quando estacionamos no endereço que o corretor nos dera, reconheci a casa que tinha visto no jornal, aquela que tinha deflagrado meus sonhos de mudança.

– Nós vimos esta casa anunciada e ligamos para obter informações. Achamos que tinha sido vendida.

– E foi, mas o negócio retrocedeu. Ela ainda não voltou ao mercado.

Uma escada em curva sobe até uma varanda com piso de cerâmica, e uma grande porta em arco abre-se da sala de jantar para a varanda. Três sacadas no andar superior e um jardim de inverno com 11 janelas – a casa fala minha língua. Já vejo Sister passando de um trecho ensolarado para outro nessa casa inundada de luz.

Nós a compramos. Mesmo sem sequer ter posto nosso apartamento à venda, tínhamos de agir rápido. Dei início à triagem de cartas e suéteres. Minha filha noivou. Nós íamos conhecer Stuart, o noivo. Ashley e eu começamos a planejar o casamento. Visitas a fotógrafos e floristas eram encaixadas entre incursões à loja de ferragens para conseguir ganchos e maçanetas. Ela estava estudando para a prova de classificação para o doutorado e depois para os exames orais. Instalou-se um pânico enorme. Alguns dos seus colegas de turma não tinham conseguido passar no ano anterior. Anunciamos o apartamento e, em três dias, ele estava vendido. Atacamos a casa nova e arrancamos quilômetros de tapete branco espesso, todo manchado. Por baixo dele, o assoalho de madeira de lei em espinha de peixe, já com 75 anos, estava intacto. Sujo, porém intacto. Descobrimos uma escadaria de tijolos, respingada de tinta, que precisava ser descascada. Começamos mandando dar acabamento no piso, instalar nova fiação e sistema de alarme, pintar o interior da casa. Precisamos mandar trocar o telhado. Enquanto eu não estava presente, o aposento errado foi pintado de amarelo. Ashley e eu olhávamos vestidos de noiva – foi rápida sua decisão por um no estilo saia muito ampla e armada, como uma nuvem flutuante – convites e vestidos para as damas de honra. Tínhamos reuniões com os encarregados do bufê. Ed foi à Itália fazer a poda durante as férias da primavera. Eu corria entre o apartamento e a casa, lidando com operários que não falavam nada em inglês. O pessoal que contratávamos para fazer o trabalho falava inglês; mas, quando o trabalho começava de verdade, eles mandavam operários recém-chegados do Camboja, da Malásia, da Coreia e de todos os cantos da América do Sul. Muitas vezes, eles nem conseguiam se comunicar uns com os outros. Reformar Bramasole foi tão mais fácil! Um pintor hondurenho trancou o trinco de uma porta por dentro e, ao sair do quarto, bateu a porta. Quando eu lhe mostrei que a porta se recusava a abrir, ele me fixou grandes olhos castanhos e pronunciou entristecido suas duas únicas palavras americanas "Fook sheet".[1] Fiquei olhando para ele por um instante antes de conseguir captar essa imprecação tão conhecida.

Levianamente, eu disse que adorava me mudar. Seria divertido. Quando o caminhão foi carregado com nossa mobília e caixas durante um dia inteiro, eu me perguntei como poderíamos chegar a desembalar tudo aquilo. Sister miou em desespero todo o caminho desde o apartamento, no qual ela sempre tinha morado, até a nova casa. As estantes que compramos – e nas quais aplicamos três demãos de tinta – mal acomodaram todos os nossos livros. Sessenta caixas foram guardadas no novo porão. Na sala de estar espaçosa, nosso sofá e poltronas pareciam mobília de casa de bonecas. Os homens começaram a desembalar, mas eu não sabia em que lugar pôr os vasos, travessas e quadros. Tudo foi deixado em pilhas e montes no lindo assoalho novo. Estávamos felizes com a casa. Nosso quarto tem uma lareira e portas envidraçadas que dão para uma sacada, árvores tropicais e depois, ao longe, o oceano Pacífico. Mandei pintar as paredes de uma cor chamada "Sicily", um tom pálido de pêssego. Escritórios para nós dois, muito espaço para guardar coisas, um pequeno jardim murado e uma buganvília que deve ter sido plantada quando a casa era nova – estávamos muito empolgados para nos deixarmos acabrunhar pelos longos dias

---

[1]. "Fook sheet" é uma pronúncia incorreta de "Fuck, shit", algo equivalente a "Puta merda" em português. (N.T.)

da madrugada à meia-noite. Ed voltou de duas semanas de trabalho duro em Bramasole. Seu retorno não foi ameno. Um cano estourou, e o porão começou a inundar. Ed estava com água pelos tornozelos, com o telefone numa das mãos, uma caixa de livros debaixo do outro braço. Dois bombeiros trabalharam onze horas até finalmente encontrar o vazamento. Eu viajei três vezes ao sul da Califórnia para dar palestras. Na própria cidade, falei em diversos eventos. Mandamos fazer uma nova janela para o patamar da escada, substituindo por vidro transparente um vitral com um par de corujas espantadas pousadas num galho. Tínhamos um jardineiro cortando a hera a golpes de facão, uma recordação da compra de Bramasole. Toda a porta da garagem precisou ser substituída. Ah, e eu estava ensinando em tempo integral. Eu tinha reuniões, aulas e dez teses de mestrado em belas-artes.

Resolvemos nos casar. Não contamos a ninguém. Lembrei-me do meu instinto primitivo de que mudar de casa é um sinal de que estamos prontos para alguma transformação. Encomendei dois bolos na Dominique, minha confeitaria preferida, mandamos convites para uma festa de inauguração da casa para cerca de trinta dos nossos amigos mais íntimos. Depois, contei a Ashley e a duas amigas. Saímos correndo até o centro da cidade para os papéis necessários, que foram escandalosamente fáceis de obter. Doze dólares, assine no local indicado.

Em todos os anos depois do meu divórcio, eu vinha evitando o assunto casamento. Mesmo quando estava claro que Ed e eu permaneceríamos juntos, eu costumava dizer: "Para quê vamos nos dar a esse trabalho?" Ou então: "Não vou mais me dedicar à importante atividade de criar filhos. Somos adultos." Eu temia minha amiga que dizia: "O casamento é o primeiro passo para o divórcio." E a mim mesma eu dizia: *Gato escaldado tem medo de água fria.* Além disso, eu nunca mais queria ser dependente em termos financeiros. Meu passado de escrever poesia enquanto meu marido trabalhava me havia saído muito caro. Eu sabia que nunca me casaria sem entrar no compromisso com total liberdade financeira. Por milagre, e graças à minha própria mão de escritora, eu me sentia segura.

Um carro lotado de flores, uma farta mesa de queijos, morangos, os bolos, *gelato*, champanhe – nunca houve casamento mais fácil. Nossos amigos chegaram trazendo sabonetes, plantas, terrinas e livros para nos ajudar a ocupar a casa. Nossa grande amiga Josephine, ministra registrada, chamou todos até a sala de estar para fazer uma bênção à casa. Ficamos parados ao seu lado diante da lareira. Ashley e Stuart estavam conosco. E então Josephine disse: "Caros amigos, estamos aqui reunidos..." Nossos amigos arfaram de surpresa e bateram palmas. Ela falou sobre a felicidade. Ed e eu lemos poemas um para o outro. E só.

No dia seguinte, estávamos de volta à tarefa de desembalar caixas, mudar fechaduras e fazer seguros. Mas lançávamos largos sorrisos para o carteiro e de vez em quando dançávamos pelo corredor. A maior parte dos preparativos para o casamento de Ashley em agosto já estava encerrada. Ela se saiu bem nas duas provas, e um trabalho seu foi aceito para uma conferência. Stuart abandonou sua empresa e abriu um novo negócio. Eles fizeram a mudança do escritório e contrataram funcionários. Ele falava ao telefone enquanto nos dirigíamos a restaurantes. Quem conseguiria cozinhar? Tínhamos ultrapassado tanto nossos limites que parecíamos calmos. Eles compraram uma churrasqueira para nós, e uma noite conseguimos queimar tanto a carne quanto os legumes. Mudanças, mudanças, mudanças. A casa parecia árida, mas estava instalada. Moramos ali duas semanas. Eu nunca soube onde estavam os garfos ou se a nova máquina de lavar roupa funcionava. Comprimimos seis meses de reforma em seis semanas, graças ao nosso treinamento na Itália. Sister olhava para nós com ar acusador e se recusava a sair de cima da mala de Ed. Estávamos procurando documentos para fazer a declaração do imposto de renda, já que tínhamos solicitado uma extensão de prazo durante toda aquela confusão. Preenchemos as planilhas de notas finais e esvaziamos nossos escritórios na faculdade. Estávamos em junho. Chegou a pessoa que tomaria conta da casa. Hora de passar para a Itália.

No horário italiano, eu acordo com o sol, não com o despertador. Chocada com o caos da primavera, olho impassível pela janela. Ed acordou ainda noite escura, só para adormecer no sofá. Voltamos a Bramasole para passar o verão. Eu me pergunto se poderíamos só ficar olhando para as árvores sem falar com ninguém por uma semana pelo menos. Eu queria uma enfermeira no corredor, uma presença silenciosa, de uniforme branco, que me trouxesse fatias de melão em louça delicada, com a mão pálida a afagar minha testa. Estranho... na primeira semana de junho, o jardim está todo em flor. Até os lírios amarelos estão floridos. As tílias que Ed e Beppe podaram em março abriram guarda-sóis de folhas novas. Algumas roseiras já estão meio caídas depois da primeira florada.

Beppe chega, e Ed sai, descalço e sem camisa, para cumprimentá-lo. Beppe lhe entrega um saco.

– *Un coniglio per la signora, genuino.* – Nos seus setenta dias na terra, o coelho não comeu nada a não ser verduras, alface e pão. Olho no saco e vejo a cabeça. – Ponha a cabeça no molho – ensina-me ele. – A carne da cara é... – E ele faz o gesto de saca-rolhas, girando o indicador na bochecha, o que indica algo delicioso. Beppe diz que choveu todos os dias durante a primavera e que todas as plantas estão duas semanas adiantadas. O ar parece pesado de tanta umidade, e a impressão é que estou olhando através de uma lente verde a luz molhada por cima do vale. Ele nos diz que plantou o *orto* porque Anselmo voltou a adoecer. Quando ligamos para Anselmo mais tarde, sua voz está fraca, mas ele diz que estará bem dentro de umas duas semanas. Ed faz café, e nós nos posicionamos em cadeiras ao ar livre, ao sol, dispostos a deixar que os raios nos restaurem. Analisamos sintomas de estresse pós-traumático e nos perguntamos se estamos com isso.

Primo Bianchi sobe o caminho no seu Ape azul maltratado. Quando descemos para recebê-lo, vemos que está mancando muito. Está usando calça cinza com vinco e mocassins, o que não é seu traje habitual de trabalho. Imediatamente ele senta no muro e tira os sapatos. Mesmo através das meias, seus tornozelos parecem inchados. Ele faz uma careta cada vez que o pé se mexe ou que toca no chão.

— Gota, talvez seja a gota. Há um mês que não consigo trabalhar. E os comprimidos que me dão fazem mal ao fígado.

Estamos prontos para terminar o projeto do banheiro que iniciamos no verão passado e que precisou ser abortado quando os azulejos da Sicília foram parar no fundo do mar. Também planejamos construir um terraço de pedra e uma churrasqueira diante da *limonaia*, além de fazer uma pérgula com parreiras, uma continuação do nosso plano geral para o jardim. Ele nos conta que passou toda a primavera chuvosa reconstruindo uma escadaria num *palazzo*. De joelhos no tijolo úmido, preparando cimento e o carregando – não é nenhuma surpresa que seus pés se rebelem. Ele sugere que talvez devêssemos procurar outra pessoa.

— Não, não, vamos esperar até que você esteja pronto – responde-lhe Ed. – Gostamos do seu trabalho e da sua equipe. – E somos loucos por ele também. Ele sabe fazer qualquer coisa. Estuda um problema, balançando a cabeça de um lado para o outro, refletindo. Depois olha para nós com um sorriso e explica o que vai fazer. Enquanto trabalha, ele canta músicas sem melodia, semelhantes àquelas que ouvi numa fita sobre a música rural tradicional da Toscana e da Úmbria. As canções não ousam se afastar de três ou quatro notas repetidas interminavelmente numa cantilena monótona. Seus olhos azuis têm uma tristeza longínqua, que é um contraste total com seu sorriso fácil. Ele se ergue com dificuldade e promete ligar quando puder começar.

Embora nos preocupássemos com seus pés, ficamos extasiados com o atraso. Agora algumas semanas de *dolce far niente*, o doce fazer nada, que adoramos. Parece ser por acaso que entramos em projetos enormes um após o outro. É extrema a delícia do início do verão. O ritmo em passo dupla ou triplamente acelerado dos últimos meses começa aos poucos a ceder; e os longos dias da Toscana se apresentam como dádivas. Mesmo nossa Loucura de Primavera foi motivada pelo desejo de levar para San Francisco uma parte da nossa vida aqui, embora neste instante o raciocínio se assemelhe um pouco ao de alguém que destrói uma aldeia para salvá-la.

Reexaminando a primavera, nos questionamos se poderíamos ter agido de outro modo. E o que temos condição de levar de volta para nossa vida na nova casa? O que explica a mudança radical no nosso corpo e na nossa mente quando estamos aqui? E na Califórnia, não costumamos perder as rédeas da situação? Quando o excesso de obrigações se instala, sinto minha concentração se dispersar. Depois de alguns dias aqui, minha consciência fragmentada aos poucos se solda, se restaura. Só isso já parece ser um nível de felicidade: a ausência de ansiedade. Está claro que o fator principal é que não trabalhamos profissionalmente no verão. Mas nós gostamos de ensinar e precisamos continuar na profissão. Portanto, levando-se em consideração esse aspecto, quais são os outros fatores?

Aqui, praticamente toda a mídia é eliminada da rotina diária. Percebo de imediato a enorme diferença. Ocorre-me que meu hábito de ligar o rádio para ouvir as notícias a caminho do trabalho atua de modo a destruir o ritmo natural do dia. Algo sutil, porque ligar o rádio *parece* quase um gesto automático, um gesto neutro. No entanto, na meia hora de percurso do meu apartamento até o estacionamento na universidade, traficantes são mortos a tiros, crianças sofrem abusos cometidos por quem supostamente deveria protegê-las, bombas explodem em carros, casas são arrastadas por enxurradas, e minha psique acaba de despertar absorvendo uma boa carga do sofrimento do mundo. O bombardeio de imagens perturbadoras e assustadoras agride qualquer bem-estar que pudesse ter resultado de uma bela noite de sono. A televisão seria provavelmente pior. Assisto raramente ao noticiário na televisão, a não ser para ver reportagens de terremotos e acontecimentos horríveis. Na escola, saio do carro já tensa e sem saber por quê. Supomos ser normal a constante sobrecarga de tragédias recorrente nos noticiários da televisão e nos jornais, até que nos encontramos sem ela. Será que algum estudo voltou a atenção para a correlação entre a ansiedade e o nível de exposição às notícias? Aqui leio o jornal duas ou três vezes por semana, o que é mais do que suficiente para me manter a par dos principais acontecimentos.

– Vou passar a eliminar essa ladainha negativa – digo a Ed. – Do meu próprio jeito.

– Já eu gosto das informações sobre o trânsito. Todas as palavras se atropelando. Parecem um poema de Dylan Thomas. Em vez das notícias, experimente as suítes de Bach para violoncelo. – Ed normalmente não sofre tanta pressão quanto eu porque a carga horária na minha universidade é o dobro da carga dele. – Recuperar nosso tempo às bateladas é essencial.

– Na casa nova, vamos acordar cedo para caminhar, como fazemos aqui. É outra forma de começar o dia à nossa maneira. Podíamos andar até o mar.

– Se ao menos pudéssemos retomar a sesta... horas livres no meio do dia!

– Você não gostaria de ligar para um amigo, perguntar como ele vai e não ouvir que está ocupadíssimo?

– Bem, o estar ocupadíssimo tem diversos significados. Em parte, significa "eu sou importante". Mas talvez viver a vida seja tão importante que não devêssemos nos ocupar tanto. Pelo menos, não ficar tão ocupados que pareçamos abelhas em zumbido constante.

Ed diz aos alunos que calculem quantos fins de semana ainda lhes restam, levando em consideração a boa sorte de alcançarem a expectativa normal de vida. Mesmo para os jovens é um choque descobrir que só lhes restam 2.800. É só. Ponto final. *Carpe diem*, *sì*, *sì*, aproveitem os dias.

Optamos pelo hedonismo. Depois de dois dias estocando a casa com o essencial, plantando as últimas flores anuais que conseguimos apanhar antes que os viveiros de plantas se esvaziem, e simplesmente respirando a vida que conhecemos tão bem aqui, começamos a dar longas caminhadas. As flores do campo devem estar no apogeu deste século. A chuva da primavera instigou cada semente latente. Dos aceiros que circundam os montes, vemos prados floridos, com dois palmos de altura, e encostas douradas de *ginestre*, a giesta cujo perfume desce em córregos visitados pela brisa. Colhemos morangos do tamanho de rubis de dois quilates e sentamos no capim alto para comê-los. Passeamos de automóvel pela Úmbria, à procura de antiguidades, na esperança de encontrar uma escrivaninha. Um comerciante nos diz que pode encontrar qualquer coisa que queiramos. Basta que lhe digamos o que queremos. Isso me faz lembrar de repente as promessas grandiosas do meu pai quando eu era criança. "Você pode ter o que quiser neste mundo. É só me dizer o que quer." Eu nunca conseguia pensar em nada além de uma piscina; e diante dessa minha resposta, ele dizia: "Você não quer isso. Você só acha que quer isso". Viajamos até San Casciano dei Bagni, onde os romanos se banhavam, e comemos ravióli de pombo no restaurante da rua principal. Dali seguimos para Sarteano e Cetona, vagueando ao acaso pela região abençoada.

Quando a exaustão que trouxemos conosco finalmente desaparece, vamos até Florença para passar a noite. Preciso encontrar um vestido para o casamento de Ashley em agosto. Já estão à vista os castanhos, os ameixas e os cinzas do outono. Ed entra com facilidade no espírito de outono e compra dois casacos macios em estilo esportivo. Quando fizemos compras em Florença no passado, nunca comprei nada que não fosse sapatos e bolsas. Ed adora passar o dia nas lojas de artigos masculinos, especialmente durante as visitas de Jess (ex-namorado de Ashley, que agora é nosso amigo). Ele e Jess instigam um ao outro, e eu fico de espectadora. Agora, Ed entra em lojas e mais lojas comigo. Estou me acostumando ao jeito italiano de fazer compras. O freguês diz o que está procurando, e eles lhe mostram. É um equívoco simplesmente olhar o que está em exposição, já que muitas lojas somente põem em exposição um tamanho. Os vendedores estão ali para nos atender. O autosserviço ao qual estamos acostumados ainda é raro aqui. Assim que digo querer um vestido para o casamento da minha filha, aparece tudo que a loja tem. Eles compreendem perfeitamente que a ocasião é *molto importante*. A maioria das mães de noivas, creio eu, não quer um vestido-para-a-mãe-da-noiva. Todos os vestidos de renda lilás e de crepe bege criados para essa finalidade devem encalhar. O costume que acabo escolhendo numa lojinha, que faz tudo sob medida, e laranja. Nunca tive um vestido laranja na minha vida. É um laranja de seda opaca, que precisa de duas provas. Minha irmã vai me emprestar seu colar de coral e pérolas. Encontro sapatos lindos de um dourado fosco, com saltos altos de matar. O casamento vai ser maravilhoso. O único senão é que verei meu ex-marido pela primeira vez depois de anos.

Vittorio liga para nos convidar para um almoço num barco. A cooperativa vinícola do lago Trasimeno contratou uma barcaça para levar um grupo naquilo que costumávamos chamar de "almoço em etapas", um prato diferente em quatro locais em volta do lago. O encontro é em Castiglione del Lago no domingo ao meio-dia. Quando chegamos, estão servindo *prosecco* e travessas de *bruschette* com tomates e manjericão. Entregam-nos um copo de vinho e uma bolsinha para pendurar no pescoço, onde podemos guardar o copo quando não estivermos bebendo. O grupo é maior do que esperávamos. Encontramos Vittorio e Célia, os filhos e diversos amigos seus. Talvez duzentas pessoas estejam a bordo da barcaça, com um bar instalado bem na entrada. As pessoas bebem mais e mais *prosecco* à medida que nos afastamos do cais. Adoro barcos, ilhas e as alterações no céu enquanto subimos e descemos com a água. Desembarcamos na Isola Maggiore, e o pessoal do hotel nos serve massa com ovas de carpa e cestinhas de um pão excelente. Os funcionários da cooperativa vinícola da região do lago oferecem generosamente todos os seus brancos. Depois da massa, temos tempo para um passeio calorento pela praia. De volta à barca, prosseguimos lago adentro na direção da Isola Polvese.

Abrem-se os vinhos tintos. Passam-se vários *crostini*. O lago refulge em prata à luz branca do sol forte. As crianças estão ficando cansadas, mas um conjunto começa a tocar, e algumas pessoas dançam. Estou pronta para voltar para casa, mas não há como. Faz quatro horas que partimos. Ilha deserta, para aves e pequenos animais silvestres, Polvese tem praias gramadas cheias de gente que veio passar a tarde de domingo ao sol. Um homem esticado numa toalha está tão vermelho que parece um *écorché*, um corpo sem pele. Atravessamos a ilha em grupo até mesas compridas ao ar livre. Servem-nos carpa preparada no estilo de *porchetta*, grelhada recheada com ervas aromáticas e sal, e ainda envolta em *pancetta*. É saborosa, carnuda.

De volta ao barco, percebo que os italianos fizeram um longo treinamento para esse tipo de dia. Todas as primeiras comunhões, batizados, casamentos e outras *feste* proporcionam uma preparação total para as longas comemorações. A tarde inteira nossos copos foram reabastecidos com regularidade. Os rostos estão lustrosos de suor. O bar saca uma rolha após a outra. O conjunto ajusta os alto-falantes e a cantora num vestido insinuante começa com "Hey, Jude" e, em seguida, passa para o rock italiano. De repente, todo mundo está dançando. A barca balança. Será que ela pode virar? Um deficiente mental está dançando com a mãe. Avós rebolam. Um homem gira a filhinha de três anos. O baterista anuncia um resultado de futebol no microfone, e todos começam a dar pulos e gritos tão altos que acho que a barca vai afundar. Desembarcamos novamente em Passignano para a sobremesa. As crianças estão irritadiças. De volta a bordo, no entanto, o vinho continua a jorrar, *crêpes* de espinafre e queijo são servidas, e nós entramos na oitava hora seguida de comes e bebes.

Finalmente, a barca volta na direção de Castiglione del Lago. Vemos os dois outros americanos a bordo. Ele está impassível; e ela dá a impressão de que poderia chorar. O sol está baixo, e cores de sucos de frutas refletem-se do céu na água. Nós nos debruçamos na amurada, observando a esteira de espuma enquanto todos os italianos acompanham o conjunto num coro de *like a bridge over muddy waterrrr, I will lay me down*[2] em inglês, e depois canções italianas que todos conhecem. Quando estamos recolhendo nosso filtro solar e nossa máquina fotográfica, ouvimos alguns grupos conversando sobre onde vão jantar. Eles têm um gene secreto que nós não temos.

---

2. Trecho da canção "Bridge over troubled waters". (N.T.)

Os *fagiolini* de Beppe, as vagens que nos Estados Unidos chamamos de Blue Lake, estão prontos. Pequenas e tenras, elas nem precisam que cortemos suas extremidades, mas eu corto de qualquer jeito. Cozidas no vapor até o ponto exato, seu pleno sabor aparece. Malpassadas, fazem um barulhinho quando mordidas e têm um gosto levemente amargo. Nós as comemos sem mais nada, só um pouquinho de azeite, sal e pimenta. Não faz mal acrescentar avelãs tostadas picadas, um pouquinho de cebola refogada ou, minha preferência, funcho fatiado e azeitonas pretas. Minha mãe gostava de vagens com estragão, azeite, vinagre e *bacon* esmigalhado. Lembro-me de como esse prato era delicioso, já que as vagens normalmente eram cozidas até se desmancharem com um pedaço de toucinho de lombo. Em homenagem a essa receita ultrassofisticada, corto galhinhos do meu estragão, que se transformou num arbusto altaneiro. Ando pesquisando nos meus livros em busca de modos de usar o estragão, que não sejam mergulhar os raminhos em vinagre. Na Idade Média, peregrinos que se dirigiam à Terra Santa punham galhinhos dentro dos sapatos para dar energia e agilidade aos pés. Gostaria de experimentar isso.

As vagens são o único legume que Anselmo não plantou no ano passado, quando instalou nossa horta. A horta de Beppe está muito viçosa, embora ele tenha limitado um pouco seu campo de ação. Temos cebola, batata, vagem, alface, alho, abobrinha e tomates. Os aspargos e alcachofras de Anselmo nos proporcionaram diversos pratos deliciosos pouco depois da nossa chegada. Beppe planeja plantar funcho e semear mais alfaces a intervalos de poucas semanas. Sentimos falta de Anselmo – do seu humor irônico, do seu controle autoritário sobre a horta, bem como do seu espírito aventureiro que nos apresentava novas situações constantemente. Quando ligamos para saber como está, dizem que foi levado para o hospital.

Apanhamos um ramo de alfazema e o amarramos a um pote de mel. Que estranho voltar ao hospital. Ele é um homem vigoroso, cheio de opiniões e risadas. Estará com a perna inchada levantada graças a algum apoio, dizendo "*Sen-*

ta, senta", escute, escute, ao *telefonino*. Ed estaciona e vai até a máquina apanhar um recibo de estacionamento. Eu sigo na direção do hospital e paro para esperar por ele.

Dou uma olhada nos *manifesti funebri*, avisos fúnebres, com sua tarja preta, afixados na parede. O nome de Anselmo. Eu o vejo, sem acreditar. Forço-me a focalizar a visão. Leio. *Ontem, com todos os serviços religiosos... enterro amanhã... sem flores mas boas obras... Anselmo Pietro Martini Pisciacani...* Ao contrário de outros avisos simples, o dele apresenta um Cristo cheio de vida em tons pastel, com a coroa de espinhos, olhos voltados para cima, cercado de rosas. Como Anselmo teria zombado disso, imagino que deva ter havido algum engano. Ele não frequentava a igreja. Não poderia ter morrido. Mas a verdade é que ninguém mais poderia ter aquele nome. À medida que Ed se aproxima, abano a cabeça e aponto para o aviso.

– Não. Como isso seria possível?

Seguimos até o hospital. Na recepção, Ed pergunta.

– Temos um amigo que era paciente aqui e infelizmente parece que ele faleceu. Ele ainda está aqui? Anselmo Martini.

O homem não encontra nenhum registro. Talvez seja um erro, mas eu então me lembro de que "Pisciacani", o sobrenome que ele detestava e que parou de usar depois da morte da mãe, estava no aviso fúnebre. Pisciacani significa mijo de cachorro no dialeto.

– Pisciacani – digo eu.

– Ah, sim, desculpem, ele está na capela. Quando alguém morre no hospital, é preciso que fique 24 horas lá.

Ele nos conduz ao subsolo. Ed espera junto à porta, e eu entro. Lá está Anselmo numa laje de pedra, no seu terno marrom, com os pés abertos e um pouco de poeira nos sapatos. Quatro mulheres de luto oram ao seu redor. Deixo o mel com a alfazema junto à porta e saio correndo.

Em casa, a terra parece carregada com a presença de Anselmo. Ele reconstruiu aquela muralha de pedra, limpou dois terraços para o *orto*, plantou a grama no caramanchão das tílias. Os limoeiros em vasos, as três roseiras da cor de sangue seco e o lagar para vinho – esses ele nos deu com poucas palavras mas dava para perceber que foi com enorme prazer. No terceiro terraço, plantou duas damasqueiras e perto da estrada, duas pereiras. Durante todos os anos que passarmos aqui, ainda estaremos apreciando literalmente os frutos do seu trabalho. Na *limonaia*, sua boina vermelha está pendurada num prego.

Sentimos que perdemos um tio bondoso. Ed ainda está abalado com o falecimento da mãe. O de Anselmo provoca uma dose dupla de dor. O sofrimento da perda já é muito difícil; e a ele se soma o fato incompreensível de que o ser amado simplesmente desapareceu do planeta. Os fatos essenciais do nascimento e da morte, nem de longe jamais consegui decifrá-los. *O caos anterior ao nascimento, de onde se sai, para a turbulência da vida, a luz, e em direção ao outro vazio...* Espero ficar atordoada com a notícia de uma vida após a morte, quando desligarem meu último aparelho. *Não consigo aceitar a não vida.* Anselmo frequentou a feira das quintas com cinquenta ou sessenta homens todas as semanas durante décadas, falando do tempo, dos negócios, fazendo retinir moedas no bolso. No escritório na Sacco e Vanzetti, sempre deixava tudo de lado quando entrávamos. Eu o interrogava sobre propriedades rurais à venda em fotos na parede e, se uma parecesse maravilhosa, ele dizia: "Vamos dar uma olhada" e apanhava o chapéu. Anselmo tinha todo o tempo do mundo. Agora, não tem mais. *"Não há nenhuma garantia de cem anos ou sua vida de volta, mocinha", meu avô costumava avisar.*

A igreja está apinhada de gente. Ficamos em pé na entrada. Ali fora no pórtico, cerca de trinta homens fumam e conversam durante a missa fúnebre, exatamente como se estivessem na feira. Reconheço muitos deles. Os rostos queimados de sol denunciam o trabalho no campo. Os mais velhos são baixos e usam ternos grossos demais para o brutal sol de julho; os novos são mais altos, por terem se beneficiado da nutrição do pós-guerra, e usam camisas bem passadas de mangas curtas. Dentro da igreja, espirais de calor e incenso. Quem irá desmaiar? Familiares dão apoio uns aos outros à medida que vão passando pelo caixão para receber a comunhão. É difícil aceitar que Anselmo esteja deitado naquela caixa. Os lamentosos hinos católicos se arrastam intermináveis. O ataúde é carregado para o carro fúnebre. Já vimos esse tipo de procissão antes. Agora vamos nos juntar à multidão que seguirá a pé atrás do carro até o cemitério. Espero que ele não vá para uma daquelas gavetas de trinta anos que parecem uma cômoda numa parede. Não, lá está o buraco aberto. Ele vai para dentro da terra, esse homem da terra. Sem nenhuma cerimônia. Simplesmente baixam o caixão com cordas na cova. Sem sequer um baque surdo. Quando enterraram meu pai, o terreno estava tão encharcado que o caixão flutuou por um instante antes de afundar com ruído na água.

– *Isso não é verdade de modo algum – diz minha irmã. – Eles nem baixaram o caixão enquanto nós estávamos por lá. – Ela está enganada. Vejo o cobertor de rosas vermelhas escorregar para os braços dos coveiros e a caixa de bronze começar a afundar. – Você estava sonhando – insiste ela.*

A família dá um passo à frente, e todos jogam um punhado de terra. Não há como negar que ele ficará na terra. Conversamos com a família. Todos saem rapidamente. Nada de jantar, nem de visitas. Segunda-feira, de volta ao trabalho.

Em casa, Beppe está amarrando videiras a fios de arame. Nós lhe falamos de Anselmo, de como foi rápida sua partida, e ele se levanta devagar, sem dizer nada. Tira o chapéu, e seus olhos se enchem de lágrimas. Ele abana a cabeça e volta para as videiras.

Quando termina o nervosismo provocado pela morte, o choque e a impossibilidade de acreditar cedem rapidamente, e o que nos resta é a ausência. O enterro acalma a emoção porque não deixa nenhuma dúvida. Acabou – os sacramentos tradicionais são métodos sábios para internalizar instantaneamente os principais acontecimentos da vida. Agora, começamos a dizer: *A primeira noite dele debaixo da terra, os homens na feira estão reunidos em volta do espaço que era dele, olhe, as peras do Anselmo.* Seu último trabalho foi aqui neste terreno. Ele possuía o conhecimento mais antigo sobre o que cresce onde e quando. Será que algum dia lhe agradecemos o suficiente por ter encontrado Bramasole para nós?

– *Hearse* [carro fúnebre em inglês] é uma palavra estranha – comenta Ed. Estamos voltando para casa vindo da cidade pela estrada romana. – No inglês médio é *herse*. Sei disso porque surgiu num poema que escrevi quando meu pai morreu. *Herse* vem do latim *hirpex*, que significa "rastrilho". Você sabe que essa grade tem um monte de dentes. Em italiano, eles dizem *quarante dente*. Bem, *hirpex* remonta a *hircus* em osco, o que significa lobo, uma associação a dentes. Foi estranho acompanhar aquele carro fúnebre.

"Mostre-me o poema de novo."

ESCORPIÕES
Hoje irrompeu o calor sufocante, suarento, cento per cento, como se rompesse sua casca de modo tão inesperado quanto o de um carro que enguiça, ou como o grande garrafão de vidro que se espatifou no piso quando dei um tropeção nele enquanto carregava uma pilha de livros de uma estante num quarto para outra estante em outro: o calor opressivo entrando nos meus pulmões, meus pés descalços cercados de cacos afiados. O que me levou a pensar em "livros" (como se chamam os pulmões escuros e ocos dos escorpiões), enfileirados no próprio corpo como livros em branco. Toda a semana, um escorpião preto de uns quatro centímetros morou no boxe do chuveiro, não por causa do calor mas porque comeu um escorpião ligeiramente menor, que havia chegado antes, talvez à procura de água. Um comeu o outro inteiro, a não ser por três das oito patas, ainda largadas no piso de cerâmica.
Lembro-me de ouvir a mulher no restaurante, com os dentes excessivamente grandes, mastigando ruidosos uma travessa inteira de camarões quitinizados. Também o escorpião carrega sua carapaça. Ele também provou que pode continuar a comer, a mastigar através do invólucro a encerrar de modo decisivo sua briga com o outro,

*que sem dúvida não era sobre nada de importância
tal que justificasse uma morte. Um tem o outro inteiro
dentro de si; agora vive duas histórias.
Lembrei-me de Cronos comendo seus próprios filhos,
pulmões e tudo o mais, esfacelando o crânio para comer
o cérebro, e depois Zeus, que o enganou e o fez vomitá-
los todos, sãos e salvos. Mas só sabe quem experimentou
– melhor comer do que não comer. O que me leva ao
meu pai, que comeu pela última vez em 8 de agosto e
sentiu os pulmões, sacos de pano ordinário, deixarem
sair todo o ar. Agora o caixão é sua nova carapaça, de
aço reluzente – nele dava para ver nossos rostos defor-
mados. Aqui ouço peras caindo no final de agosto, com
a casca furada por vespas afiadas e iridescentes besou-
ros blindados; e vem uma doçura pesada à sombra da
árvore quando puxo as frutas machucadas com o rastelo.
Rastelo,* como em *rastrilho,* como em *carro fúnebre
(aquele que acompanhei no dia 12 de agosto) do termo
osco para lobo – por causa dos dentes, tão fortes que até
quebram ossos.*

O verão inteiro não tivemos uma gota de chuva. O exuberante jardim florido do ano passado atravessou com dificuldade o verão mais quente já registrado.

– Só consigo comer melancia e *gelato* – conta-nos a *signora* Molesini no armazém. Por mais que reguemos, a grama está queimada. As rosas voluptuosas do início de julho aos poucos vão deixando cair as folhas. Os botõezinhos minúsculos que elas lançam simplesmente se recusam a abrir.

No ano em que compramos a casa, foi igual. As nuvens se acumulavam lá no alto, e o trovão praticamente soltava as obturações dos nossos dentes, mas nada de chuva. Nosso poço secou, e eu me lembro de ter pensado no meio da noite: *Sou mesmo digna de um atestado de insanidade mental. Não faço a menor ideia do que estou fazendo.* Crestados, os carvalhos e acácias-brancas se despiram cedo, deixando os morros cobertos de árvores aparentemente mortas. O verão seguinte foi ameno, com flores do campo enchendo todos os terraços

Dormimos com um cobertor leve até julho. Adoramos viver junto à pulsação das estações, mesmo o calor seco e causticante que fez com que pela primeira vez raposas e javalis invadissem nosso quintal. Ouço os *cinghiale* resfolegando pelo gramado à noite, para chegar à torneira onde bebem a água acumulada na bacia de pedra. Eles lutam com... o quê? Esquilos e porcos-espinhos? Depois saem em tropel ensurdecedor com seu estranhos gritos de "ha-ha". Não conseguiram vencer a cerca de Beppe em volta da horta, mas têm com que se encantar nas ameixas caídas.

No início de agosto, voltamos a San Francisco fria e enevoada para o casamento de Ashley. Todos os meus parentes sulistas estão chegando – o clã vem barulhento. Vão vir minhas colegas de dormitório na faculdade e os maridos, os amigos de Ashley de Nova York, da sua vida de artista, os parentes e amigos de Stuart. Ashley e as damas de honra chegam com o vestido de noiva e o penduram diante de uma das muitas janelas ainda nuas da casa, onde ele dança com a brisa, fazendo com que compreendamos a realidade do que está por vir. Ela entra no meu quarto enquanto estou desfazendo as malas e se joga na cama.

– Algum conselho especial?

Lembro-me de ter feito a mesma pergunta à minha mãe. Ela pensou um instante e depois respondeu: "Nunca use roupa de baixo velha". Digo a Ashley que vou tentar encontrar algo melhor, mas não sei se vou conseguir. Ela é muito madura, e Stuart também. Os dois parecem estar entrando nesse casamento não só com amor e empolgação mas com enorme alívio por terem encontrado um ao outro depois de uma quantidade de tentativas fracassadas. Ashley é uma das pessoas mais decididas que conheço. Quando toma uma decisão, tem a apoiá-la uma vontade de ferro.

Convidamos todas as pessoas que não são da cidade para um coquetel, e depois minha família vai ficar para o jantar. Durante essa festa, passo pela situação mais estranha da minha vida. Ashley está divina num vestido curto vermelho. Dois garçons estão servindo champanhe e Ed está repassando o brinde que vai fazer daqui a pouco. Minhas irmãs, cunhados, sobrinhas e sobrinhos estão em pleno espírito de reunião familiar. Ashley está no vestíbulo recebendo os convidados. Estou conversando com amigos na sala de estar quando vejo meu sobrinho entrar no vestíbulo lotado de gente. Enquanto vou na sua direção, paro e me apresento ao homem que está conversando com Ashley.

– Oi, eu sou Frances, mãe de Ashley. – Dou-lhe um aperto de mão e vejo sua expressão perplexa.

– E eu sou Frank – responde ele, com uma risada. Meu ex-marido. Pai de Ashley. Fomos casados toda uma vida. Não o reconheço. Ele acha sem dúvida que eu estou brincando. É claro que estou meio desnorteada com todas as pessoas que chegam e com o esforço de circular entre os convidados. Mesmo assim, olho direto para ele e não o reconheço. Uma vez ele me disse: *Eu reconheceria sua mão num balde cheio de mãos*, um dos comentários íntimos mais estranhos que já ouvi. Dou uma saída e respiro fundo várias vezes para tentar me ajustar ao tranco, à ruptura repentina do antigo cordão umbilical imaginado. Ele nem está tão diferente assim. Eu o vi em pensamento e em sonhos muitas vezes ao longo dos anos. Eu esperava uma súbita enxurrada de recordações, uma ponte de ligação ao passado agora histórico. Quando olhava para ele, eu costumava achar que estava olhando num espelho, meu outro-igual. Por muito tempo, vou ter essa sensação da minha mão que se estendeu para apertar a de um desconhecido.

O casamento ao ar livre é numa pousada na região vinícola, um casamento de sonhos, com rosas cor-de-rosa e laranja por toda parte, uma luz dourada sobre os vinhedos, uma noiva que surge como se descesse de uma nuvem, um noivo com a coragem de chorar enquanto ela vem na sua direção, e o tenor unindo a todos nós com *"Con te partirò"*. Com você, partirei. O véu fica preso a um espinho de rosa e se rasga. O pai a solta, guarda o pedaço de véu no bolso, e os dois prosseguem. Um momento, e é de momentos como esse que se fazem os mitos.

Para o jantar, velas espalhadas pelo jardim e um banquete toscano. Quando nos sentamos, uma garça branca como a neve passa voando e pousa no frágil topo de uma árvore. "Um maravilhoso sinal de sorte", diz alguém. "Não, a cegonha é que seria", retruca outra pessoa. No meu brinde, lembro um verso de Rilke: "O amor consiste nisso, que duas solidões se protejam, se toquem e acolham uma à outra." O pai faz um brinde eloquente sobre o conforto que a presença de todos os convidados dará a Ashley e Stuart. Logo Ashley está dançando, como se flutuasse à luz da lua cheia. E então todos dançam. Ed está fumando um grande charuto. Eu gostaria que todos ficassem a noite inteira.

Os recém-casados viajam para o calor de ilhas tropicais. Minhas irmãs e suas famílias vão embora ao longo dos dias seguintes, vemos amigos, vamos nos ajustando à desaceleração do ritmo, fazemos as malas de novo e pegamos o avião para a longa jornada de volta a Bramasole, levando uma mochila com livros, roupas para o outono e um punhado de momentos que nos acompanharão a vida inteira.

Agosto chega ao fim, e ainda nenhum sinal de chuva. No passado, os lavradores oravam para os santos. Se não viesse chuva, a imagem do santo poderia ser açoitada, jogada num rio, arrastada pelas ruas e poderiam lhe enfiar sardinhas salgadas na boca para lhe causar sede. Quaisquer que sejam os rituais hoje em dia, eles são particulares.

Há nove verões que vivo nesta encosta na Toscana. Passei aqui algumas férias de inverno e de primavera e no ano passado tive a enorme vantagem de uma primavera inteira. Agora, estou a ponto de passar meu primeiro outono. As *feste* de agosto – bifes e *funghi porcini* – acabaram. Durante o dia, as ruas estão se esvaziando à medida que os turistas voltam para casa. O sol foi domado, e a luz do entardecer se suavizou para um rosa dourado. Um outono precoce: trufas, cogumelos e salsichas estão por chegar, já estamos descascando as tangerinas sicilianas verdes, da cor exata de um papagaio, e comprando maçãs que têm o sabor das nossas mais antigas lembranças do que seriam maçãs. Primo deixou uma carga de areia e cimento; dentro de uma semana, ele dará início ao projeto. Beppe plantou hoje *cavolo nero*, o repolho preto de inverno, e já preparou o funcho para o ano que vem. Ele colheu o último maço de vagens e mais uma cesta de tomates. No verão inteiro, comemos ao ar livre durante o longo entardecer, mas agora os dias estão tão curtos que instalamos lampiões para o jantar.

Vittorio, sempre com as papilas gustativas pressentindo a estação, liga para nos convidar para um jantar de ganso, o último banquete do verão. Sua voz é o canto da sereia. Nosso grupo dedicado à gastronomia acaba de celebrar a culinária e os vinhos da região de Verona com um jantar de oito pratos.

– Eu considero o ganso uma iguaria de Natal – comenta Ed.

– Não, não se come ganso branco depois do verão. Eles ficam muito velhos, muito gordos. O sabor é melhor agora.

E assim subimos caminhos sinuosos montanhas adentro para chegar a uma *trattoria*, onde nos reunimos em duas mesas compridas perto da lareira. Vittorio está servindo o vinho, cortesia sua, os tintos Avignonesi que adoramos. Vemos Paolo, o vinicultor daquele nobre vinhedo, em outra mesa e lhe fazemos um brinde. Começam os *antipasti*, os *crostini* costumeiros, servidos com pescoço de ganso recheado. A massa com um delicioso *ragù d'oca*, molho de ganso, segue-se um ganso assado, sem a menor dúvida o melhor que já provei. O nível do ruído sobe até ser impossível ouvir o que as pessoas dizem. Tudo bem. Só comemos. O bebê no carrinho junto à cabeceira da mesa dorme o tempo todo.

Margherita, filha da signora Gazzini, a saqueadora *par excellence*, para para se apresentar. Quando passava de carro por acaso presenciou a derrubada da palmeira morta. Esperamos o verão inteiro enquanto ela ia largando as frondes secas, uma a uma. Detestamos a ideia de cortá-la, especialmente porque sua companheira de quase dez metros do outro lado da porta ainda vive, mas o tronco totalmente nu, como uma gigantesca perna de elefante, parecia estranhíssimo. Ela olha lá de baixo, enquanto eu olho da janela. O tronco é mais pesado e mais denso do que eles pensavam. Ed e Beppe dão